高等学校"十三五"规划教材

化学信息学

陈连清　主编　　袁誉洪　副主编

化学工业出版社

·北京·

《化学信息学》是一本有关计算机与网络知识在化学中应用、化学化工文献检索的书,共分七章,包括计算机检索基础与因特网的使用、化学化工文献检索、Endnote 基础教程和使用方法、ChemOffice 图形可视化的使用与介绍、科学绘图及数据分析软件 Origin、Visual Basic 使用与介绍、化学信息学习题与上机练习题。本书涵盖化学化工文献学;化学知识体系的计算机表达、管理与网络传输;化学图形学;化学信息的解析与数据挖掘处理;化学知识的计算机推演;化学教育与教学的现代技术与远程信息资源,内容很丰富,涉及面很广。为了满足教学的实际需要,书的最后还提供了一些附录。

《化学信息学》可供化学、应用化学、化工、制药、生物科学与生物工程、食品、环境、材料、医药等专业的学生使用,也可供相关人员参考。

图书在版编目(CIP)数据

化学信息学/陈连清主编.—北京:化学工业出版社,2019.8
ISBN 978-7-122-34366-6

Ⅰ.①化⋯　Ⅱ.①陈⋯　Ⅲ.①计算机应用-化学-情报检索　Ⅳ.①G252.97

中国版本图书馆 CIP 数据核字(2019)第 078593 号

责任编辑:李　琰　　　　　　　　　　装帧设计:关　飞
责任校对:王　静

出版发行:化学工业出版社(北京市东城区青年湖南街 13 号　邮政编码 100011)
印　　装:三河市双峰印刷装订有限公司
787mm×1092mm　1/16　印张 13¼　字数 329 千字　2019 年 9 月北京第 1 版第 1 次印刷

购书咨询:010-64518888　　　售后服务:010-64518899
网　　址:http://www.cip.com.cn
凡购买本书,如有缺损质量问题,本社销售中心负责调换。

定　价:39.80 元　　　　　　　　　　　　　　　　　　　　　版权所有　违者必究

前 言

《化学信息学》是一门有关计算机与网络知识在化学中应用、化学化工文献检索的课程。按照化学化工类人才培养的目标：厚基础、强能力、高素质、宽口径的要求，培养学生掌握计算机基础知识、将计算机知识应用到化学信息的查找等方面的基本技能，以及相关的上机训练知识和较强的文献查找能力，具有化学研究方面的科学思维和科学训练，为此我们编写了这本符合化学化工类人才培养目标的、集基础知识与上机训练于一体的教学用书——《化学信息学》。

化学信息学是以化学、化工、计算机与信息技术为基础的一门新兴交叉学科，包括：化学化工文献学；化学知识体系的计算机表达、管理与网络传输；化学图形学；化学信息的解析与数据挖掘处理；化学知识的计算机推演；化学教育与教学的现代技术和远程信息资源。

信息技术是现代社会生活的重要支柱。培养我们的信息意识和获取、利用信息的能力，在世界各国的高等教育中都占有重要的地位。美国化学会化学信息分会和图书馆协会在 Indiana 大学成立了化学信息教学资料交换中心（CCIIM, The Clearinghouse for Chemical Information Instructional Materials），负责收集、发布和分发化学信息源。美国、欧洲、澳大利亚的很多大学开设了化学信息学类的课程。

化学信息学强调实践并侧重于计算机与网络的应用，主要介绍了化学、化工及其相关领域中获取网络信息的方法，学科信息资源，化学信息产品与利用，数据信息处理，以及通过计算机推演获取化学化工信息的方法。其中选择介绍了部分常见和易于普及的专业软件如 Origin、ChemOffice 和 Endnote 等。有些软件如 ChemOffice 可以方便地进行化学结构绘图、分子模型及仿真，可以将化合物名称直接转化为结构图，省去绘图的麻烦；也可以对已知结构的化合物命名，给出正确的化合物名称。另外 Origin 作为专业函数绘图软件，是公认的简单易学、操作灵活、功能强大的软件，既可以满足一般用户的制图需要，也可以满足高级用户数据分析、函数拟合的需要。Origin 具有两大主要功能：数据分析和绘图。Origin 的数据分析主要包括统计、信号处理、图像处理、峰值分析和曲线拟合等各种完善的数学分析功能。准备好数据后，进行数据分析时，只需选择所要分析的数据，然后再选择相应的菜单命令即可。Origin 的绘图是基于模板的，Origin 本身提供了几十种二维和三维绘图模板，而且允许用户自己定制模板。用户可以自定义数学函数、图形样式和绘图模板；可以和各种数据库软件、办公软件、图像处理软件等方便地连接。

《化学信息学》是一门新兴的并在快速发展中的学科，它具有普及性和实用性，是化学、化工及相关专业理工科学生的必备知识，通过该门课程的学习，可以掌握从网上获取化学、化工信息及有关信息的处理方法。同时其中一些软件也可以作为相关领域科研工作人员的参考和应用工具。

《化学信息学》根据国家民委高教司和教育部化学教学指导委员会关于化学专业计算机与网络查找的基本教学要求，并在教学实践的基础上编写而成，内容先进，课程教学内容丰富,更突出从网上获取化学、化工信息及有关信息的处理方法。同时其中一些软件也可以作为学生的应用工具,着重培养学生的动手上机查找文献能力,以及分析和解决问题的能力。并附有部分上机练习题和参考文献。本书根据计算机基础原理和方法对人类生产、生活实践中与化学有关的问题进行基础理论和方法的研究、实验开发与应用研究,涉及范围涵盖了整个化学领域,融计算机理论、化学理论和上机实践于一体,并与多门学科相互渗透,在推动科学技术进步中显示出勃勃生机。

由于化学专业知识领域范畴极其广泛,本书主要选择计算机的基础知识、文献和重要数据库检索、画图软件 Origin 的使用与说明、可视化软件 ChemOffice 说明以及编程作图软件 Visual Basic 的使用等内容,使化学化工类学生能够适应现代科技发展新趋势的需要,能满足学生在计算机领域、信息产业、化学文献领域以及实验数据处理等多领域就业的需求,所讲授内容与社会发展、对人才需求的动向息息相关,另外,为了满足教学的实际需要,书的最后还提供了附录。全书教学内容具有很强的应用性,学生可通过计算机上机活动达到理论联系实际的目的,同时培养学生进行创造性的学习,提高学生上机训练技能及分析问题和解决问题的能力。通过上网查询与上机作图,培养学生独立思考、创新能力以及团结协作精神,使其初步具有独立上网查文献、利用软件画图的能力。为今后从事生产和相关领域的科学研究与技术开发工作,打下坚实的基础。

本书由中南民族大学应用化学教研室教师编写,其中第 6 章得到了袁誉洪老师的大力帮助,李覃老师、蒋青青老师等给予一定建议与帮助。部分内容得到了张成江、杜艳婷、吴忠达、韦晓珊和田丽君等协助,在此一并感谢。由于编者水平有限,书中疏漏或不当之处在所难免,敬请读者批评指正。

编者
2018 年 9 月

目 录

1 计算机检索基础与因特网的使用 / 1

1.1 计算机检索基础知识 1
1.1.1 数据库的一般结构 1
1.1.2 国际联机检索系统（On-Line Retrieval） 2
1.1.3 光盘检索系统 2
1.1.4 布尔逻辑运算 3
1.2 因特网的使用 3
1.2.1 Internet 的概况 3
1.2.2 Internet 在我国的发展情况 4
1.2.3 Internet 的服务与工具 4
1.2.4 TCP/IP 协议简述 4
1.2.5 Internet 上的地址和域名 5
1.2.6 网络资源的综合利用 6

2 化学化工文献检索 / 12

2.1 信息、知识、情报和文献 12
2.1.1 科技文献的级别 13
2.1.2 科技文献类型 14
2.1.3 科技文献的出版形式及科技文献的特点 16
2.1.4 科技文献检索概述 17
2.1.5 科技文献检索工具 18
2.1.6 科技文献检索的途径 19
2.1.7 科技文献的检索方法 20
2.2 CA 查找 21
2.2.1 《化学文摘》简介 21
2.2.2 CA 的文摘 22
2.2.3 CA 的索引系统 23
2.3 数据库使用 26
2.3.1 常用国外数据库详细介绍（按国家分类） 26
2.3.2 国内主要资源 30
2.3.3 国外文献免费搜索引擎 31

2.4 ACS 数据库及检索方法介绍 ············ 31
2.4.1 ACS 数据库简介 ············ 31
2.4.2 检索指南 ············ 32
2.4.3 ACS 数据库检索 ············ 33
2.5 Elsevier Science 全文期刊数据库使用指南 ············ 35
2.5.1 数据库简介 ············ 35
2.5.2 数据库检索方法 ············ 36
2.6 John Wiley（约翰·威利）数据库检索指南 ············ 37
2.7 美国化学文摘网络版—SciFinder Scholar 数据库 ············ 41
2.7.1 内容简介 ············ 41
2.7.2 SciFinder Scholar 使用的简单介绍 ············ 42
2.7.3 浏览期刊目录 ············ 43
2.7.4 信息检索（Explore） ············ 46
2.8 《科学文摘》SA(INSPEC) ············ 58

3 Endnote 基础教程与使用方法 / 66

3.1 Endnote 基础教程 ············ 66
3.1.1 软件简介 ············ 66
3.1.2 Endnote 的基本功能 ············ 66
3.1.3 Endnote 文献库建立 ············ 67
3.1.4 Endnote 文献管理 ············ 69
3.1.5 Endnote 文献库应用 ············ 72
3.2 Endnote 使用方法 ············ 77
3.2.1 Endnote 的基本界面 ············ 77
3.2.2 建立和编辑 Enl 文献图书馆 ············ 78
3.2.3 批量导入文献 ············ 79
3.2.4 显示格式的初级修改 ············ 81
3.2.5 记录的导出 ············ 83
3.2.6 文献的管理 ············ 83
3.2.7 Word 中的文献引用 ············ 84
3.2.8 中文文献的导入导出 ············ 84

4 ChemOffice 图形可视化的使用与介绍 / 86

4.1 ChemDraw 的使用 ············ 86
4.1.1 ChemDraw 的特点 ············ 86
4.1.2 化学反应图的画法 ············ 87
4.1.3 中间体的画法 ············ 88
4.1.4 利用环构建复杂结构 ············ 89
4.1.5 费歇尔投影式的画法 ············ 90

4.1.6　透视图的画法 ·· 91
　　　4.1.7　纽曼投影式的画法 ·· 91
　4.2　Chem3D 的使用 ··· 92
　　　4.2.1　Chem3D 的特点与使用技巧 ·· 92
　　　4.2.2　模板的创建、打开和导入 ·· 94
　　　4.2.3　模板的建立和编辑 ·· 95
　　　4.2.4　Chem3D 应用实例 ··· 101

5　科学绘图及数据分析软件 Origin　／109

　5.1　Origin 功能简介 ··· 109
　5.2　Origin 使用入门 ··· 110
　5.3　Origin 工作表（Worksheet）的使用 ··· 113
　　　5.3.1　输入、编辑和保存工作表格 ·· 113
　　　5.3.2　调整工作表格的基本操作 ·· 115
　5.4　Worksheet 数据分析 ·· 116
　　　5.4.1　工作表格计算 ·· 116
　　　5.4.2　统计 ·· 119
　5.5　数据绘图 ··· 119
　　　5.5.1　基本知识 ·· 119
　　　5.5.2　数据绘图 ·· 120
　　　5.5.3　坐标轴的调整 ·· 125
　　　5.5.4　文字及图例说明 ·· 128
　　　5.5.5　页面设置和层设置 ·· 129
　　　5.5.6　绘制多层图形 ·· 130
　　　5.5.7　绘制三维图形 ·· 133
　　　5.5.8　创建版面页 ·· 135
　　　5.5.9　更多实例 ·· 135
　5.6　曲线拟合 ··· 138
　　　5.6.1　线性拟合 ·· 138
　　　5.6.2　非线性曲线拟合 ·· 141
　　　5.6.3　Origin 自定义公式拟合技巧 ··· 146

6　Visual Basic 使用与介绍　／149

　6.1　Visual Basic 简介 ··· 149
　　　6.1.1　主窗口的组成 ·· 149
　　　6.1.2　对象、属性、事件和方法 ·· 149
　　　6.1.3　程序代码窗口 ·· 152
　6.2　计算方法及应用 ··· 153
　　　6.2.1　计算方法 ·· 153

  6.2.2 计算误差 …………………………………………………… 154
  6.2.3 程序设计的一般方法 …………………………………… 154
  6.2.4 程序结构 ………………………………………………… 155
 6.3 方程求根 ………………………………………………………… 158
  6.3.1 根的初值或存在范围 …………………………………… 159
  6.3.2 求方程的根 ……………………………………………… 159
 6.4 线性方程组求解 ………………………………………………… 165
  6.4.1 简单消去法 ……………………………………………… 165
  6.4.2 主元消去法 ……………………………………………… 167
 6.5 插值 ……………………………………………………………… 172
  6.5.1 拉格朗日一元全节点插值 ……………………………… 172
  6.5.2 拉格朗日一元部分节点插值 …………………………… 173
 6.6 拟合 ……………………………………………………………… 175
  6.6.1 一元线性最小二乘法 …………………………………… 175
  6.6.2 多元线性最小二乘法及其加权 ………………………… 178
 6.7 数值积分 ………………………………………………………… 181
  6.7.1 数值积分 ………………………………………………… 181
  6.7.2 辛普森法积分 …………………………………………… 182
  6.7.3 离散点下的辛普森法积分 ……………………………… 185
 6.8 微分方程组的数值解 …………………………………………… 186
  6.8.1 一般原理 ………………………………………………… 186
  6.8.2 欧拉法（又译尤拉法） ………………………………… 186
  6.8.3 龙格-库塔法（RungKutta） …………………………… 190

7 化学信息学习题与上机练习题 / 191

7.1 Origin 软件和 ChemDraw 软件应用 ………………………………… 191
7.2 Visual Basic 程序练习 ………………………………………………… 196
7.3 Newton 迭代法解方程 ………………………………………………… 197
7.4 拉格朗日一元全节点插值 …………………………………………… 197
7.5 一元线性拟合 ………………………………………………………… 197
7.6 定步长辛普森积分 …………………………………………………… 198

附录　国内外关于化学化工文献杂志的数据库　/ 199

参考文献　/ 201

1 计算机检索基础与因特网的使用

1.1 计算机检索基础知识

1.1.1 数据库的一般结构

在计算机检索系统中,数据库是一种经过编辑组织以机读形式出现的记录集合。不同的数据库,其结构也不相同,所提供的检索途径也有差别,但无论什么类型的数据库其基本结构具有共同的特征。

(1) 字段、记录、文档

字段是文献著录的基本单元,反映文献外部特征和内容特征的每一个项目,在数据库中就称为字段,在数据库中每一个字段,往往都给予一个字段名。如 Title,字段名为 TI;Author 为 AU;SO 为文献来源,AB 是文摘字段,PY 为出版年份,SN 为国际标准书号 ISBN,DE 为主题词,CS 为著者单位。在某些数据库的检索中,在上机检索前必须了解数据库的字段名。

记录是由若干不同字段组成的文献单元,一个记录在数据库中往往代表一篇文献,在数据库中每一个记录都有一个记录号,与检索工具中的文摘号类似。

文档是由若干数量的记录所构成的数据集合,在一些大型联机检索系统中称作文档。如 DIALOG 系统中 399 号文档是美国《化学文摘》(CA),211 号文档是《世界专利索引》(WPI)。

(2) 顺排档、倒排档

以固定的字段顺序,按文献输入前后顺序排列的文档,称为顺排档。顺排档是文献数据库的基本单位,相当于手工检索工具的文摘正文部分,全面记录着文献的各个特征,但要在顺排档中检索文献,检索速度相当慢。

将顺排档中某些文献特征的字段抽取出来,再按一定的规律排列而形成的文档,称为倒排档。倒排档相当于手工检索工具中的索引部分,因而往往也称作索引。倒排档大大加快了数据库的检索速度,在数据库的编制中,建立倒排档的字段越多,相应的检索途径越丰富,检索效率就越高。

(3) 基本索引、辅助索引

基本索引(Basic Index),是由数据库中的某些字段的倒排档组成,这些字段通常是能够以主题概念检索的字段,如主题词(DE)字段、关键词(ID)字段、篇名(TI)字段等。不同的数据库基本索引的字段有所差别,因而在检索前要先了解该数据库的 Basic Index 包含哪些字段。如 DIALOG 系统的 EI 数据库的基本索引包括 TI、DE、ID、AB 四个字段,而 WPI 数据库只包含 ID 一个字段。

辅助索引(Additional Index),除 Basic Index 包含的字段外,其他建立倒排档的字段都是辅助索引。在检索中,基本索引的检索与辅助索引的检索有所不同,基本索引检索不用加字段名,而辅助索引的检索需加字段名,如要检索 ARAI 写的文章,检索式应为 AU=ARAI。

1.1.2 国际联机检索系统(On-Line Retrieval)

联机检索,是指用户通过终端和通信线路,从信息检索系统存储的文献数据库中检索自己所需的信息。国际联机检索系统是以大型计算机为核心,大容量存储设备为基础,以公共数据交换网或电话通信线路为传输媒介建立起来的大型计算机情报检索系统。只要通信线路能延伸到的地方都能进行异地远程通信检索。

(1) DIALOG 系统

DIALOG 系统是国际上最著名、规模最大的联机检索系统。目前该系统拥有三台大型计算机,总存储量共达十八万 Mb,与两个卫星通信网络相连,在全世界 80 多个国家和地区有 10 万多个终端用户,系统每天 24 小时为用户提供联机检索服务。目前该系统建有 400 多个文档,文献存储量达 2 亿多条记录,文档的专业范围遍及科学技术、政治、经济、商业、新闻等。DIALOG 公司还将数据库文档制作成各专业的数据库光盘,单独出版。

(2) ORBIT 系统

ORBIT 系统是目前世界上仅次于 DIALOG 系统的国际联机检索系统,是始建于 20 世纪 60 年代的国际著名联机检索系统。文献存储量达 1 亿条记录,200 多个文档。

(3) BDS 系统

BDS 系统是我国最大的联机检索系统,属北京文献服务处。该系统文献存储量达 1000 多万条,该系统的数据库主要包括专利文献和美国政府报告。该系统在全国各地拥有数百个终端用户,由于国内的联机检索费用较低,因而利用率要高于国际联机检索。但国内联机检索数据量太少无法满足各专业的用户需求。

1.1.3 光盘检索系统

光盘是一种存储量大、价格低廉的计算机存储设备,是采用激光、计算机、数字通信和光电集成等现代高科技成果的结晶。目前 CD-ROM(Compact Disk Read Only Memory)只读式光盘在图书馆中广泛应用,每张光盘的信息存储量达 650Mb,相当于 3 亿多汉字,是普通软盘存储量的 1600 倍,缩微平片存储量的 1200 倍,相当于 30 万页 A4 纸的信息量。存取速度快,仅用 0.5s 就可以从 1 张存有几万页资料文献的光盘中检索出需要的一页。

(1) 光盘检索系统的基本原理

光盘检索系统由光盘、CD-ROM 驱动器、计算机并配以相应的驱动软件和检索软件构成。

(2) 光盘检索网络系统

单机的光盘检索系统中,随着光盘数据库的大量涌现,检索时需频繁换盘,给用户带来不便。并且只能有一个读者使用而无法充分实现昂贵的光盘数据库的效益。在计算机网络技术的基础上开发了光盘检索网络的硬件和软件,形成了光盘检索网络系统。目前建成的光盘检索网络系统有多种模式，共同的特点是拥有能同时运行几十张光盘的光盘塔驱动器，有可供上百个用户同时检索同一张或不同光盘的光盘网络软件。由于光盘网络检索系统不用换盘，可多用户共享数据库，充分发挥了光盘的作用，在国内外高校图书馆中得以迅速发展。

1.1.4 布尔逻辑运算

在计算机检索中，逻辑运算是常用的方法。用逻辑运算的方法反映检索词之间的关系，能达到提高检索效果的目的。常用的逻辑运算有三种：逻辑与、逻辑或、逻辑非。

逻辑与：机检的输入符号为"＊"或"AND"，是反映概念之间交叉和限定的一种组配。A＊B，表示数据库中既含有 A 概念又含有 B 概念的文献才被命中。用逻辑与可以逐步缩小文献的检索范围，提高文献命中的准确性。

| 如：乙烯的水合反应 | A：ethylene | A∩B | （交集） |
| A | B | B：hydration | A AND B |

逻辑或：机检的输入符号为"＋"或"OR"，是反映概念之间并列关系的一种组配。A＋B，表示在数据库中只要含有 A 概念或 B 概念的文献都可命中。用逻辑或可以扩大文献的检索范围，防止漏检，以提高文献的检全率。

| 如：石油和天然气 | A：petroleum | A＋B | （并集） |
| A | B | B：natural gas | A OR B |

逻辑非：机检的输入符号为"－"或"NOT"，A－B，表示在数据库中，在含有 A 概念的文献集合里，去除同时含有 B 概念的文献。逻辑非也是一种缩小检索范围的概念组配方法，但并不一定能提高文献命中的准确性，往往只是起到减少文献输出量的作用，在联机检索中降低检索费用。

| 如：石油炼制催化剂以外的催化剂 | A：catalyst | A－B |
| A | B | B：petroleum refining | A NOT B |

逻辑运算符是计算机检索过程中广泛采用的一种方法，在各检索词之间合理地、综合运用逻辑运算是提高文献命中准确性和文献的查全率的基本方法，其运算次序为："NOT""AND""OR"，括号中先运算。

1.2 因特网的使用

1.2.1 Internet 的概况

1969 年美国国防部出资兴办 ARPAnet（Advanced Research Projects Agency Network）项目。当时开通时只有四个点。

1970年诞生了用于网络互联的标准、通用的网络协议TCP/IP（Transfer Control Protocol/ Internet Protocol）协议。

1987年，NSF（National Science Foundation美国国家科学基金会）选择了IBM（计算机制造商）、MCI（长途电话公司）、Merit（密歇根州一个区域性网络服务公司）提出的一个联合方案，合作建立新的广域网。MCI提供长途传输线路；IBM提供专用的计算机和软件；Merit管理这一网络。1988年NSFnet取代了ARPAnet而成为Internet的骨干网。1990年ARPAnet停止运行。

1992年IBM、MCI和Merit组建了ANS（Advanced Network and Services高级网络和服务公司）。ANSnet的传输速率是NSFnet骨干网的30倍，达到45Mbps。

Internet的发展经历了三个阶段：研究网、运行网、商业网。

到2008年3月，全世界Internet用户已达3.1亿。预计到2020年，Internet上将有500万个网络、2亿台计算机和20亿个用户。

1.2.2　Internet在我国的发展情况

我国的Internet发展大致经历了三个阶段。

第一阶段是从1987年到1994年。中国科学院高能物理研究所（简称中科院高能所）是我国首家连入Internet的单位。第一批Internet使用者是全国1000多名科学家。

第二阶段是从1994年到1995年的教育科研网发展阶段。中关村地区教育与科研示范网络NCFC（National Computer & Networking Facility of China即国家计算机与网络设施工程，简称中关村网），1994年3月开通了速率为64kbps的Internet国际出口专线，中国网络域名也最终确定为cn，这标志着我国正式加入Internet。

第三阶段是从1995年开始的商业应用阶段。1995年5月，邮电部开通了我国公用Internet网Chinanet。1996年9月，电子工业部开通ChinaGBN。

目前我国已建成了四大互联网络：CSTnet中国科学技术网、CERnet中国教育与科研网、Chinanet中国公用Internet网、ChinaGBN中国金桥信息网，有6个Internet国际出口：中科院高能所、中科院网络中心、清华大学、北京化工大学、邮电部（北京、上海）、电子部吉通公司。

1.2.3　Internet的服务与工具

Internet服务根据形式可以分成3大类：工具类、讨论类、信息查询类。

工具类服务包括：Telnet、E-mail、FTP、Archie等。

讨论类服务包括：News、BBS、IRC（在线聊天系统）等。

信息查询服务包括：Gopher、Wais（广域信息服务系统）、WWW等。

此外还有网络会议、网络游戏、网络广播、网上教学等。

1.2.4　TCP/IP协议简述

ARPAnet最初设计因特网的目的是支持军队的一项研究，即：设计建立一个网，当它的一部分被迫停止运行时（例如遭核弹袭击），此网仍能完成工作。Internet是建立在把全世界的网络集合起来的基础上的。在这些网络上可能连接许多不同类型的计算机，因此，必须有个共同的东西通过某种方式把它们都连在一起，这就是TCP/IP协议。

TCP/IP是上百个（用来连接计算机和网络的）协议合起来的共有名字。TCP/IP的实际名字来自最重要的两个协议：TCP（Transfer Control Protocol 传输控制协议）和 IP（Internet Protocol 互联网协议）。

在 Internet 内部，信息不是一个恒定的数据流从一台计算机传送到另一台计算机，而是把数据分解成小包，即数据包。例如，当你传送一个很长的信息给远方的朋友时，TCP 就把这个信息分成很多个数据包，每一个数据包用一个序号和一个接收地址来标定。此外，为了使接收方知道数据在传输过程中是否出错，TCP 还插入一些校验信息。

接着数据包被传至网络，这就是 IP 的工作，即把它们传送给远程主机。在 Internet 上每台主机都有一个特定的地址（称为 IP 地址）。IP 的任务就是根据地址，在两台计算机之间寻找一条适当的路由。

在接收端的主机上，TCP 接收到数据包并检查错误。如果有错误发生，TCP 可以要求重发这个特定的数据包。当全部数据包都被正确地收到，TCP 再根据序号重新组合成原来的信息。简言之，IP 的工作是把原始数据从一地传送到另一地；TCP 管理这种流动并确保其数据正确。

TCP/IP 通信协议有下面三种基本应用。

（1）远程登录 Remote Login（命令：Telnet）

顾名思义，就是本地计算机通过网络，连到远端的另一台计算机上去，使用它的资源，这个过程就叫远程登录。

远程登录服务的使用，使计算机资源可以得到充分的利用。例如，个人计算机往往缺乏强大的计算能力，不能进行复杂精确的科学计算，而若知道网上某大型计算机系统正好提供这种服务，用户只需申请一个账户，就可以登录到大型计算机系统上共享资源，根本不受地域的限制。

远程登录的使用方法：TELNET＋远端主机域名（或 IP 地址）

如：telnet mail.scuec.edu.cn 可以连到学校的邮件服务器，修改自己的邮件参数；www.scuec.edu.cn/s/1/t/560/main.html 可以连到学校主机。

（2）文件传输 File Transfer Protocol（FTP）

文件传输协议是双向的，用户既可以从远程系统获取文件的一份拷贝，也可将本地文件的一个副本传送到远程计算机上。现在好多同学喜欢做个人主页，但首先要申请一个个人主页空间存放自己的主页。你要想把文件传到服务器，就可以使用 FTP，也可以从服务器下载文件，操作方便。

（3）简单邮件 Simple Message（Mail）Transfer Protocol（SMTP）

因特网的另一个典型应用就是电子邮件（Electronic Mail，简称 E-mail），电子邮件又称电子信箱、电子邮政，它是一种新型的信息系统，是通信技术和计算机技术结合的产物。目前电子邮件的发送和接收使用以下两个协议。

① SMTP　用于邮件的传输。

② POP（Post Office Protocol）邮局协议　用于邮件的接收。现在使用 POP3 协议。

1.2.5　Internet 上的地址和域名

Internet 上的每台计算机和每个用户都有一个地址，能唯一确定每台计算机的位置、区分每个不同用户。通常看到的地址是一组词语或有隐含意义的字母或数字，它们均按标准格式用"."隔开，这种地址的编排称为域名系统（DNS-Domain Name System）编址。地址可以写成两种形式。

(1) IP 地址格式

每个 IP 地址都由 4 个字节组成，每个字节相当于一个 8 位位组，每个 8 位位组的二进制数可以表示成 0～255 之间的十进制数。有的同学可能要问，为什么要到 255 呢，大了不行吗？这是因为：二进制的 8 位数最大就是 11111111，而这 8 个 1 代表的十进制数就是 255。数字之间用点隔开。例如："202.194.145.66"就表示某台计算机的 IP 地址。

目前 Internet 上采用的 IPv4 协议，其 32 位长度的地址已经不能满足需求，地址资源存在枯竭的可能。以后网络将采用新的 IPv6 协议，IPv6 协议使用 128 位长度的地址，是 IPv4 协议地址长度的 4 倍，大大扩大了寻址空间，使全球任一台计算机都可以分配到一个全世界通用的 IP 地址。

(2) 域名格式

例如"www.scuec.edu.cn"表示中国（cn）教育部门（edu）中南民族大学（scuec）的一台 www 服务器。

"用户名@域名.高层域名"，例如"name@scuec.edu.cn"表示中国教育部门中南民族大学用户"name"，而他拥有账号的那台计算机的域名是"scuec.edu.cn"。

域名和 IP 地址是一一对应的。

① 部分最高级域地区域名

.au 澳大地亚 Australia　　　　.ca 加拿大 Canada　　　　　.ch 瑞士 Switzerland
.cn 中国 China　　　　　　　　.de 德国 Germany, Deutschland　.dk 丹麦 Denmark
.es 西班牙 Spain, Espana　　　.fr 法国 France　　　　　　　.gr 希腊 Greece
.jp 日本 Japan　　　　　　　　.nz 新西兰 New Zealand　　　.uk 英国 United Kingdom
.my 马来西亚 Malaysia　　　　.sg 新加坡 Singapore

② 最高级域机构域名

.com 商业机构　　　　.edu 教育机构　　　　.gov 政府部门　　　　.int 国际性机构
.mil 军事部门　　　　.net 网络机构　　　　.org 上述以外的部门（非营利机构）

③ 新增最高级域机构域名

1997 年 1 月，IAHC 宣布新增 7 个通用最高级域机构域名。

.firm 商业组织或公司　　　　　　　　　.store 提供货物供人购买的商业组织
.web 强调其活动与 Web 有关的组织　　　.arts 从事文化和娱乐活动的组织
.rec 从事娱乐和消遣活动的团体　　　　.info 提供信息服务的组织
.nom 希望用独立单位或个人的命名

1.2.6 网络资源的综合利用

(1) 如何快速地在网上查找信息

目前，使用 WWW（环球信息网）进行检索的人日益增多，日趋完美的网页检索工具也层出不穷，每人都有自己喜欢使用的网页检索工具，每人的检索方式也大相径庭，这就和每人的生活方式不同一样，不可强求统一，但是，如果能从众多的检索工具中摸索出一些规律，就能提高检索质量，节省时间和精力。根据平时使用网上各种检索工具的经验，总结、归纳几种一般的检索策略，仅供参考。

① 要掌握网上检索工具类型　所有的网上检索工具大致可以分为两种基本的类型：目录型，如 Magellan；检索型，如 AltaVista、Excite、Infoseek、Lycos、OpenText 及 WebCrawler。目录型的检索工具比较适合检索大量的网址目录，也就是在扩检时，可以使用目

录型的检索工具；而如果要进行缩检，要具体到每一网址的内容，就应该选择检索型的检索工具。所谓检索型的检索工具是基于上百万个网址内容的文摘而建立起来的，有的有全文，有的则只有网页的标题和题目。想知道网上有哪些可以进行检索的数据库，可以用 http://www.isleuth.com 这个网址，该网址给我们提供了上百万个可以进行检索的数据库，从标准的检索工具到新闻小组的检索、目录、主题等应有尽有。还有一个网址是 http://www.wiredsource.com/wiredsouc，该网址也提供许多检索工具。

② 要了解自己使用的检索工具　掌握了一两种检索工具的使用方法，并不能说明我们对其他检索工具的了解。在我们进入新的检索之前，应该花点时间了解如何使用这种检索工具，尤其要注意了解其特有的检索方式，同时还应了解检索结果有几种表达方式，如我们可以选择按关键词的相关性来排列结果或按网页的更新时间或索引来排列检索结果。显然，前者的效果要优于后者。

③ 要熟悉了解所检索的主题　要确切了解想要查询的内容。如果我们键入的检索式不正确，有可能导致许多无用信息的产生。当然也可以边查边修改检索策略，有时这也是我们的唯一选择，但是，如果我们相当了解自己学科的主题，熟悉常用的术语，那么，检索进展就会顺利得多。举例来说，我们想查找有关以太网方面的信息，这类信息网上太多，如果能知道再具体一点的信息，如我们要查的以太网是属于哪种范畴（10Mbps 和 100Mbps）的以太网，这样，就能更有的放矢地进行检索。另外，还应该注意专有名词要大写。

④ 要明确网上的局限性　我们知道所有网页检索工具就其检索所要求的查准率和查全率来说是不太高的，同时也不是一上网就可以查到有关学科方面的最新信息，这只是相对而言，有些检索工具还是能检索到一些较新的信息，但网上的信息一般较滞后，因为检索工具一般也得花数月时间在网上搜寻新资料，而有些动态的网址就其本身性质来说就难以被编成索引。

⑤ 正确使用布尔逻辑组合式　在网上大部分网址都允许使用布尔逻辑式，我们一般常用三种布尔逻辑运算符来进行检索：首先是"AND"，如当我们在一个检索式中使用 A AND B 时，我们实际上是通知所选择的检索工具在所要查找的文献中既要有 A 也要有 B。举例来说，要检索与 Java 有关的数据库，就应该输入检索式"Java AND database"。要注意的是有些检索工具的缺省值就是使用 AND，但并非所有的检索工具都如此，如 Lycos 检索工具的缺省值就是"OR"，因此，我们在使用每一种检索工具之前，最好读一读相关的帮助信息，从而进一步了解该检索工具的具体特性。在上网进行检索时，"OR"可能是用处最少的布尔逻辑运算符，因为它检索出来的信息太多，有许多网上服务器甚至不对带有这种逻辑运算符检索式的请求进行加工。还有些词如"计算机"，太多太广，失去了检索的价值，我们称这种词为"禁用词"，网上每个检索服务器一般都有自己的禁用词表，如果我们在检索前对此有所了解，就有可能避免不必要的误检。另一个比较有效的逻辑运算符是"NOT"，我们可以用"NOT"来排除在检索中同名但不同义的词组。但是，我们要注意的是有些检索服务器，如 Lycos，不能执行 NOT 逻辑运算符，我们在检索时要考虑这些问题。

⑥ 注意收集具体的检索网址　我们应该时常关注网上一些有用的、学术性强的检索网址，这些具体化的检索工具可以帮助我们进行较为精确的检索。

(2) Internet 上的化学化工资源简介

Internet 上有丰富的化学化工信息资源，有关的化学化工技术人员查询使用可获取大量的学术资料、科技成果。现将部分站点介绍如下。

① 专业站点

a. 化工"虚拟图书馆"（http://www.che.ufl.edu/www-CHE/outline.html） 该网站由美国佛罗里达大学建立，主要为用户提供化工、生物、环境、给排水、能源等方面的技术资料，同时还提供有关标准、专利以及化学制品的价格、制造商和相关服务信息，用户还可免费订阅"化学品交易信息"。该网站链接了许多著名化工站点，通过它可进一步搜寻有关化工信息。

　　b. 化学"虚拟图书馆"（http://www.che.ufl.edu/chempointers.html）

　　c. OCLC（http://www.oclc.org） 世界上最大的为读者提供文献信息服务的机构，通过它可方便地检索大量学术资源。

　　d. 环境信息（http://www.envirolink.org）

　　e. 美国化学工程师协会（http://www.che.ufl.edu/~aiche/） 介绍部分化工论文及该协会有关活动。

　　f. 美国化学学会（http://www.acs.org） 主要内容有美国化学文摘、教育、公共事物、出版物、计算机软件、会议等。

　　g. DIALOG 系统（http://www.dialog.com/） 提供相关领域的论文、新闻、统计等在线服务，以及全球100多种报纸及数千种杂志。

　　h. 美国化学学会化学文摘 CA（http://www.info.cas.org/ONLINE/） 世界著名科技文摘，提供科技信息的在线检索服务，但需付费建立合法账号方可使用。

　　② 科技期刊

　　a. 国内科技期刊站点

　　（a）中国期刊网（http://www.chinajournal.net.cn） 于1999年6月18日正式开通。网上汇集了6600种科技类、社科类期刊的题录、摘要。其中包括3500多个核心和专业特色期刊的现刊全文信息资源。

　　（b）万方数据（http://www.chinainfo.gov.cn/periodical/） 进行分类查询，并可免费登载。

　　b. 国外科技期刊站点

　　（a）EEVL（http://www.eevl.ac.uk/eese/） 其中有大量外文科技期刊网址。

　　（b）Electronic Journals and Journal Information in Chemistry（http://www.lib.uchicago.edu/） 专门收集整理网上与化学化工有关的期刊，可免费索取部分资料，也可提供部分文章的全文。

　　③ 标准

　　a. 中国标准服务网 CSSN（http://www.cssn.net.cn） 可提供所需标准的最新全文及标准信息动向。

　　b. 美国国家标准与技术研究院 NIST（http://www.nist.gov）

　　④ 专利

　　a. 中国专利文摘数据库（http://www.beinet.net.cn/patent/） 包含了中国专利局1985年9月以来公布的所有发明专利和实用型专利的申请。该数据库中的"失效专利文摘数据库"中约有21万件失效专利可供无偿使用。

　　b. 美国 SPO 专利服务（http://www.spo.eds.com） 储存了美国专利和商标局1972年以来的专利约170万条。

　　c. IBM 专利数据库（http://www.patens.ibm.com） 包含了美国专利和商标局1971年以来的专利文献及图像资料，可查找并下载超过200万份专利。

（3）因特网上的六个专利文献数据库

众所周知，专利文献是重要的情报源。作为一类应用科学的文献，专利文献的内容可以说是应有尽有。从日常生活必需品到复杂的高精尖技术，从技术、工艺到设备，几乎无所不包。专利文献的数量十分庞大，传统的手工检索已满足不了人们的需求。计算机情报检索出现后，各种专利文献数据库成为人们利用专利文献的有效工具。但现有的商业专利数据库都有收费偏高、国内用户难以承受的问题，从而影响了对专利文献的充分利用。在为资源共享而产生和发展的因特网上，除了有免费的各大学行政、管理及图书馆书目信息外，近几年出现了越来越多的部分或全部免费的专业数据库，其中的专利文献数据库为我们免费或低价使用专利文献提供了机会。下面，就因特网上有关专利文献数据库的网址、检索方法、检索内容及付费标准等情况作一些介绍。

① IBM 公司的免费专利文献数据库（http://www.patent.womplex.ibm.com） IBM公司的专利服务器提供美国专利的免费检索，用户可以检索 1971 年以来的美国专利说明书的内容（专利书目信息和各专利权项），浏览 1974 年以来的专利文献中的附图。IBM 专利数据库提供专利号检索、布尔逻辑文本检索和高级文本检索三种检索模式，并为每种检索模式设计了详细的帮助信息。在布尔逻辑文本检索中，界面提供输入两个检索词的对话框，用户可单击下拉式菜单选择检索字段和检索词之间的逻辑关系。供选择的检索字段有：发明者字段、代理人字段、文摘字段、专利权人字段等。高级文本检索为发明者、代理人、题目、文摘、专利权项等每个字段提供了一个输入检索词的对话框，用户可以在需要的对话框内填上检索词或短语（作为检索的短语要加双引号），每个对话框之间是逻辑"与"的关系。在一个对话框内可以用逻辑"或"表示词或短语之间的并列关系，用逻辑"非"表示词或短语之间的不共存关系。在检索年限上，用户可选择检索近 3 年的专利或检索 1971 年以来的专利文献。关于检索结果，系统一次显示 50 条记录的专利号和题目，单击屏幕上带下划线的专利号即可看到该专利的详细信息，包括书目信息、文摘和各专利权项等。单击"浏览图像"按钮可允许用户看到专利中的附图。用户可直接使用浏览器的打印功能打印看到专利的详细信息，并可将图像以 GIF 格式保存下来。用户还可用联机的订购服务获取专利的全文和附图，专利全文可以用电子邮件、邮寄或传真等方式发送给用户。

② 美国专利和商标局的免费专利数据库（http://www.uspto.gov） 美国专利和商标局（USPTO）在因特网上提供了 1976 年至今的美国专利，供用户免费查询专利扉页的内容，即用户可以检索到专利题目、文摘、专利所有者、专利号、申请国家、批准号等一切扉页所包括的内容。如果用户需要专利说明书，则要付费使用。利用 USPTO 这个免费数据库的方法是：首先打开其首页，然后在首页中选"检索美国专利数据库"条目，在下一级网页中选"进入专利数据库"，等再下一级网页出现时，用户就可以键入检索词进行检索了。USPTO 提供两种检索模式，分别是简单快捷的和高级的检索模式。它提供的联机帮助功能可引导用户顺利、轻松地学会使用这个数据库。此外，从 USPTO 的首页出发，用户还可以浏览"美国专利分类数据库"，找到关于专利分类的详细信息。

③ 奎斯特-奥比特公司（Questel-Orbit）的美国专利数据库（http://www.qpat.com）
Questel-Orbit 公司的 QPAT-US 专利数据库提供美国专利扉页的免费检索和收费的全文检索及浏览功能（年限为从 1974 年至今），但目前不具备显示专利附图和化学结构式的功能。QPAT-US 数据库的检索功能，在目前因特网上专利数据库中是较强的。它提供布尔逻辑检索、位置检索、截词检索、词组检索等检索方法。当用户需要浏览检索到的专利全文时，只需单击检索到的专利号，原文马上显示出来，其中检索词在原文中是高亮显示的。

QPAT-US 以月为单位收费，每月用户需要为一个账号和密码支付费用，附加的密码收费很少。付完月费后，用户可以尽情地检索、浏览、套录所需要的专利文献。

④ 美国化学文摘社的化学专利数据库（http：//www.casweb.cas.org/chempatplus/）这个数据库的名称为"化学专利数据库"（Chemical Patent Plus），但它所提供的专利并不局限于化学，而包括专利文献的各个方面。它提供 1974 年至今美国专利文献全文检索，对检索结果的浏览和输出方式有多重选择。用户可免费检索、浏览专利题目和文摘。至于专利原文，则根据用户所看的内容的多少付费。

⑤ 奈特瑞德公司（Knight-Ridder）的科学数据库（Science Base）（http：//www.krscience.dialog.com） 美国 Knight-Ridder 公司的 KRScience Base 与因特网上其他专利数据库不同，它是扩充的菜单驱动检索系统的一部分。它提供两个著名的商业数据库的检索：一是"Derwent World Patent Index"（来自 40 个国家的国际专利）；二是 IFI/Plenum 数据公司的 CLAIMS 数据库（美国专利）。该数据库的主题检索功能不很强，但用户可将主题和发明者结合起来进行检索。作为因特网上的一项服务，该数据库的收费是相当贵的。

⑥ 微专利公司（MicroPatent）的专利网页（http：//www.micropat.com） MicroPatent 公司的专利网页提供 1974 年至今的美国专利、1992 年以来的欧洲专利和 1988 年以来的世界专利。用户只能检索最近 2 周的美国专利和近 4 周的专利分类。要找其他的专利信息，用户必须知道专利号并联机向该公司订购。该公司通过电子邮件传递专利的文本信息，或邮寄、传真专利的全文，或套录美国专利的附图。

综上所述，用户可先选择一种免费提供专利扉页查询的数据库，查到所需要专利的专利号，再用 PatentWeb 的专利传递服务获取专利全文。

(4) 在 IBM 专利服务器上免费检索美国专利

① 数据库内容

a. 数据库容量 IBM 专利服务器提供的美国专利数据库包括文本型书目数据库、专利说明书的图像数据库。书目数据库收录 1974 年 1 月至今的全部美国专利，1971 年至 1973 年的部分美国专利，最早的专利为 1971 年 1 月 5 日公布，共计收录专利 230 万条左右。为了检索方便，服务器将全部专利组织为两个库，1971 年至今为总库，1995 年至今为子库，子库共收录 42 万条专利。数据库的更新为即时更新，只要收到专利局的专利公报，新信息就及时加到数据库中。

b. 专利说明书图像 专利说明书是专利最完整、最原始的资料，特别是说明书的绘图包含最有价值的信息。现在，IBM 公司将印刷型的专利说明书数字化，装进了专利服务器，这是该服务器独一无二的、也是最珍贵的资源。图像库收录 1974 年至今大约 200 余万份说明书。图像的总存量为 1.3 Tera byte，相当于 3000 多张光盘的容量。每份说明书包括说明书首页、说明文字和绘图，从几页到几十页不等。系统提供浏览功能。

c. 专利字段 在 IBM 提供的美国专利数据库中，一条完整的专利包括下列字段：专利存取号、专利名称、发明人、专利权人、公开时间、申请时间、系列号、法律状态、国际专利分类号、美国专利分类号、专利说明书文摘、作为参考的美国专利、权项、相关专利、国外申请优先权数据、作为参考的外国专利、其他参考资料、专利代理人、主审官、副审官。

d. 缺失或不完整专利 缺失专利是指一些专利说明书因难以得到，而没有装入服务器。不完整专利是指个别专利缺少了一些字段。整个数据库中，不完整专利只有两条，没有说明书图像的专利约有 1.2 万条，IBM 承诺，缺失专利和不完整专利一旦得到会立即装入。

② 检索性能

a. 检索方式　系统提供四种检索方式。

关键词检索：这是最简单的检索方式，只要在输入框中输入关键词或词组，系统在专利的所有字段中扫描，找到匹配记录，输出检索结果。

专利号检索：如果知道某个专利的存取号，选择这种检索方式，在输入框中输入专利号，就可迅速得到结果。

布尔逻辑检索：这种检索方式一次可输入两个词，每个词的输入框下有一个弹出菜单，供选检索词应出现的字段，字段选项有全部字段、专利名称、发明人、专利权人、文摘、权项、代理人共 7 种。两词之间有一个弹出菜单，可选择逻辑运算符号 AND、OR、NOT。

高级检索：这种检索方式适用于情报检索人员，检索者可在输入框中编辑复杂的检索策略。策略中词与词之间可以进行逻辑运算、截断、相邻运算、单词修正运算。在逻辑运算符号中新增了"ACCRUE"算符，这个算符和"OR"算符相似，但它可以统计检索词在某一文献中的词频，计算两词之间距离的大小，最后得出这篇文献与检索词的相关度，检索结果就能以相关度的高低更精确地排序。

b. 显示检索结果　系统执行检索过程后，将匹配的记录输入到屏幕上。每条记录包括三项信息：专利号、专利名称、相关度。系统采用了 Internet 上流行的相关度排序法，将检索到的专利按相关度高低排序。一次显示的记录数最多 200 条，检索界面上有一个弹出菜单，可设置记录显示的条数，有 20、50、100 和 200 四个选项。如果要显示某个专利的全记录，点击该专利存取号。如果要订购某一个专利，在专利存取号前的方框中标记，然后点击页面下端的"Order Checked Documents"按钮。

c. 显示专利全记录　系统一次显示一条全记录。全记录格式除显示专利的所有字段外，还提供强大的链接功能。

专利分类号链接：专利的国际专利分类号和美国专利分类号均为链接点，点击分类号，系统按分类号自动检索，并显示检索结果。

参考专利链接：参考专利是审查官在评审专利创新点时，在已有的美国专利中查到的相关专利，这些专利的名录是专利说明书的内容之一，IBM 专利服务器将参考专利名称作为链接点，点击专利名称，系统显示参考专利的全记录，注意，这种链接是双向的，以当前专利为参考的新专利也是一个链接点。全记录格式只显示专利权项的第一项，如果要看整个权项的文本，点击"Show All Claims"链接点。

d. 浏览说明书图像　在专利全记录页面的顶部，点击"View Images"按钮，可浏览这个专利的说明书图像。使用浏览器"文件"菜单中的打印功能，可直接输出说明书。从图像页面退回到全记录显示页面，不能用浏览器的"Back"按钮，而要关闭或缩小当前的窗口。

③ 其他辅助服务

a. 专利说明书订购

b. 资源导航

c. 珍稀专利子数据库　为了提高本站点的趣味性，IBM 专利服务器开发了一个功能，当你遇到一个很有意思的专利时，你可以击专利页顶部的 Vote 按钮，把这个专利推荐给专利子数据库，千千万万的访问者和你共同推荐、共同欣赏。

2 化学化工文献检索

2.1 信息、知识、情报和文献

当今的时代是一个信息时代，信息对经济和社会的发展、科技文化的进步都起着重要的作用。在这个信息时代中，谁掌握了最新信息，谁就掌握了主动性。信息是日常生活中常见的现象。知识、情报和文献首先应当属于信息的范畴。

（1）信息

从字面上理解，信即信号，息即消息，通过信号带来消息就是信息。信息具有差异和传递两个要素。没有差异不是信息，如两端加相同电压的导线没有电流通过，即不产生信息；同样，即使有差异但不经过传递，也不形成信息。信息是物质存在的反映，不同的物质各自发出不同的信息，根据发生源的不同，一般可分为自然信息、生物信息、机器信息和人类信息四大类。我们这门课中讲到的"信息"一词属于"人类信息"的范畴，信息本身是看不见、摸不着的，它必须依附于一定的物质形式，即载体，比如：文字、文献、声波、电磁波等。

（2）知识

提到知识，大家首先想到的可能是"知识就是力量"，为什么呢？知识是人们在社会实践中积累起来的经验，是对客观世界物质形态和运动规律的认识。人们在社会实践中不断接收客观事物发出的信号，经过人脑的思维加工，逐步认识客观事物的本质，这是一个由表及里、由浅入深、由感性到理性的认识过程。所以，知识来源于信息，是通过信息传递，并对信息进行加工的结果。从这可以看出，知识是信息的一部分。

（3）情报

情报是被传递的知识，它是针对一定对象的需要传递的，在生产实践和科学研究中起继承、借鉴或参考作用的知识。情报是知识的一部分，即被传递的部分。知识要转化为情报，必须经过传递并为使用者所接收，从而发挥其使用价值。

（4）文献

文献是记录有用知识的一种载体。凡是用文字、图形、符号、声频、视频记录下来，具有存储和传递知识功能的一切载体都称为文献。

信息、知识、情报和文献之间的关系可以用图 2-1 来表示，从图中可以更直观地了解四者之间的关系。

近年来，随着信息技术的飞速发展，电子出版物大量涌现，使文献、情报、信息这三者之间趋向同一，逐渐淡化了三者在概念上的差别，尤其在国际交往中情报与信息是同一概念（Information），所以目前在国内科技界已倾向于用"信息"一词替代"情报"。

图 2-1 信息、知识、情报和文献之间的关系

2.1.1 科技文献的级别

科技文献的级别按内容性质，可以分为一次文献、二次文献、三次文献和零次文献。

（1）一次文献

一次文献即原始文献，文献作者在科学研究、生产实践中根据科研成果、发明创造撰写的文献，称为一次文献，如期刊论文、专利文献、技术标准、科技报告等。确定一篇文献是否为一次文献，只是根据文献的内容，而不是根据其形式。如在科技期刊上发表的论文，有可能是三次文献。一次文献是文献的主体，是最基本的情报源，是文献检索最终查找的对象。

（2）二次文献

二次文献即检索工具。将分散、无序的一次文献，按照一定的原则进行加工、整理、简化、组织，如著录（即记录）文献的外部特征、摘录内容要点等，使之成为便于存储、检索的系统，如目录、题录、文摘、索引等检索工具。二次文献是查找一次文献的线索，通常是先有一次文献后有二次文献。但由于文献的数量太多，有些出版物在发表原文前，首先发表文摘，或者干脆只发表文摘，不发表原文。在检索工具中，经常在文摘后会发现"（Abstract Only）"字样，表明该文献没有原文。二次文献具有积累、报道和检索一次文献的功能，是管理和利用一次文献的工具性文献。

（3）三次文献

在利用二次文献的基础上，选用一次文献的内容，进行分析、概括、评价而产生的文献，如专题述评、动态综述、教科书、专著、参考工具书等。前面曾提到，在科技期刊上发表的论文，有可能是三次文献，而不是一次文献，原因是这篇论文可能是一篇综述性的文章。三次文献一般来说系统性好、综合性强、内容比较成熟，常常附有大量的参考文献，有时可作为查阅文献的起点。

从一次文献到二次文献、三次文献，是一个由分散到集中，由无组织到系统化的过程。对于文献检索来说，查找一次文献是主要目的。二次文献是检索一次文献的手段和工具。三次文献可以让我们对某个课题有一个广泛的、综合的了解。

（4）零次文献

零次文献是形成一次文献之前的文献。如原始实验数据、手稿等。零次文献是非常重要的文献，一般都是保密级的。

不但零次文献要加以保密，在发表一次文献的时候也要对自己的成果加以保护。作为新一代的科技工作者，要全身心地投入科研工作中，要发扬合作精神，同时对自己的成果要严加保密。例如，表 2-1 为渣油热反应的研究数据（并非真实数据）。

表 2-1 渣油热反应条件及产物分布

反应温度/℃	C1－180℃馏分/m%	180～500℃馏分/m%	生焦量/m%
400	3.15	7.89	0
410	8.97	14.43	0.01

在发表论文的时候,由于油样名称和反应温度是关键的条件,要加以保护,至少要隐匿其一。发表论文时渣油热反应条件及产物分布如表 2-2 所示。

表 2-2 渣油热反应条件及产物分布

反应温度/℃	C1－180℃馏分/m%	180～500℃馏分/m%	生焦量/m%
基准温度	3.15	7.89	0
基准温度+10	8.97	14.43	0.01
基准温度+20	16.32	21.55	2.35
基准温度+30	35.57	23.24	8.72

2.1.2 科技文献类型

所有科技活动和生产活动的成果,都有可能成为文献的源泉。科技文献按出版形式大致可以分为以下几类。

(1) 科技图书(Book)

科技图书是品种最多、数量最大的出版物之一。它一般是总结性的、经过重新组织的二次和三次文献。按性质可分为阅读性图书和参考性工具书。

阅读性图书有专著(Monograph)、丛书(Series of monograph)和教科书(Textbook)等。参考性工具书有词典(Dictionary)、手册(Handbook)和百科全书(Encyclopedia)等。

科技图书可以帮人们比较全面、系统地了解某一特定领域中的历史和现状,可以将人们正确地领入自己所不熟悉的领域,也可以作为一种经常性的参考工具,但编辑出版时间长,传递情报的速度太慢,所以从情报检索过程来看,科技图书一般不作为主要检索对象。

(2) 科技期刊(Periodicals)

期刊又称杂志(Journal,Magazine),一般是指具有固定题名、定期或不定期出版的连续出版物。如《中南民族大学学报》《化学通讯》《化学学报》《中国化学快报》《Fuel》《Journal of Oil & Gas》《Fuel Science & Technology International》等,都是科技期刊。科技期刊是我们检索的最终目标之一,不管是用 Chemical Abstracts(CA)还是用 Petroleum Abstracts(PA)检索科技论文,最终都要查阅科技期刊。

科技期刊往往有卷、期、页的标志。与图书比较,科技期刊出版周期短、刊载论文速度快、内容新颖深入、发行与影响面广,可以及时地反映各国的科学技术水平。期刊论文多数是未经重新组织的,即原始的一次文献。在科学技术界已形成了通过科技期刊发表科研成就的传统,许多新的成果、新的观点、新的方法往往首先在期刊上刊登。科技期刊在科学技术活动中一直起着非常重要的作用,是科学交流的主要工具。它在科技文献中占有非常突出的地位,直到今天,科技期刊作为一种情报来源,在各种科技文献中仍然牢固地居于首要地位。在科学家和专家们所利用的全部科技情报中,由科技期刊提供的科技情报占 70% 左右。

科技期刊两种主要形式如下所述。

① 学术型期刊 以发表科研方面的论文为主,具有较强的学术性,是科技期刊的主体。

② 检索型期刊 是提供科技文献线索的主要工具性刊物,属于二次文献。

(3) 科技报告(Technical Reports)

科技报告又分为专题报告、专人报告、年度科技报告等,在检索工具的文摘中,常有"Report"标志。国际上著名的科技报告是美国政府四大报告:PB(政府部门)、AD(军事系统)、NASA(美国国家航空航天局)、DOE(能源部)。科技报告具有一定保密性。

（4）会议文献（Conference Papers）

会议文献是指国际学术会议和各国国内重要学术会议上发表的论文和报告。如国内的催化会议、有机化学会议、美国的 ACS（American Chemical Society Annual Meeting）、NPRA（National Petrochemical & Refiners Association）等，都是文献的来源。此类文献一般都要经过学术机构严格的挑选，代表某学科领域的最新成就，反映该学科领域的最新水平和发展趋势。所以会议文献是了解国际及各国的科技水平、动态及发展趋势的重要情报文献。但会议文献与期刊及其他类型的文献有重复交叉。会议文献大致可分为会前文献和会后文献两类。会前文献主要指论文预印本（Preprint）和论文摘要，会后文献主要是指会议结束后出版的论文汇编——会议录。

（5）专利文献（Patents）

各国获得专利权的专利，在检索工具的文摘中，常有国际专利分类号（即 IPC 分类号如 C07D207/24）、专利申请号（如 201520688871.7）、申请日期、优先权国家代码等。作为一次文献主要有：专利公报和专利说明书。专利文献能及时反映全世界各行各业的工艺技术最新进展，以其内容详尽、技术新颖、实用性强等优点，成为科技人员经常使用的重要文献。

（6）学位论文（Thesis，Dissertation）

学位论文是高等学校、科研机构的研究生为获得学位，在进行科学研究后撰写的学术论文。分为学士（Bachelor）毕业论文、硕士（Master）毕业论文、博士（Doctor）毕业论文。

学位论文常有"Diss."（Dissertation 的缩写）标志，而且有学位论文编号，如 Order NO. DA 8328940 From Diss. Abstr. Int. B 1984，44（8），2428。学位论文一般不出版，少数经过修改后在期刊上发表，一般不易获得。我国实行学位制度以来，比较重视对国内学位论文的收集。1984 年教育部决定，我国所有研究生的博士、硕士论文，一律交中国科技情报研究所收藏，并提供中国学位论文的缩微平片。科技文献出版社发行《中国学位论文通报》作为检索学位论文的工具。国际上比较著名的学位论文检索工具是美国出版的《国际学位论文文摘》。

（7）标准文献（Technical Standards）

标准文献也称为技术标准，是一种规范性的技术文件。它是在生产或科研活动中对产品、工程或其他技术项目的质量、品种、检验方法及技术要求所作的统一规定，供人们遵守和使用。技术标准按使用范围可分为：国际标准、区域性标准、国家标准、专业标准和企业标准等五大类型。每一种标准都有统一的代号和编号，独自构成一个体系，技术标准是生产技术活动中经常利用的一种科技文献。如 ISO 900 * 系列（International Standardization Organization，国际标准化组织），中国的国家标准（GB）、美国的 ASTM（American Society for Testing Material，美国试验材料协会）标准。

（8）政府出版物

政府出版物是各国政府部门及其所属的专门机构发表、出版的文件。其内容广泛，从基础科学、应用科学到政治、经济等社会科学。其中科技文献约占 30%～40%，通过这类文献可了解一个国家的科学技术、经济政策、法令、规章制度等。

（9）产品样本

产品样本是国内外生产厂商或经销商为推销产品而印发的企业出版物，用来介绍产品的品种、特点、性能、结构、原理、用途、维修方法和价格等。查阅、分析产品样本，有助于了解产品的水平、现状和发展动向，获得有关设计、制造、使用中所需的数据和方法，对于产品的选购、设计、制造、使用等都有较大的参考价值。

（10）科技档案

科技档案是指具体工程建设及科学技术部门在技术活动中形成的技术文件、图纸、图片、原始技术记录等资料。科技档案是生产建设和科学研究工作中用以积累经验、吸取教训和提高质量的重要文献，现在各单位都相当重视科技档案的立案和管理工作。科技档案大多由各系统、各单位分散收藏，一般具有保密和内部使用的特点。

上述十种类型的文献，基本上包括了主要的文献类型，是我们获得科技情报的主要来源，即人们常说的十大情报源。

2.1.3 科技文献的出版形式及科技文献的特点

（1）科技文献的出版形式

科技文献的出版形式，按信息载体区分，有以下几种形式。

① 印刷型　包括铅印、油印、胶印等。这是一种存在了好几百年的传统形式。随着电子技术的发展，出版物的形式已经"走出铅与火，走进光与电"，更多采用声像型和数字存储型。

② 声像型　声像型文献运用录音、录像的技术，给人以直观的感觉，主要包括唱片、录音带、录像带、电影片、幻灯片、多媒体光盘 VCD 等。

③ 机读型　现在的许多文献资料，已经由数字磁盘存储转向采用数字光盘的存储方式（CD-ROM 光盘），由于 CD-ROM 光盘具有存储量大（每片 650M 字节）、寿命长（达 100 年）、携带方便的优点，因此许多大型文献库都采用此方式存储。

④ 缩微型　缩微型是以感光材料为存储介质，以缩微照相为记录手段的文献形式。其主要包括缩微胶卷、缩微平片等高倍率的复制文献。

⑤ 电子出版物　电子出版物是一种通过网络系统向入网的用户发行的一种刊物。这种方式发行的刊物，信息量大、周期短，用户可以得到几分钟甚至几秒钟以前产生的信息，而且节省纸张和投递费用。如人民日报就有电子出版物，通过 Internet 网络可以阅读。

（2）科技文献的特点

① 文献数量剧增，类型、语种多样　在过去的 200 多年间，期刊的增长与时间呈指数函数关系，差不多每隔 15 年翻一番，一些热门和尖端学科则更快，2~3 年就翻一番。过去一个专业人员看几种期刊就可以掌握本学科的世界动向，基本满足个人研究和教学工作的需要，但是现在看 40 种期刊也不能满足需要。何况除了期刊，还有大量别的类型的文献。

② 文献分布离散、内容重复交叉　一本期刊往往刊登多到五六个学科或专业的文章，少则也有两三个学科或专业的文章，只刊登单一学科文章的杂志极少。另外，在直接相关的专业杂志上发表的文献只占 50%，另外一些则发表在其他间接相关的专业杂志上。

③ 科技文献有效期缩短、更新频繁　美国工程教育协会曾统计：美国大学毕业的科技人员所具有的科技知识，12.5% 是在大学学习阶段获得的，87.5% 是在工作岗位上不断学习积累的。一个 2006 年的毕业生如果毕业后 5 年之内不再学习补充新的知识，到 2011 年原有的知识将陈旧失效 50%，到 2016 年，10 年之内没有补充新的知识，原有知识将 100% 陈旧失效（指技术知识部分）。所以必须不断地占有新情报、补充新知识、了解新事物、研究新问题，才能跟上时代，适应日益发展的新形式的要求。

2.1.4 科技文献检索概述

(1) 科技文献检索的含义

检索的英文是"Retrieval"或"Search",其含义是"查找"。将信息按一定的方式和规律排列存储,并针对用户特定需求查找出所需信息的过程称为信息检索。从广义来说,信息检索包括存储过程和检索过程;对信息用户而言,往往是指查找所需信息的检索过程。一般认为,信息检索(Information Retrieval)包括三个方面。

① 数据检索(Data Retrieval) 以数据为检索对象,检索结果是特定的数值性数据,是用户可以直接利用的信息。例如,查物质的物理化学性质、石油化工的有关数据等。

② 事实检索(Fact Retrieval) 以事实为检索对象,检索的结果是已有的基本事实或对非数值性数据进行逻辑推理等方式处理后所得到的具体答案。例如,想了解科威特油井灭火的有关情况、近年来中国炼油工业重油加氢装置的有关情况等。

③ 文献检索(Document Retrieval) 以文献为检索对象,检索结果是文献资料。例如,查找有关"高密度聚乙烯催化剂研究与利用"这一研究课题的一定年限的文献;某项发明创造在申请专利前的查新等。

其中数据检索和事实检索是检索包含在文献中的情报,而文献检索实际是书目检索,检索包含所需情报的文献的线索,根据文献的线索,再进一步查找文献,然后筛选出所需要的情报。科技人员在进行情报检索的过程中,一般以文献检索为主。但无论是检索包含文献的情报,还是检索包含情报的文献,都离不开文献。文献检索是最基本的检索形式,从检索难度来看它比数据检索和事实检索更为复杂。我们这门课也只讲述文献检索。

(2) 文献的存储与检索

完整的检索系统包括两个部分,即文献的存储和文献的检索。存储是检索的基础,检索是存储的目的。可以看作电视节目的制作发射与接收;数据文件的压缩与解压。

存储文献时,首先按照一定规则,把文献的外部特征和内容提要著录下来,形成能反映文献特征的记录单元。文献的外表特征包括文献的篇名、著者和出处,这些外表特征可形成文献的外表特征标识,如篇名、著者、号码等。

然后,对文献的内容进行分析,按学科属性或主题概念用合适的检索语言进行标引,形成文献的内容特征标识。

文献经过著录和标引,形成了反映文献外表特征和内容特征的各种标识。不同类型的检索标识又汇编成供检索用的各种索引。

检索文献时,根据检索要求,将所需文献的特征标识,与存储在系统中的文献特征标识进行比较,来确定所需的文献资料。

(3) 科技文献检索的意义与作用

随着科学技术在深度与广度上的不断发展,各种信息、知识、文献、情报如潮水般涌来,仅以文献为例,每年的文献量正以至少500万件的速度增长着。中国每年就出版63亿册图书。如果不掌握文献检索的知识和方法,要从数量庞大、类型复杂、分布分散、内容交叉重复、文种多样的文献资料的汪洋大海中,迅速、准确地获取自己所需要的文献资料,确实不是一件轻而易举的事情。就化学专业来说,目前世界上出版的化学杂志有一万多种。一个化学家,无论他多么勤奋都只能阅读其中微小的一部分,况且他还不能只是停留在阅读他人成果的基础上。

关于文献检索的重要性和作用,众说纷纭,一说"资源论",认为它是一种重要的资源,善于利用这种资源，就能有效地促进经济和社会的发展；二是"经济论"，认为在情报和文献上花钱是一本万利的事情；三是"决定论"，认为在物质条件、技术水平不相上下的国家或单位中，文献和情报往往起到决定性的作用，谁善于开发利用它，谁就可以赶上和超过对方。

对于一个科研工作者来说，文献检索的意义主要在于以下几点。

① 继承前人经验，加快科研步伐的需要　大家会注意到，我们阅读的科技文献、学习的教材内容，往往是几年、几十年、上百年前的发现或研究成果，而这些成果对我们现在的研究往往有着不可忽视的作用，否则文献检索这门课便没有开设的必要。文献检索这门课可以帮助我们继承前人的经验，避免科研工作的重复劳动，节省科研经费和工程投资，使自己的成果始终建立在最新成果的基础上。

② 进行科研创造的需要　就科学研究的全过程来说，无论是新课题还是老课题，在课题的确定、规划的制定、方案的取舍、难点的攻关、成果的鉴定和总结等方面都离不开文献检索。通过文献检索可以了解早期课题的最新进展，了解工业生产中需要解决的问题。

工业生产中的需要和科研中的进展，你都可以通过文献查阅，在开始研究前进行了解。如果不进行文献查阅，而自以为自己的想法很新颖，便矢志不移地进行研究，这种做法是不可取的，也许人家早就进行了研究，申请了专利和发表了文章。

通过文献检索可以了解最近课题的进展程度，从而及时地了解学术前沿。对于那些尚未立题的科研项目，更要进行文献检索，为科研的开展做好前期工作。

据统计，一个科技人员查阅科技文献的时间，往往占全部工作时间的三分之一。如果科技人员掌握文献检索的知识和方法，就能大大节省花在查找资料上的宝贵时间，从而加快科研速度，早出科研成果。

③ 申请科研经费必不可少的基础工作

进行科学研究需要经费，目前高校的科研经费的来源主要有两种：一是纵向科研经费，即来自国家拨款的科研项目；二是横向科研经费，即与工厂企业联合的科研项目。无论什么样的科研经费，都需要科研工作者去积极争取。

通过情报检索可以避免科研工作的无谓重复，也可以节省科研经费和工程投资，使自己的工作始终处于领先水平。

由于知识剧增，学科愈来愈多，愈分愈细，任何一个学生都不可能在学校里学完工作所需要的全部知识。在学校里，最重要的是培养学生获取知识的能力。化学信息学是对发挥学生智能、培养学生独立获取知识的能力很有帮助的一门课程。通过这门课程的学习，学生可以掌握情报检索的知识和方法，不仅能找到所需要的资料，而且掌握了解决问题的方法，从而有助于弄清知识的来龙去脉，锻炼和培养分析问题和解决问题的能力。同时，学习文献检索，对形成学生合理的知识结构和增强学生的情报意识都很有好处，这有利于今后在实际工作中取得较好的成果。情报检索具有很强的实践性和综合性，是获取其他有用信息、形成合理知识结构的一种重要手段。

2.1.5　科技文献检索工具

（1）检索工具概述

检索工具是用来报道、存储和查找文献线索的工具。它是在一次文献的基础上，经过加工整理、编辑而成的二次文献。

（2）检索工具的基本结构

一部完整的检索工具通常由：使用说明、著录正文、索引和附录几部分组成。正文由文摘、题录或目录组成。

索引分主题索引、作者索引、分类号索引、期索引、卷索引、累积索引等。

(3) 检索工具的类型

索引是检索工具中最重要的部分，没有索引的目录、题录和文摘，只能起到报道作用，不起检索作用，不能称为检索工具。但通常把目录、题录、文摘和索引通称为检索工具。检索工具按著录方式可分为：目录、题录、文摘和索引。

① 目录（Bibliography、Catalogue） 目录是对图书、期刊或其他单独出版物特征的揭示和报道。它是历史上出现最早的一种检索工具类型。目录以单位出版物为著录对象，一般只记录外部特征，如题名、著者、出版事项、载体形态等。目录主要用于检索出版物的名称、著者及其出版单位、收藏单位。常用的目录有国家书目、馆藏目录、专题目录、联合目录、出版发行目录、期刊年终目录等（一般期刊的年终最后一期上有全年的目录）等。

② 题录（Title） 题录是对单篇文献外表特征的揭示和报道，著录项目一般有篇名、著者、文献来源、文种等。由于著录项目比较简单，因此收录范围广，报道速度快，是用来查找最新文献的重要工具。但它揭示文献内容很浅，只能作为临时过渡性检索工具。文摘一出版，它的作用就被文摘所代替。著名的题录刊物有美国的《化学题录》（Chemical Titles）、《现期期刊目次报道》（Current Contents）、英国的《当代工艺索引》（Current Technology Index）等。我国的《全国报刊索引》也属这种类型。

③ 文摘（Abstract） 文摘是系统报道、累计和检索文献的主要工具，是二次文献的核心。文摘以单篇文献为报道单位，不仅著录一次文献的外表特征（即文献的标头部分），还著录文献的内容摘要。不看原文，往往便可决定文献资料的取舍，从而节约查阅原始文献资料的时间。按文摘报道的详简程度，文摘可分为指示性文摘和报道性文摘两种类型。报道性文摘有时可代替原文，这类文摘对于不懂原文文种及难以获得原文的科技人员来说尤为重要。文摘类检索工具主要由文摘和索引两部分组成，分别起报道和检索作用。索引的完善与否是衡量文摘类检索工具的重要标志。

④ 索引（Index） 索引是揭示各种文献外部特征或内容特征的系统化记载工具。它的著录项目没有目录、题录、文摘那样完全，大多数索引不能直接查到原始文献资料，而必须通过该文献资料在检索工具中的序号，在检索工具的正文中找到文献资料的来源出处，进而找到原始文献资料。学习检索工具的使用方法，主要是学习索引的使用方法。

2.1.6 科技文献检索的途径

(1) 根据文献的外部特征进行检索

① 文献名途径 文献名主要指书名、期刊名、论文名等，文献名索引都按名称的字序或笔画排列。如检索石油化学类书籍时，查五画"石"字即可。

② 作者途径 这是根据已知作者的姓名来查找文献的途径。常用作者索引（Author Index）进行检索。由于一个人在一生中从事的职业和研究的课题是相对固定的，因此，通过跟踪某一作者可以检索某一专题的主要文献。但这种检索方法所查的文献不系统、不完整。如作者王老五发表的论文，可以在 Author Index 中查 Wang L. W.。但你必须经常翻阅相关领域的科技文献，否则你不知道谁从事该领域的研究。

③ 序号途径 这是根据文献的编号来查找文献的途径。这种检索工具有报告号索引、标准号索引、专利号索引等。利用该途径进行检索时，必须首先知道所查文献的序号，因而

这类索引的利用受到限制。例如要了解某一专利的详细内容时，就必须首先知道它的专利号。

如图书分类号：O64-物理化学；TP-自动化、计算机；有时按图书分类号查快；有时按笔画查快，如高等有机、高等数学、高等教育、高等代数等，如果查高等数学，按O13查较快；又如TP类包含了计算机、自动化等，类别很多，如果查计算机最好按笔画查。

④ 其他途径　除了上述检索途径外，也可以根据文献是纸张出版物还是电子出版物、是英文还是中文、出版日期等外部特征进行检索。

(2) 根据文献的内容特征进行检索

① 主题途径　这是按照文献的主题内容进行检索的一种途径。这类检索工具有主题索引、关键词索引、叙词索引等。该途径以文字作为标识，索引按照主题词或关键词的字顺序排列，能把同一主题内容的文献集中在一起。如CA的Subject Index和Keywords Index。看起来有点像文献名检索途径，但主题途径是按文献的内容进行分类的。

② 学科分类途径　这类检索工具有分类目录、分类索引等。用此途径进行检索，能把同一学科的文献集中在一起查出来，但新兴学科、边缘学科在分类时往往难于处理，查找不便。另外从分类途径进行检索必须了解学科分类体系，在将概念变换为分类号的过程中常易发生差错，造成漏检或误检。在检索专利文献时所用的IPC（International Patent Classification）分类号途径，即属于学科分类途径。

③ 其他途径　根据学科的不同性质和不同特点，不同学科的文献检索工具有自己独特的检索途径。如CA的环系索引、分子式索引等。

2.1.7　科技文献的检索方法

文献检索方法是影响检索效果的重要因素，它可分为直接检索法和间接检索法。间接检索法是常用的一种科学的检索方法，它可分为常规法、追溯法和循环法（综合法）。

(1) 常规法

根据检索入手的时间不同可分为以下几种。

顺查法：根据检索课题的具体要求，利用特定的检索工具，由远及近，逐年查找。用这种方法，查得的文献比较完整，能反映课题研究发展的全过程，查全率高，但工作量大。

倒查法：由近及远，按时间逆序查找，重点放在近期新文献。此法省时灵活，效率较高，但会产生漏检而影响查全率。

抽查法：对课题研究进展最快、发表文献最多的若干年的文献，逐年查找。

这几种方法各有适用的条件，各有优缺点。

(2) 追溯法

利用最新发表的文献后所附的参考文献，由远及近，追溯查找相关文献。如图2-2所示，形成类似连锁反应的检索网络。利用此法进行检索，不需要利用检索工具，查找方法简单。但检索效率不高，漏检率较大。这种方法是不少科技人员常用的方法，方便实用。

(3) 循环法（综合法）

综合利用常规法和追溯法进行检索。首先利用检索工具查找出所需文献，再利用文献后所附参考文献，追溯查找相关文献。如此交替使用常规法和追溯法，直到取得满意的效果。

例：先用CA查最近一年的"关于FCC汽油加氢脱硫催化剂进展"方面相关文献（顺查法），再根据每篇文献后的参考文献追溯其他文献（追溯法）；然后再去查前一年的CA（倒查法）。

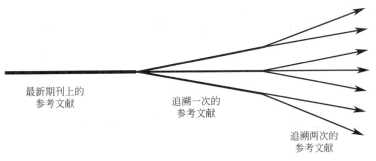

图 2-2 追溯法查找

科技文献的检索步骤如下所示。
① 分析课题,明确检索范围及要求。
② 选择检索系统,确定检索标识。
③ 确定检索途径和检索方法。
④ 查找文献线索。
⑤ 查找和获取原始文献。

2.2 CA 查找

2.2.1 《化学文摘》简介

美国《化学文摘》,Chemical Abstracts,简称 CA,是世界上著名的检索刊物之一。创刊于 1907 年,由美国化学学会化学文摘社编辑出版,CA 自称是"打开世界化学化工文献的钥匙",在每一期 CA 的封面上都印有"KEY TO THE WORLD'S CHEMICAL LITERATURE"。CA 报道的内容几乎涉及了化学家感兴趣的所有领域,其中除包括无机化学、有机化学、分析化学、物理化学、高分子化学外,还包括冶金学、地球化学、药物学、毒物学、环境化学、生物学以及物理学等很多学科领域的内容。收录期刊不少于 2 万种,包括 27 个国家和两个国际性专利组织(欧洲专利组织、世界知识产权组织)的专利说明书、评论、技术报告、专题论文、会议录、讨论会文集等,涉及世界 150 多个国家和地区 60 多种文字的文献,近年来每年收集的文摘约 50 万条。

(1) CA 特点

创刊早、历史悠久 1907 年创刊(半月刊),一年一卷;1961 年改为双周刊,一年一卷,每卷 26 期;1962 年(双周刊),改为一年两卷,每卷 13 期;1967 年改为周刊(66 卷),一年两卷。

报道迅速 从 20 世纪 60 年代起,CA 的编辑工作就开始从传统方法逐步向自动化过渡,1975 年 83 卷起,CA 的全部文摘和索引采用计算机编排,报道时差从 11 个月缩短到 3 个月,美国国内的期刊及多数英文书刊在 CA 中当月就能报道。

索引完备、检索途径多 索引是文摘刊物质量的标志,CA 有期索引(具体包括 Keyword Index、Author Index、Patent Index)、卷索引、累积索引(同卷索引)。

(2) CA 出版物

① 文摘本 a. 文摘部分;b. Keyword Index;c. Author Index;d. Patent Index。

② 卷索引　General Subject Index（普通主题）；Chemical Substance Index（化学物质）；Author Index（作者）；Patent Index（专利）；Formula Index（分子式）；Index of Ring System（环系）。

③ 累积索引　1907～1956每10年出一次，1957年至今每5年出一次，目前出到第17次。其索引种类与卷索引同。

④ 其他出版物　Index Guide（索引指南）；Registry Number Handbook（登记号手册）；Source Index（来源索引）。

2.2.2　CA的文摘

CA的文摘为周刊，是CA的基础，每年52本。收录内容分类为五大部分，80小类（1967年起），分单、双期出版。

单期：①生物化学（Biochemistry Sections）1～20类；②有机化学（Organic Chemistry Sections）21～34类。

双期：①高分子化学（Macromolecular Chemistry Sections）35～46类；②应用化学和化学工程（Applied Chemistry and Chemical Engineering Sections）47～64类；③物理化学、无机化学与分析化学（Physical、Inorganic and Analytical Chemistry Sections）65～80类。

1997年起，每期包括80个类的全部内容。

CA文摘本著录格式　在周刊的每一类中，文摘的排列顺序为：a.期刊论文、会议论文、学位论文、技术报告；b.新书及视听资料；c.专利文献；d.与本类目有关的参见目录。每部分之间用"————"分开，其中综述性文献排在最前面。

CA每卷第一期前面（Introduction部分）有著录格式范例，CA文摘的著录一般由以下几部分组成：标题（Title）、作者、（作者单位）、文献来源（Source）、文种、文摘正文（Abs）。文献的类型不同，著录的形式也略有区别。

(1) 期刊出版物的文摘标题（Serial-Publications）

文摘号：以卷为单位，每卷按顺序通排，文摘号后英文字母为计算机核对字母。

论文标题　采用黑体印刷，英文，其他语种按原意翻译成英语。

作者姓名　姓在前，名在后，不同作者用分号隔开。

作者单位地址

期刊名称　用斜体缩写字表示，查其全称，用CA文献来源索引（Source Index）

出版年份、卷、期号

原文文种　用缩写表示

Ch Dan（danish）Eng Fr Ger Hung Ital Japan Russ Span…

(2) 会议录与论文集的文摘、摘要（Proceedings and Edited Collections Abstract Heading）

会议文献的著录形式与期刊文献比较相似，只是在文献的出处上有会议文献的标志，如proc（会议录Proceeding）、conf（会议conference）和symp（会议汇编symposium）等。

(3) 技术报告的摘要标题（Technical Report Abstract Heading）

Order No.（顺序号、订购号）。

报告收藏单位．NTIS：National Technical Information Service 国家技术情报服务处

一般科技报告在文献出处上有report字样，或者以报告编号的形式出现。

(4) 学位论文文摘标题（Dissertation Abstract Heading）

学位论文一般是从学位论文文摘上转摘的,主要的识别标志是 diss(dissertation 的缩写)。

(5)新书及视听资料公告标题(New Book and Audio-Visual Material Announcement Heading)

与学位论文的著录格式比较相似。

(6)专利文件的文摘标题(Patent Document Abstract Heading)

格式为:专利国别及专利号

(7)参见 For papers of related interest see also section(与本类有关但刊登在其他类目中的文摘)

2.2.3 CA 的索引系统

(1)关键词索引(Keyword Index)

关键词索引在 1963 年(58 卷)开始编制。在普通主题索引和化学物质索引出版之前,Keyword Index 是查阅每期文摘的主要工具。一旦卷索引出版,该卷索引期内的期索引就失去作用。

关键词是从文献篇名和内容中抽出的没经过规范化的主题词,一条文摘可有 3~5 个关键词,关键词索引按关键词的字顺排列,每条索引款目中,由 3~5 个关键词组成,词和词之间没有任何语法关系,只是简单的排列,不成为一个独立的句子,阅读时,只能从各个词的含义加上自己的逻辑判断,推测文摘的大致内容。

使用关键词索引应注意以下几点,只要选词得当,查找并不困难。

① 名称复杂的化学物质一般采用商品名、习惯名、俗名等,如 Vitamin C、PVC 等。

② 同类化学物质用最简单形式表示,如 Phenol 表示苯酚或含酚类物质;Thiophene 表示噻吩或噻吩类化合物。

③ 同义词一般只选其中一个作为关键词,有些同义词如:乙烯 Ethene,Ethylene;丙烯 Propene,Propylene 均可。

④ 化合物分子式、元素符号不作为关键词。

⑤ 取代基位置及立体构象的表示符号省略,如:o.、m.、p.。

⑥ 关键词索引采用大量缩写词,且尾部圆点省略,如 Sepn(Separation),Purifn(Purification)等,每卷第一期卷首有缩略词表。

(2)化学物质索引(Chemical Subject Index)

凡是化学成分确定、结构明确、价键清楚的化学物质或组成明确、可以用分子式表示的化合物,均可作为化学物质索引的主题词。凡登记号索引中有的物质均列入本索引。即,凡是检索具体的化学物质如甲苯、聚氯乙烯等,必须使用化学物质索引(简称 CS)。其基本著录格式如下:

> (Index heading,索引标题),(Heading subdivision)
> 主题词[登记号],副标题
> 说明语,文摘号
> (Index modification),(Abstract Number)

① 化学物质索引中包含的物质

a. 已知的元素、化合物及衍生物

b. 各种金属的合金、各种矿物（不同于岩石）

c. 各种化合物的混合物、聚合物

d. 各种抗生素、酶、激素、蛋白质及多糖

e. 基本粒子

f. 用代号或商品名称定名的物质

② 标题词的选择（CA 命名）

a. 简单化合物

b. 无机化合物 （a）常用盐类；（b）不常用盐类；（c）有机化合物。

检索前先查阅索引指南 如：检索丙烯酸，查汉英化学词典为：Acrylic acid（化学物质索引中无此词汇），查索引指南：Acrylic acid 结果为：See 2-propenoic acid [79-10-7]，然后改查化学物质索引中 2-propenoic acid。

③ 副标题 化学物质索引有四种副标题。

a. 普通副标题（7 个）

b. 化学功能基副标题（15 个）

c. 射线副标题（2 个）

d. 合金副标题（2 个）

④ 文摘号

文摘号前大写字母的表示含义如下所述。

B（Books）代表专著、教科书和大全 如：B12446g。

P（Patents）代表专利 如：P80259r。

R（Reviews）代表综述 如：R28695b。

文摘号后的小写字母表示计算机核对号。

查找文摘的时候一定要注意文摘号的数字以及核对号都要一致。

(3) 普通主题索引（General Subject Index）

普通主题索引（简称 GS）是 CA 最经典的索引之一，从第 1 卷开始就有。随着化合物数量的急剧增加，讨论化合物的化学文献迅速增加，从 1972 年 76 卷起，分为化学物质索引和普通主题索引。1969 年 CAS 将分散在主题索引中的参照、标题注释、同义词、结构式图解等内容抽出，编制了索引指南。

① 主题词 简单地说，是除具体化学物质之外的概念性名称和非特定化学物质名。

a. 化学物质的类（Class of Chemical Substance） 未列入 CS 中的广泛性的、非特定性的物质。如羧酸、无机酸盐、氨基酸（GS）

b. 成分未确定的化合物（Incompletely defined material）

c. 岩石（Rocks）

d. 物化概念或现象（Physicochemical concepts and phenomena）

e. 化学反应名称（Reactions）

f. 化工过程和设备（Engineering industrial apparatus and process）

g. 生物化学和生物学主题（Biochemical and biological subjects）

h. 动植物俗名和学名（Common and scientific names of animals and plants）

总之，CS 中没有查到的，可转查 GS。

② 副标题

a. 专用副标题（修饰性副标题） 与 heading 有关，如：Chromatography 副标题有 Column and liquid，Gas，Gel，Paper，Thin-layer；

Petroleum 副标题有 Products。从 Index Guide 可以查到。

b. 普通副标题（7 个，化学物质类，不确定的化学物质） 与化学物质索引的普通副标题相同，其作用是按原文讨论的对象将标题所包括内容限于一定范围。

c. 功能基副标题（15 个） 专用于标注化合物的衍生物，一般排在普通副标题之后。

d. 射线副标题（2 个）

e. 合金副标题（2 个）

f. 器官和组织副标题（5 个）

③ 说明语 说明语对索引标题起说明和解释作用，可分为一级说明语和二级说明语。一般来说，说明语是带有介词的词组，伴有不少逗号，各说明语之间有一定的语法关系（专业知识），阅读时，必须尽量使句子通顺。

普通主题索引和化学物质索引既有区别又有联系，在检索文献时，应把二者结合使用。例如检索："制革工业中含铬废水处理"的文献，可用铬作为标题词查化学物质索引，也可用"废水处理"作为标题词查普通主题索引。

(4) 其他途径索引

① 分子式索引（Formula Index） 分子式索引（简称 FI）从 1920 年开始编制，能单独使用，也可与化学物质索引配合使用。

用 CS 时，必须用 CA 规定的名称检索，因此给检索带来了一定的困难，尤其对一些结构复杂、异构体少的化合物，用 FI 方便。

> 分子式索引的著录格式：
> 分子式标题
> CA 命名，[CAS 登记号]，文摘号
> 说明语

a. 分子式标题：分子式内各元素符号按 Hill 系统规则排列。

(a) 无机物 如：H_2SO_4-H_2O_4S；(b) 有机物 碳在前、氢在后，其他按字母顺序排列。如：CH_3COOH-$C_2H_4O_2$；(c) 结晶水不列入分子式中，只在分子式后注出；(d) 酸、醇、有机胺的金属盐，均不列入分子式索引（按母体排列，金属离子不计入分子式）。

b. 源于化学物质索引标题母体。

c. 关键：(a) 正确排列分子式；(b) 准确地选择化合物名称。

② 环系索引（Index of Ring System） 有机化合物中，环状化合物的比例很大，而环状化合物的命名较复杂。CA 为了解决此问题，出版了环系索引，环系索引不提供文摘号，必须与化学物质索引配合使用，是一个辅助性的索引。1967 年开始编制。著录格式：按环数多少排列，相同环数再按环的大小和环上元素成分排列，然后列出环状化合物的母体名称。

③ 作者索引（Author Index） CA 从创刊起就编制了作者索引，其作者包括：个人、专利发明人、专利权人、公司及单位名，按字母顺序混合排列。

期索引≠卷索引＝累积索引

期索引：姓名　文摘号

卷索引：姓名　　第一作者；合作者 篇名，文摘号

④ 专利索引（Patent Index） CA 从 94 卷开始用 Patent Index 代替以前的专利号索引

(Numerical Patent Index) 和专利对照索引（Patent Concordance Index）。若已知某篇与课题有关的专利，利用专利索引就能查到全部同族专利，即与发明内容基本相同的所有专利文献。

相关专利：Division，Addition，Reissue。
欧洲专利：Designed States EP＝Europen Patent Organization。
世界专利：WO＝World Intellectual Property Organization。

2.3 数据库使用

2.3.1 常用国外数据库详细介绍（按国家分类）

（1）美国
① Wiley InterScience（英文文献期刊）

主页：www.interscience.wiley.com

介绍：Wiley InterScience 是 John Wiley & Sons 公司创建的动态在线内容服务，1997年开始在网上开通。通过 InterScience&Wiley 公司以许可协议形式向用户提供在线访问全文内容的服务。Wiley InterScience 收录了 360 多种科学、工程技术、医疗领域及相关专业期刊、30 多种大型专业参考书、13 种实验室手册的全文和 500 多个题目的 Wiley 学术图书的全文。其中被 SCI 收录的核心期刊近 200 种。期刊具体学科划分为：Business, Finance & Management（商业、金融和管理）、Chemistry（化学）、Computer Science（计算机科学）、Earth Science（地球科学）、Education（教育学）、Engineering（工程学）、Law（法律）、Life and Medical Sciences（生命科学与医学）、Mathematics and Statistics（数学统计学）、Physics（物理）、Psychology（心理学）。

② 美国 IEEE（英文文献期刊）

主页：http://ieeexplore.ieee.org

介绍：IEEE（Institute of Electrical & Electronics Engineers）是电子信息领域最著名的跨国性学术团体，其会员分布在世界 150 多个国家和地区。据 IEEE 统计，IEEE 会员总数 2011 年比 2010 年增长 3.4%，达到 456342 人，其中学生会员为 75689 人，增长 12.6%。

随着人们的信息越来越多地来自 Internet，IEEE 需要为会员提供更加完善和全面的电子信息产品和服务。IEEE 应成为 IEEE 会员获得信息的首选之地。IEEE 必须识别正确的信息，并提供对它们的访问方法。实现这个目标的重要步骤是通过 IEEE Xplore 与 IEEE/IEE Electronic Library（IEL）连接。IEL 包括了 1988 年以来 IEEE 和 IEE 的所有期刊和会议录，以及 IEEE 的标准，可以通过题目、关键词和摘要进行查阅。

③ 美国 EBSCO（英文文献期刊）

主页：http://ejournals.ebsco.com

介绍：EBSCO 公司从 1986 年开始出版电子出版物，共收集了 4000 多种索引和文摘型期刊及 2000 多种全文电子期刊。该公司含有 Business Source Premier（商业资源电子文献库）、Academic Search Premier（学术期刊全文数据库）等多个数据库。Business Source Premier 收录了三千多种索引、文摘型期刊和报纸，其中近三千种为全文刊。数据库涉及国际商务、经济学、经济管理、金融、会计、劳动人事、银行等主题范围，适合经济学、工商管理、金融银行、劳动人事管理等专业人员使用。该数据库从 1990 年开始提供全文，题录和文摘则可回溯检索到 1984 年，数据库每日更新。

学术期刊全文数据库（Academic Search Premier，简称 ASP）：包括有关生物科学、工商经济、资讯科技、通信传播、工程、教育、艺术、文学、医药学等领域的七千多种期刊，其中近四千种为全文刊。

④ 美国（UMI）ProQuest

主页：http://proquest.umi.com/pqdweb

介绍：UMI 公司的全称是 UMI，The Answser Company（UMI 有问必答公司），成立于 1938 年，是全球最大的信息存储和发行商之一，也是美国学术界著名的出版商，它向全球 160 多个国家提供信息服务，内容涉及商业管理、社会科学、人文科学、新闻、科学与技术、医药、金融与税务等。其出版物包括 18000 多种外文缩微期刊、7000 多种缩微报纸、150 多万篇博士/硕士论文、20 多万种绝版书及研究专集。从 1980 年起该公司开始电子出版物的制作与发行，如光盘数据库、磁带数据库、联机数据库等。

UMI 提供以下四种数据库。

学术研究图书馆数据库（Academic Research Library，简称 ARL） 涉及社会科学、人文科学、商业与经济、教育、历史、传播学、法律、军事、文化、科学、医学、艺术、心理学、宗教与神学、社会学等学科，收录 2300 多种期刊和报纸，其中全文刊占三分之二。可检索 1971 年以来的文摘和 1986 年以来的全文。

商业信息摘要数据库（ABI/INFORM） ABI 即 Abstracts of Business Information 的缩写，世界著名商业及经济管理期刊论文数据库，收录有关财会、银行、商业、计算机、经济、能源、工程、环境、金融、国际贸易、保险、法律、管理、市场、税收、电信等主题的 1500 多种商业期刊，涉及这些行业的市场、企业文化、企业案例分析、公司新闻和分析、国际贸易与投资、经济状况和预测等方面，其中全文刊超过 50%，其余为文摘。

医学电子期刊全文数据库（ProQuest Medical Library） 该数据库收录 220 种全文期刊，文献全文以 PDF 格式或文本加图像格式存储；收录范围为所有保健专业的期刊，包括护理学、儿科学、神经学、药理学、心脏病学、物理治疗及其他方面。

博硕士论文数据库 PQDD 的全称是 ProQuest Digital Dissertations，是世界著名的学位论文数据库，收录有欧美 1000 余所大学文、理、工、农、医等领域的博士、硕士学位论文，是学术研究中十分重要的信息资源。

⑤ 美国 Net Library（英文电子图书）

主页：http://www.netlibrary.com

介绍：Net Library 处在美国科罗拉多州波尔德市，于 1999 年成立，是世界上向图书馆提供电子图书的主要提供商。Net Library 于 2002 年 1 月 25 日成为 OCLC 联机计算机图书馆中心的下属部门。目前，世界上 7000 多个图书馆通过 Net Library 存取电子图书，其中包括哥伦比亚大学、斯坦福大学、加州大学伯克利分校，以及世界上其他成千的大小图书馆。Net Library 目前提供 400 多家出版社出版的 60000 多种电子图书，并且每月增加约 2000 种。这些电子图书覆盖所有主题范畴，约 80% 的书籍是面向大学程度的读者。大多数 Net Library 的电子图书内容新颖，近 90% 的电子图书是 1990 年后出版的。

（2）荷兰

① Sciencedirect：荷兰 Elsevier

主页：www.sciencedirect.com

介绍：Science Direct 是荷兰 Elsevier 公司出版的、全球最全面的全文文献数据库，涵盖了几乎所有学科领域，且大多数为核心期刊，被世界上许多著名的二次文献数据库所收录。

Science Direct 得到了 70 多个国家的认可，是目前国内使用率最高、下载量最多的科学数据库。Science Direct 的访问方式可分为以下两种。

  a. Science Direct OnSite（SDOS）：访问国内镜像（清华大学、上海交通大学的镜像站点）。
  b. Science Direct OnLine（SDOL）：访问国外镜像（ScienceDirect 在美国的主服务器）。

相对于 SDOS 数据库，SDOL 数据库的更新更为及时，并为用户提供了完备的个性化服务。SDOL 涵盖了数学、物理、化学、天文学、医学、生命科学、商业及经济管理、计算机科学、工程技术、能源科学、环境科学、材料科学、社会科学等 21 个学科。SDOL 收录的期刊除与 SDOS 基本一致外，还能查阅 200 多种其合作出版商的期刊，但没有全文。由于 24 小时实时更新，故 SDOL 资料更新速度比 SDOS 快约 2 周～1 个月，且出版中的期刊文章也可查到。

除了具有 SDOS 中仅有的浏览和检索功能外，SDOL 还有 Email 提示功能、Html 格式的全文下载和链接、建立个人图书馆、建立个人检索历史、引用提示和个人期刊目录等个性化功能。

现有的二次文献库中能进行馆藏全文链接的，一般仅链接至 SDOL 服务器的全文，所以与 SDOS 不同的是，SDOL 用户可进行全文阅读。

② 荷兰 OVID（英文文献期刊）

http://gateway.ovid.com

OVID Technologies 公司是世界著名的数据库提供商，于 2001 年 6 月与美国银盘（Silver Platter Information）公司合并，组成全球最大的电子数据库出版公司。目前 OVID 平台包含生物医学的数据库，有临床各科专著及教科书，以及医学期刊全文数据库等。OVID 电子期刊数据库（Journals@Ovid Full Text）提供 30 多个出版商出版的科学、技术及医学类期刊 1000 多种，其中包括 Lippincott、Williams & Wilkins、BMJ Publishing Group Ltd、Oxford University Press 出版的期刊。

③ 荷兰 Kluwer（含电子图书和期刊）

主页：http://www.springerlink.com/home/main.mpx

介绍：Kluwer Academic Publisher 是具有国际性声誉的学术出版商，它出版的图书、期刊一向品质较高，备受专家和学者的信赖。

Kluwer Online 是 Kluwer 出版的 600 余种期刊的网络版，专门基于互联网提供 Kluwer 电子期刊的查询、阅览服务。学科覆盖材料科学、地球科学、法学、工程、工商管理、化学、环境科学、计算机和信息科学、教育、经济学、考古学、人文科学、社会科学、生物学、数学、天文学/天体物理学/空间科学、物理学、心理学、医学、艺术、语言学、运筹学/管理学和哲学等。

Springer 与 Kluwer Academic Publishers 合并后，成立了新的 Springer 集团。2005 年，公司完成了 Springer Link 与 Kluwer Online 电子出版平台的整合，将全部约 1250 种期刊和其他电子刊物通过 Meta Press 平台提供服务。目前在 Meta Press 平台上，用户可以同时看到 Springer Link 和 Kluwer Online 的期刊共计约 1250 种期刊的全文。

（3）英国

① 英国 Ingenta（英文文献期刊）

主页：http://www.ingenta.com

介绍：Ingenta 网站是 Ingenta 公司于 1998 年建成的学术信息平台。在几年的发展中，该公司先后合并了多家信息公司，合并了这些公司的数据库。2001 年，Ingenta 公司合并了 Catchword 公司，近期 Ingenta 准备将两家公司的信息平台整合为一体。在整合之前，用户可分别从 Ingenta.com 和 Catchword.com 查询对方提供的全部信息。整合后可提供全球 190 多个学术出版机构的全文联机期刊 5400 多种，以及 26000 多种其他类型出版物。目前，Ingenta 公司在英国和美国多个城市设有分公司，拥有分布于世界各地的 10000 多个团体用户和 2500 多万个个人用户，已成为全球学术信息服务领域的文献检索系统的重要组成部分。

Ingenta 提供的信息涉及许多学科领域。包括：农业与食品科学、人文艺术科学、生物与生命科学、化学、计算机与信息科学、地球与环境科学、经济工商、工程技术、数学与统计学、医学、护理学、哲学与语言学、物理与天文学、心理与精神病学以及社会科学 15 类。分为三个数据库。

Online Articles　180 多个出版机构提供的 1990 年以来 5400 多种全文电子期刊的论文。
Uncover Plus　1988 年以来的 20000 种出版物的论文。
Science Direct　覆盖了全部 Elsevier 期刊，只能通过 Online Articles 数据库链接到 Science Direct 数据库的全文文本。

Online Article 和 Uncover Plus 两个数据库都包含对方没有的内容，用户应检索两个数据库，以保证检索结果的全面性。

② 英国 Blackwell（英文文献期刊）

主页：www.blackwell-synergy.com

介绍：Blackwell 出版公司是世界上最大的期刊出版商之一（总部设在英国伦敦的牛津），以出版国际性期刊为主，包含很多非英美地区出版的英文期刊。它所出版的学术期刊在科学技术、医学、社会科学以及人文科学等学科领域享有盛誉。

近年来，Blackwell 出版的期刊不断发展。目前，Blackwell 出版期刊总数已超过 700 种，其中理科类期刊占 54% 左右，其余为人文社会科学类。涉及学科包括：农业、动物学、医学、工程、数学统计、计算机技术、商业经济、生命科学、物理学、人文科学、艺术、社会及行为科学等。Blackwell 出版期刊的学术质量很高，很多是各学科领域内的核心刊物，据最新统计，其中被 SCI 收录的核心期刊有 239 种。

③ INSPEC 英国《科学文摘（SA）》

主页：http://scientific.thomson.com/isi

介绍：INSPEC 是理工学科最重要、使用最为频繁的数据库之一，由英国机电工程师学会（IEE，1871 年成立）出版，专业面覆盖物理、电子与电机工程、计算机与控制工程、信息技术、生产和制造工程等领域。目前在网上可以检索到自 1969 年以来全球 80 个国家出版的 4000 种科技期刊、2000 种会议论文集以及其他出版物的文摘信息，其中期刊约占 73%，会议论文约占 17%，发表在期刊的会议论文约占 8%，其他共计 2%。

截至 2014 年 3 月，INSPEC 共有 800 万条文献，每年新增近 40 万条文献、即每周新增近 8000 条文献，数据每周更新。

INSPEC 目前包含以下五个学科（检索界面默认为 All Disciplines，可通过下拉框分别选择以下各学科）。

A：Physics

B：Electrical & Electronics Engineering
C：Computer & Control Engineering
D：Information Technology
E：Production & Manufacturing

ISI Web of Knowledge 是一个基于 Web 而构建的整合的数字研究环境，通过强大的检索技术和基于内容的连接能力，将高质量的信息资源、独特的信息分析工具和专业的信息管理软件无缝地整合在一起，兼具知识的检索、提取、分析、评价、管理与发表等多项功能，从而大大扩展和加深了信息检索的广度与深度，加速科学发现与创新的进程。在内容上，ISI Web of Knowledge 以 Web of Science（ISI 著名的三大引文索引 Science Citation Index Expanded®，Social Science Citation Index®，Arts & Humanities Citation Index®）为核心，通过独特的引文检索机制和强大的交叉检索功能，有效地整合了学术期刊（ISI Web of Science，Current Contents Connect）、发明专利（Derwent Innovations Index）、会议录文献（ISI Proceedings）、化学反应（Current Chemical Reactions，Index Chemicus）、学术专著（Current Contents Connect）、研究基金（ISI eSearch）、Internet 学术资源（External Collections）、学术分析与评价工具（Journal Citation Reports，Essential Science Indicators）、学术社区（ISI Highly Cited.com）及其他多个重要的学术信息资源（BIOSIS Previews、INSPEC、FSTA、PsycINFO）等，提供了自然科学、工程技术、生物医学、社会科学、艺术与人文等多个领域中高质量、可信赖的学术信息；在功能上，ISI Web of Knowledge 提供了强大的知识发现与管理工具，包括跨库跨平台的 Cross Search，独特的引文检索、主题检索、化学结构检索、基于内容与引文的跨库交叉浏览、检索结果的信息分析、定期跟踪 Alerting 服务、检索结果的信息管理（EndNote、Reference Manager、ProCite、WriteNote）等，帮助研究人员迅速深入地发现自己所需要的信息，把握研究发展的趋势与方向。

(4) 德国

德国 springer

主页：http://www.springerlink.com/home/main.mpx

介绍：德国施普林格（Springer Verlag）是世界上著名的科技出版集团，通过 Springer Link 系统提供学术期刊及电子图书的在线服务。

Springer 公司现已开通 Springer Link 电子期刊服务。目前 Springer Link 所提供的全文电子期刊共包含 439 种学术期刊（其中近 400 种为英文期刊），按学科分为以下 11 个 "在线图书馆"：生命科学、医学、数学、化学、计算机科学、经济学、法律、工程学、环境科学、地球科学、物理学与天文学，是科研人员的重要信息源。

目前大部分期刊可以阅读全文，但也有一些期刊尚不能阅读全文，一般规律是：显示 pdf 字样的，可以打开全文，显示 remote pdf 字样的，则不能打开全文，目前代理公司正在解决此事。

2.3.2 国内主要资源

① 维普数据库　收录 8000 余种社科类及自然科学类期刊的题录、文摘及全文。主题范畴为社科类、自然科学类、综合类。年代跨度为 1989 年至今。

② 万方　万方数据资源系统的数据库有百余个，应用最多的是专业文献库、中国科技引文库、中国学位论文库、中国期刊会议论文库等。

③ 中国期刊网 CNKI　主要应用包括中国期刊全文数据库、中国优秀博士硕士论文全文数据库、中国重要报纸全文数据库、中国医院知识仓库、中国重要会议论文全文数据库。

④ 超星图书馆、书生之家图书馆、中国数字图书馆　国内主要汇集各类图书资源的数据库。

2.3.3　国外文献免费搜索引擎

(1) Scirus

http://www.scirus.com/

目前 Scirus 已将 90000000 个网页编入索引中。除此之外，它还包括 12800000 条 MEDLINE 文摘；1600000 篇 ScienceDirect 全文；900000 项 USPTO 的专利；657000 篇 Beilstein 文摘；248000 篇 IDEAL 全文；10310 篇 NASA 技术报告；197000 篇来源于 E-Print ArXiv 的电子文献；1410 篇来源于 CogPrints 的电子文献；565 种来自 Mathematics Preprint Server 的预印本；820 篇来源于 BioMed Central 的全文；565 条来源于 Neuroscion 的新闻；465 种来自 Chemistry Preprint Server 的预印本。

学科范围：农业与生物学、天文学、生物科学、化学与化工、计算机科学、地球与行星科学、经济、金融与管理科学、工程、能源与技术、环境科学、语言学、法学、生命科学、材料科学、数学、医学、神经系统科学、药理学、物理学、心理学、社会与行为科学、社会学等。

(2) google 学术搜索

http://scholar.google.com

2.4　ACS 数据库及检索方法介绍

2.4.1　ACS 数据库简介

美国化学学会 ACS（American Chemical Society）成立于1876年，现已成为世界上最大的科技协会之一，其会员数超过34.5万。多年以来，ACS一直致力于为全球化学研究机构、企业及个人提供高品质的文献资讯及服务，在科学、教育、政策等领域提供了多方位的专业支持，成为享誉全球的科技出版机构。ACS的期刊被ISI的 Journal Citation Report（JCR）评为化学领域中被引用次数最多的化学期刊。

ACS 出版 36 种期刊，内容涵盖以下领域：农业、生化研究方法、生化和分子生物学、生物技术和应用微生物学、分析化学、应用化学、无机化学、核化学、药物化学、晶体化学、有机化学、普通化学、物理化学、环境科学、材料科学、聚合物科学、植物学、毒物学、食品科学、工程化学、计算机在化学中的应用、化学多学科应用、燃料与能源、药理与制药学、化学教育等。

ACS Web 版的主要特色：除具有一般的检索、浏览等功能外，还可第一时间查阅到被作者授权发布、尚未正式出版的最新文章（Articles ASAPsm）；用户也可定制 E-mail 通知服务，以了解最新的文章收录情况；ACS 的 Article References 可直接链接到 Chemical Abstracts Service（CAS）的资料记录，也可与 PubMed、Medline、GenBank、Protein Data Bank 等数据库相链接；具有增强图形功能，含 3D 彩色分子结构图、动画、图表等；全文具有 Html 和 Pdf 格式可供选择。

2.4.2 检索指南

(1) 浏览

从 ACS 出版物的主页面，点击左边的或者上方的 ACS Journals A-Z 标签，就能看到 ACS 的所有的期刊和杂志的名称。点击您所需要查看的杂志的名称，能看到该杂志的最新一期的目录。点击您所需要的文章条目下的 Abstract，能看到该文章的摘要，点击 HTML 或 PDF 能分别以 Html 或 Pdf 两种形式查看全文。

从 ACS 出版物主页面上方的 Select an ACS Publication 选择栏内选择感兴趣的期刊，点击右方的 GO 按钮，就可直接跳转到该杂志的主页面进行浏览。

访问归档期刊：在感兴趣的期刊主页上，点击页面上部的 Back Issues 按钮，该期刊的最近目录就会显示出来。从页面上部的下拉菜单中选择您想要浏览的 Decade、Volume 和 Issue Number。完成选择后，点击 Go 按钮。您所选择的该期期刊目录就会显示出来。您还可以利用页面上部的 Previous 和 Next 按钮来浏览前期和后期的期刊。

(2) 检索文章

在 ACS 出版物主页面上方的 Article Quick Search 栏中输入关键词，可以在 Title（题名）、Author（作者）、Abstract（摘要）、Title or Abstract（题名或摘要）、Anywhere in Article（全文）五个字段中进行论文的快速检索。

从 ACS 出版物的主页面左边的 Advanced Search 或者上方的 Advanced Article Search 标签可以进入高级检索页面。在大多数 ACS 期刊的主页面上点击靠近页面上部的 Search the Journals 按钮，或在部分期刊的主页上点击 Search Options 按钮也能够链接到文章的高级检索页面。

如果知道原文的引用信息，可以使用引用检索（Citation Finder）功能来快速找到该篇原文。引用检索功能在高级检索页面的上部。

使用引用检索功能有以下两种方式。

① 如果知道原文的期刊名、卷号和开始页，使用下拉菜单选择期刊名称，然后将原文的卷号和开始页输入到相对应的栏目内。点击 Search 按钮。

② 如果知道原文的数字目标标识符（DOI）。将 DOI 号码输入到对应栏目内，然后点击 Search 按钮。

设计用于数字媒介的数字目标标识符（DOI）系统是为了提供持久而可靠的数字目标标识。在 ACS 期刊的网络版中，每篇文章的 DOI 显示在 Html 版本的上部和 Pdf 版本的下部；在印刷版中，DOI 显示的位置与 Pdf 版本位置相同。通过使用 DOI，出版商负责维护指向自身数字资源的 URL 的有效性，这些 URL 在国际 DOI 基金会维护的中央目录区中。这个链接使用了 DOI，并提供描述 DOI 的文件。

使用全文检索（Full-Text Search）功能有以下两种方式。

① 基础检索（Basic Search）：使用左边的下拉菜单选定进行检索的项目：作者、题名、文摘、题名+文摘或者整篇文章。在输入栏中输入您想要检索的关键词。使用右边的下拉菜单，通过 And、Or 和 Not 逻辑算符组配各个检索项目。输入完成后，点击 Search 按钮进行检索。检索结果会依据与输入的检索匹配度高低顺序显示在检索页面上。

② 在基础检索的基础上将检索限定在特定的期刊，点击相应的项目进行单选或者多选（Windows 用户请按住 Control 键，Macintosh 用户请按住 Command 键）。

要将检索限定在特定的时间段，使用左边的时间段栏目在 4 种显示的时间段中选择任意组合，或者在右边的日期范围栏填入希望检索的日期范围。

左边的时间段栏目中各项的意义如下所述。

最新文章（ASAP Articles）：先于印刷版发表的网络版文章。这些是发表时间最近的研究文章。

当前时间～1996年：ACS将网络版订阅定义为可以访问当前年份到1996年之间发表的文章。

归档：1879～1995年间发表的所有ACS的材料集合。

全部：包括所有选项。对机构用户，这个选项包括归档中发表的所有文章。

利用下拉菜单选定检索结果的显示方式。左边的栏允许选定按照日期、期刊名称或相关度对检索结果进行排序；右边的栏允许选定每页显示多少条检索结果。

2.4.3 ACS数据库检索

进入图书馆打开ACS数据库链接。

在Search栏中输入"molecular shuttle"，如图2-3所示。

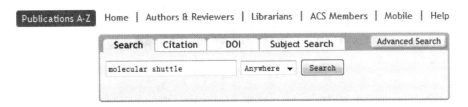

图2-3 输入"molecular shuttle"

出现3165个词条，结果如图2-4所示。

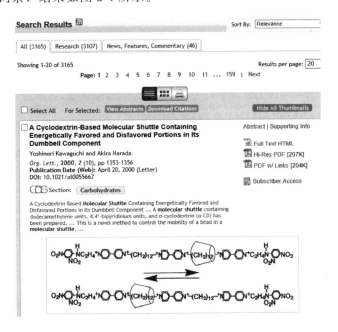

图2-4 出现词条

点击第一篇文章进入，如图 2-5 所示。

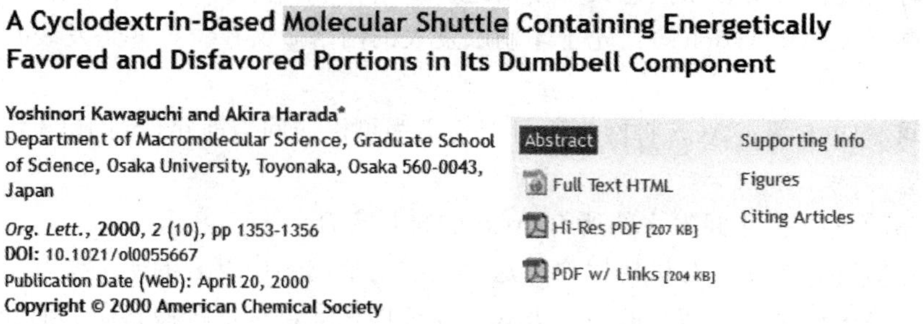

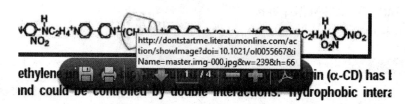

图 2-5　打开文献

点击 PDF，如图 2-6 所示。点击图 2-6 中第一个符号可存储该文献。

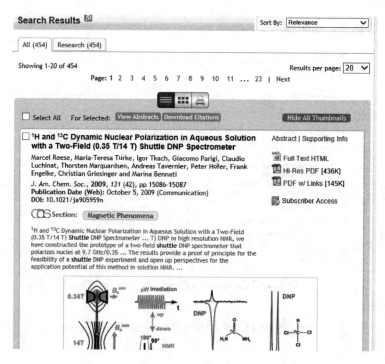

图 2-6　点击 PDF

发现文献量太多，在左边找到 Your Search 中的 Search Filters，点击其中的具体期刊，比如 J. Am. Chem. Soc. (454)，如图 2-7 所示。可缩小查找范围。

图 2-7　点击具体期刊

当然还可以限定更具体的内容，如图 2-8 所示。

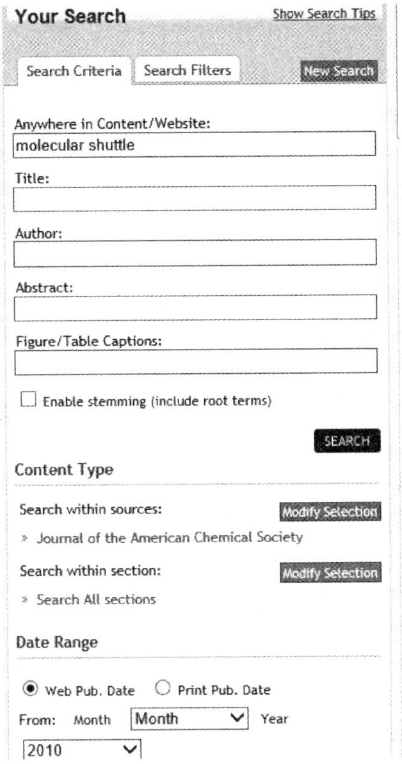

图 2-8　限定具体内容缩小范围

2.5　Elsevier Science 全文期刊数据库使用指南

2.5.1　数据库简介

Elsevier Science 公司出版的期刊是世界上公认的高品位学术期刊。该公司的 Science Direct OnSite 系统，提供用户在本地访问其基于 Web 的全文电子期刊，该系统使用 Science Server 软件。目前，Elsevier Science 公司在清华大学图书馆和上海交通大学图书馆分别设置两个镜像服务器，装载了 1998 年以来该公司出版的 1100 余种电子期刊全文数据。

校园网用户可以浏览、检索、存盘或打印期刊全文。网上浏览期刊全文（PDF 格式）需要使用 Acrobat Reader 软件。利用 Acrobat Reader 可以将阅览到的全文直接打印和存盘。存盘的文件仍需要用 Acrobat Reader 软件浏览。

Elsevier Science 的 1100 余种全文电子期刊的学科分类如下所述。

Agricultural and Biological Sciences（133 种）

Chemistry and Chemical Engineering（220 种）

Clinical Medicine（271 种）

Computer Science（124 种）

Earth and Planetary Science（118 种）

Engineering，Energy and Technology（280 种）

Environmental Science and Technology（127 种）
Life Science（437 种）
Materials Science（135 种）
Mathematics（50 种）
Physics and Astronomy（165 种）
Social Sciences（291 种）

2.5.2 数据库检索方法

用户可以通过检索和浏览两条途径获取论文。

（1）检索途径

① 简单检索（Simple Search） 单击页面左侧的"Search"按钮，进入简单检索界面。

简单检索界面分为上下两个区，即检索策略输入区和检索结果限定区。检索策略可在输入区中选择"Search in Any Field（所有字段）""Search in Title Only（文章标题）""Search in Abstract Field（文摘）""Author's Name（作者）""Journal Title（期刊名）"等字段输入，再利用限定区，限定检索结果的出版时间、命中结果数及排序方式，然后点击"Search the Collections"按钮，开始检索。

检索结果有两类信息。一类是期刊题名，在题名下有该刊目录（Table of Contents）的超链接和搜寻相关文件按钮；另一类是期刊论文题录，排在靠后的部分，显示论文标题、出处、作者、相关性排序分（"Score"）和搜寻相关文件按钮，通过搜寻相关文件按钮可检索到与该文内容类似的文章。

单击期刊题名下的"Table of Contents"按钮，可浏览目次信息；单击论文题录下的"Abstract"按钮，可浏览该文章的标题、作者、作者单位、关键词、文摘等信息；单击"Article Full Text PDF"按钮，即可看到论文全文（PDF 格式）。

说明：

系统默认各检索字段间为"AND（与）"的关系。

系统默认的显示结果数为 50 个，且按相关性排列，用户也可以自选。作者姓名的输入方法为：姓在前，名在后（建议使用首字母），例：Smith M。

在论文的文摘页下方，有一个"Get Citation Export"按钮，输出的数据主要供图书馆馆员参考。

② 高级检索（Expanded Search） 如果需要进行更详细的检索，在简单检索的界面或检索结果的界面中，点击左侧的"Expanded"或"Expanded Search Form"进入高级检索界面。

高级检索除增加了"ISSN（国际标准刊号）""PII（Published Item Identifier，出版物识别码）""Search in Author Keywords（作者关键词）""Search in Text Only（正文检索）"等检索字段外，还增加了学科分类、文章类型、语种等限定条件，可进行更精确的检索。

说明："正文检索"字段指的是在正文中检索而不是在参考文献中进行检索。

论文类型（Article Type）的限定中，"Article"表示只显示论文；"Contents"表示只显示期刊题名；"Miscellaneous"表示只显示其他题材的论文。

③ 检索式的构成 布尔逻辑算符 AND、OR、NOT：在同一检索字段中，可以用来确定检索词之间的关系。系统默认各检索词之间的逻辑算符为"AND"。建议使用大写的逻辑

算符，如 water AND pollution。

截词符：＊表示检索同输入词起始部分一致的词。如 micro＊可以检索到 microscope、microcomputer 等。

位置算符：ADJ 表示两词之间位置邻近但前后顺序固定，water ADJ pollution；NEAR 或 NEAR(n)，表示两词间可插入少于或等于 n 个单词，且前后顺序任意，如果不使用(n)，系统默认值为 10，如 water NEAR（3）pollution。

同音词检索：SOUNDEX［］，用［］括住检索词，可检索到同音词。如 SOUNDEX［organization］，除了可以检索 organization 外，还可以找到 organisation。

拼写词：TYPO［］，可进行同一词义不同拼写的检索，例：TYPO［fibre］，除了可以检索 fibre 外，还可找出 fiber。

词组检索：用""括住要检索的词组、句子。

(2) 浏览途径

系统提供按字顺（Alphabetical List of Journals）和按分类（Category List of Journals）排列的期刊目录，分别组成期刊索引页或期刊浏览页界面。用户可在期刊索引页中选择浏览的途径（字顺或分类），在期刊浏览页中选择自己所需的刊名。选中刊名后，单击刊名，进入该刊所有卷期的列表，进而逐期浏览。单击目次页页面右侧的期刊封面图标，可链接到 Elsevier Science 出版公司网站上该期刊的主页（此为国外站点）。

在期刊索引页或期刊浏览页上方设有一个检索区，可进行快速检索。

用户可在左侧检索框中输入检索词，再利用右侧下拉菜单选择检索字段。检索字段包括："All Fields（所有字段）""Citation & Abstract（题录和文摘）""Author Name（作者）""Article Title（文章标题）""Abstract（文摘）"等。在期刊浏览页上方的检索区中，还可利用另一下拉菜单选择"All of Electronic Journals（所有电子期刊）""Just This Category（某一学科分类）"或"Just This Journal（某种期刊）"检索字段，进行期刊种类的限定。检索策略确定后，点击"Search"按钮，进行检索。

(3) 检索结果

① 打印全文　单击 Acrobat Reader 命令菜单上的打印机图标，可直接打印该文章。

② 保存全文　浏览全文，可直接使用命令菜单按钮保存该文件（PDF 格式）。否则需返回期刊的目次页，在待保存的论文题名下，选中"Article Full Text PDF"按钮，单击鼠标右键，从弹出的菜单中选择"目标另存为"，保存该论文（PDF 格式）。

③ 保存检索结果的题录　对保存的期刊或论文的题录，选中其题名前的小框，而后单击"Save Checked"按钮，即可生成一个新的题录列表。从浏览器的［文件］菜单，选择［另存为］，可按.txt 格式或.html 格式保存题录。

2.6　John Wiley（约翰·威利）数据库检索指南

John Wiley & Sons Inc. 是有近 200 年历史的国际知名专业出版机构，在化学、生命科学、医学及工程技术等领域学术文献的出版方面颇具权威性。Wiley InterScience 是其综合性的网络出版及服务平台，目前使用的界面是 2003 年 8 月推出的最新版本。在该平台上提供 360 余种全文电子期刊、电子图书和电子参考工具书的服务。电子期刊服务是其核心内容。

（1）登录网站

① 双击"Internet Explorer"，地址栏输入：http://onlinelibrary.wiley.com/，进入"约翰·威利"检索网站主页。

② 如果弹出如图 2-9 所示窗口，点击 确定 。

③ 如图 2-10 所示，输入用户名：syit；密码：syit，然后点击 确定 。

图 2-9　认证窗口

图 2-10　登录页面

④ 将弹出的网关服务窗口关闭，进入"约翰·威利"检索网站主页，如图 2-11 所示。

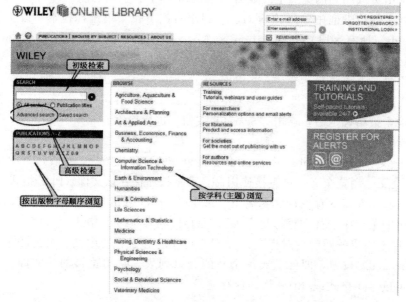

图 2-11　检索网站主页

（2）选择检索方式

Wiley Inter Science 提供了完善的检索功能。其主页提供了 SEARCH （检索）、Advanced Search （高级检索）、PUBLICATIONS A - Z （按出版物字母顺序浏览）、BROWSE （按学科主题范围浏览）4 种检索方式。这里选择：Advanced Search ，如图 2-12 所示。

（3）高级检索

① 输入检索词　在检索词对话框内，可直接输入 3 组检索词。

② 选择检索字段　在"All Fields"的下拉菜单中选择检索字段（可选字段有：All

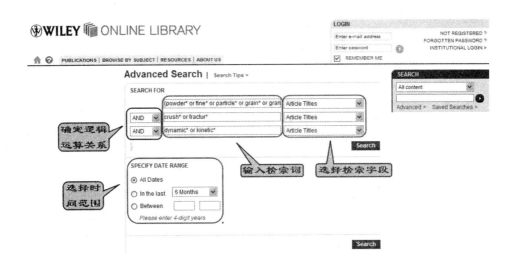

图 2-12　选择 Advanced Search 检索

Fields、Publication Titles、Article Titles、Author、Full Text、Abstract、Author Affiliation、Keywords、Funding Agency、ISBN、ISSN、Article DOI、Reference），可检索字段有 13 个。

③ 确定逻辑运算关系　在高级检索模式中，检索词允许使用布尔逻辑算符（AND、OR、NOT）、通配符（＊）。

a. 同一对话框及不同对话框检索词允许使用三种布尔逻辑算符（AND、OR、NOT），检索时可选择其中之一。词间空格默认 AND 运算。

除逻辑运算符外，系统还支持其他算符操作。

b. 截词符（Truncation）：在检索词的末尾加上"＊"，表示可以代替无限个字符，检索所有同词缀的词。例如：输入"behav＊"，会检索出"behave""behaviour""behavioural"。

c. 通配符（Wildcard）：通配符"！"可替换一个单词中除第一个字母外任何位置的任意一个字符。例如：输入"wom！n"，会检索出"woman"和"women"。

注意：如果检索词词尾截除字符数不确定，建议使用截词符"＊"。

d. 优先符：括号（）被称为优先处理运算符，用于改变逻辑运算的优先次序，计算机将优先处理括号内的运算符。例如：blood AND（brain OR barrier），将检索到不但包含检索词 blood，而且同时包含检索词 brain 或者检索词 barrier 两者之一的文献。

e. 短语检索：检索词加上双引号（""）表示短语检索，用以查找与引号内完全匹配的记录。例如："computer aided design"仅检索那些含有引号内指定词汇而且其位置顺序不可颠倒的文章。也就是说，引号内的所有单词被当作一个整体来对待。但是，一些无用词将被忽略，如 of、and 等。

例如：输入（powder＊ or fine＊ or particle＊ or grain＊ or granulator＊）and impact＊ and（crush＊ or fractur＊）and（dynamic＊ or kinetic＊）。

④ 检索结果限定　还可以进一步对 SPECIFY DATE RANGE（特定时间范围）选项进行设置，优化检索过程，使检索结果更精确。时间限制选择"＊"，表示所有年代数据。

⑤ 开始检索　上述条件确定之后，点击 Search 按钮开始检索，检索结果如图 2-13 所示。

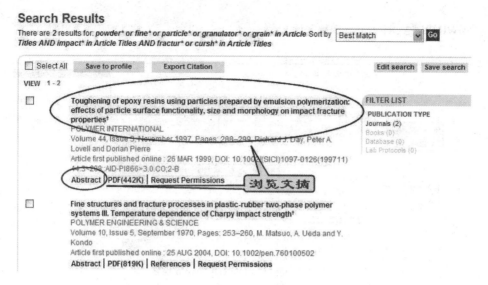

图 2-13　检索结果

⑥ 浏览文摘　检索结果是所有相关条目的题录信息，如果需要进一步查阅文摘，点击页面给出的 **Abstract**，即可免费浏览包括文献篇名、著者所在单位及地址、文献出处及文摘在内的该条信息详细内容，如图 2-14 所示。

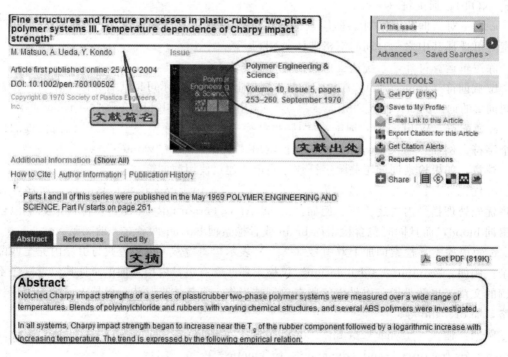

图 2-14　信息详细内容

⑦ 浏览或下载全文　带有 Get PDF (819K) 全文链接图标的记录表示提供全文数据，可在线阅读或下载全文。

2.7 美国化学文摘网络版—SciFinder Scholar 数据库

2.7.1 内容简介

SciFinder Scholar 是美国化学学会所属的化学文摘服务社 CAS (Chemical Abstract Service) 出版的化学资料电子数据库学术版。它是全世界最大、最全面的化学和科学信息数据库。

化学文摘是涉及学科领域最广、收集文献类型最全、提供检索途径最多、部卷也最为庞大的著名的世界性检索工具。CA 报道了世界上 150 多个国家、56 种文字出版的 20000 多种科技期刊、科技报告、会议论文、学位论文、资料汇编、技术报告、新书及视听资料,摘录了世界范围约 98% 的化学化工文献,所报道的内容几乎涉及化学家感兴趣的所有领域。

CA 网络版 SciFinder Scholar,整合了 Medline 医学数据库、欧洲和美国等三十几家专利机构的全文专利资料及化学文摘 1907 年至今的所有内容。涵盖的学科包括应用化学、化学工程、普通化学、物理、生物学、生命科学、医学、材料学、地质学、食品科学和农学等诸多领域。

SciFinder Scholar 收集由 CAS 出版的数据库的内容以及 MEDLINE 数据库,如表 2-3 所示,所有的记录都为英文(但如果 MEDLINE 没有英文标题的则以出版的文字显示)。

表 2-3 SciFinder Scholar 可检索数据库包含内容

数据库	内容
① Reference Databases(文献数据库)	
CAplus	包含来自 150 多个国家、9500 多种期刊的文献,覆盖 1907 年到现在的所有文献以及部分 1907 年以前的文献,包括期刊、专利、会议录、论文、技术报告、书等,涵盖化学、生物化学、化学工程及相关学科,还有尚未完全编目收录的最新文献(目前>2430 万条参考书目记录,每天更新 3000 条以上)
MEDLINE	包含来自 70 多个国家、4780 多种期刊的生物医学文献,覆盖 1951 年到现在的所有文献,以及尚未完全编目收录的最新文献(目前>1300 万条参考书目记录,每周更新 4 次)
② Structure Database(结构数据库)	
CASREGISTRY	涵盖从 1957 年到现在的特定的化学物质,包括有机化合物、生物序列、配位化合物、聚合物、合金、片状无机物。REGISTRY 包括了在 CASM 中引用的物质以及特定物质的注册。例如:管制化学品列表如 TSCA 和 EINECS 中物质的注册(目前>7400 万条物质记录,每天更新约 7 万条,每种化学物质有唯一对应的 CAS 注册号)
③ Reaction Database(反应数据库)	
CASREACT	包括从 1907 年到现在的单步及多步反应信息。CASREACT 中的反应包括 CAS 编目的反应以及下列来源的反应:ZIC/VINITI 数据库(1974—1991, by InfoChem GmbH), INPI (Institut National de la Propriete Insutrielle,法国)1986 年以前的数据,以及由教授 Klaus Kieslich 博士指导编辑的生物转化数据库(目前>800 万条反应记录和 403000 条文献记录,每周更新约 700~1300 条)
④ Commercial Sources Database(商业来源数据库)	
CHEMCATS	化学品的来源信息,包括化学品目录手册以及图书馆等内的供应商的地址、价格等信息(目前>740 万条商业化学物质记录,来自 655 家供应商的 793 种目录)
⑤ Regulatory Database(管制数据库)	
CHEMLIST	1979 年到现在的管制化学品的信息,包括物质的特征、详细目录、来源及许可信息等(>22.8 万种化合物的详细清单,来自 13 个国家和国际性组织,每周更新>50 条新记录)

通过 SciFinder Scholar 可以得到的信息，如表 2-4 所示。

表 2-4　通过 SciFinder Scholar 可以得到的信息

Area	Information Available in SciFinder Scholar
Document Information（文献信息）	• Title • Author/inventor • Company name/corporate source/patent assignee • Publication year • Source, publication, date, publisher, volume, issue, pagination, CODEN, ISSN • Patent identification, including patent, application, priority, and patent family information • Abstract of the article or patent • Indexing • Supplementary terms • Citations • Substances, sequences, and reactions discussed within the document
Substance Information（物质信息）	• Chemical name • CAS Registry Number® • Molecular formula • Structure diagram • Sequence information, including GenBank® and patent annotations • Property data • Commercial source information from chemical supplier catalogs • Regulatory information • Editor notes • Documents in which the substance is referenced • Reactions in which the substance participates • A list of other databases available from STN, for related information
Reaction Information（反应信息）	• Reaction diagrams, including reactants, products, reagents, catalysts, solvents, and step notes • Citation hyperlinked to the reference record • Additional reactions, references, substance details, commercial sources, and regulatory information for all reaction participants • Notes

2.7.2　SciFinder Scholar 使用的简单介绍

主要分为 Explore 和 Browse。如图 2-15 所示。

(1) 信息检索（Explore）

Explore Tool 可获取化学相关的所有信息及结构等，如下所述。

① Chemical Substance or Reaction-Retrieve the corresponding literature

② By chemical structure

③ By substance identifier

④ By molecular formula

⑤ Research Topic——to find literature relevant to a topic of interest

⑥ Author Name——to locate literature written by a specific author

⑦ Document Identifier——to find literature for a specific CA accession number or patent number

⑧ Company Name/Organization-to locate literature for a specific company, university, governmental agency, or other organization

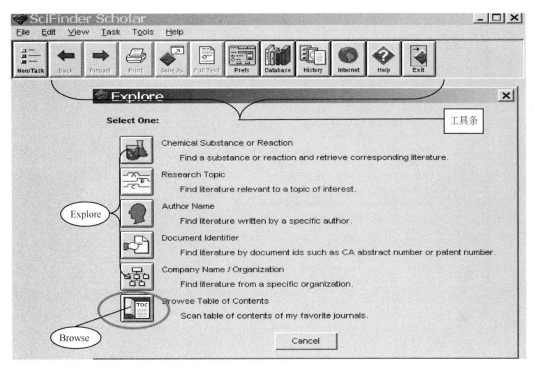

图 2-15 SciFinder Scholar

(2) 工具条按钮简述

工具条按钮简述见表 2-5。

表 2-5 工具条按钮简述

名称	功　　能	名称	功　　能
New Task	开始一个新任务	Prefs	打开 Preference Editor,个性化设置
Back	显示上一屏	Database	打开 Preference Editor 中的 Databases 栏,对执行任务时需要检索的数据库进行选择
Forward	显示下一屏	History	显示当前进程所执行过的操作
Print	依据打印设定进行打印	Internet	显示 SciFinder Scholar 的网上资源
Full Text	通过 ChemPort® Connection SM 索取全文	Help	帮助
Save As	按不同格式进行保存	Exit	退出

2.7.3　浏览期刊目录

可直接浏览 1800 多种核心期刊的摘要及其引文等编目内容,如果有全文直接点击,可以获取全文。

示例:查看 Journal of the American Chemical Society 期刊的目录并链接全文。

(1) 点击图标 "　" 进入 "Browse Journal Table of Contents" 界面,如图 2-16 所示。

(2) 选择想查阅的期刊,点击 "View",也可通过 Edit,查找所需期刊,注意名称必须

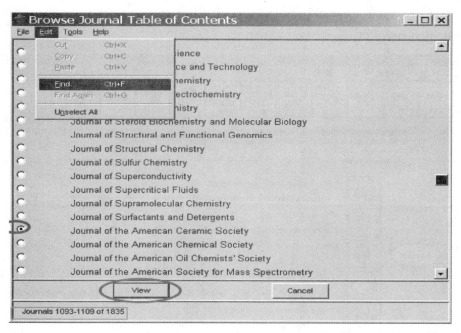

图 2-16 "Browse Journal Table of Contents"界面

完全匹配。

（3）默认结果显示的是该期刊最新一期的目录，点击按钮 Previouse、Next、Select 可浏览其他期的目录内容，如图 2-17 所示。

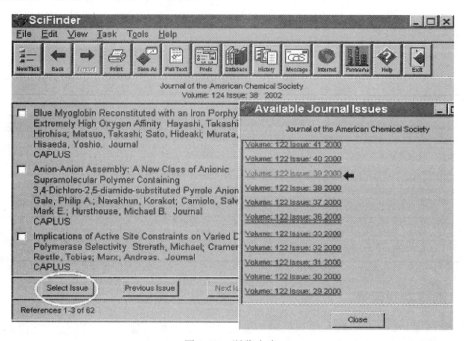

图 2-17 浏览内容

（4）如果有如图 2-18 所示电脑图标（查看全文），点击可启动 ChemPort® Connection SM 获取全文（PDF），如图 2-19 所示。

如果是已经订阅或开放的电子文献，可直接查看全文，也有可能出现要求付费才能查看

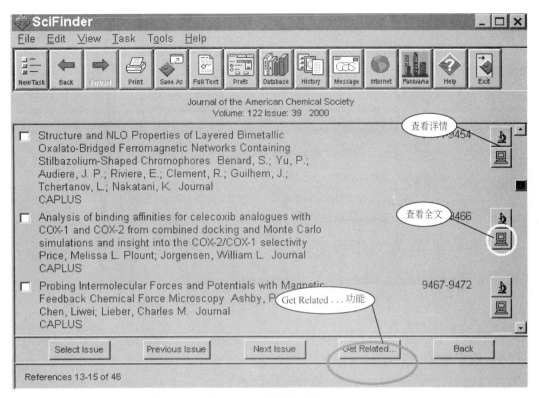

图 2-18　查看全文图标

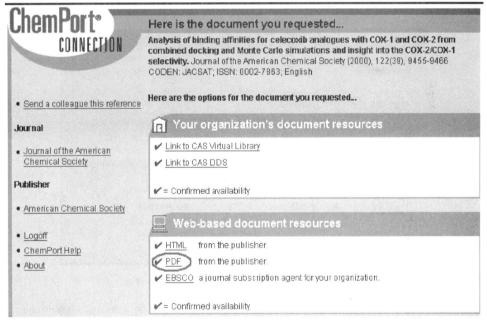

图 2-19　获取全文

的页面。

（5）点击"Get Related…"可以查看关联信息，如图 2-20 所示，选中某一文献或整期查找，分别查找如下内容：所选文献引用的文献、引用所选文献的文献、所选文献中的物

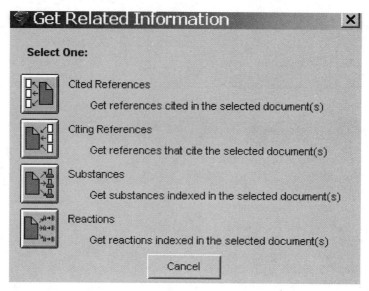

图 2-20 点击"Get Related…"

质、所选文献中的反应。

2.7.4 信息检索 (Explore)

(1) 化学物质或反应检索（Explore by Chemical Substance or Reaction）

点击图 2-15 中" "图标，进入"Chemical Substance or Reaction"界面，如图 2-21 所示。

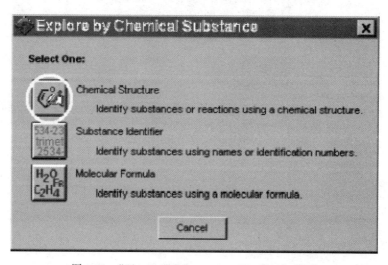

图 2-21 "Chemical Substance or Reaction"界面

① 化学结构检索（Explore by Chemical Structure） 点击图 2-21 中" "图标，则进入 Scholar 的结构绘制窗口，如图 2-22 所示，绘制化学结构式；点击"Get Substances"，弹出窗口，再点击 OK 即可进入检索结果界面，如图 2-23 所示。点击"Additional Options"可以进一步提出检索条件。

图 2-23 中的图标说明见表 2-6。

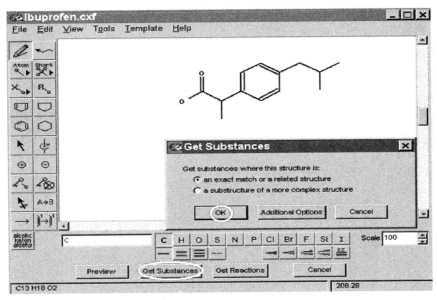

图 2-22　结构绘制窗口

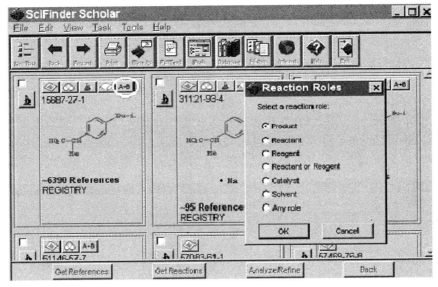

图 2-23　检索结果界面

表 2-6　图 2-23 中的图标说明

图标	说　　明
	References for the substance(物质的引文)
	3D model of the substance(物质的 3D 模型,必须安装相关软件如 Viewer Lite)
	Commercial source information(商业来源信息)
	Regulated chemicals listing(管制化学品列表)
	Reactions that involve the substance(获取反应)

2　化学化工文献检索　47

点击 A→B 图标，弹出窗口，如图 2-24 所示。选择该物质在反应中的位置，如选择 Product，则将 Ibuprofen 作为产物的反应都检索出来。

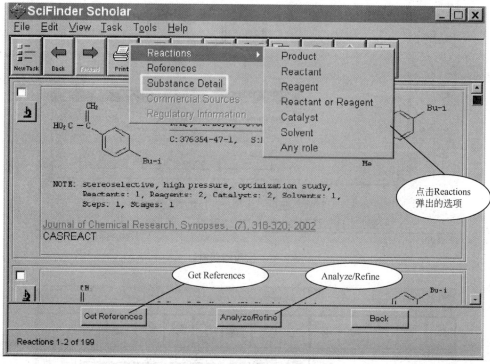

图 2-24　点击 A→B 图标弹出窗口

点击"Get References"可以获取相关文献，点击"Analyze/Refine"可以对结果进行分析或二次检索；也可以点击反应式中的任何物质获取更多信息，如果点击"Reactions"，则弹出选项。这里我们选择了"Substance Detail"，提供 CAS Registry 记录，如图 2-25 所示。

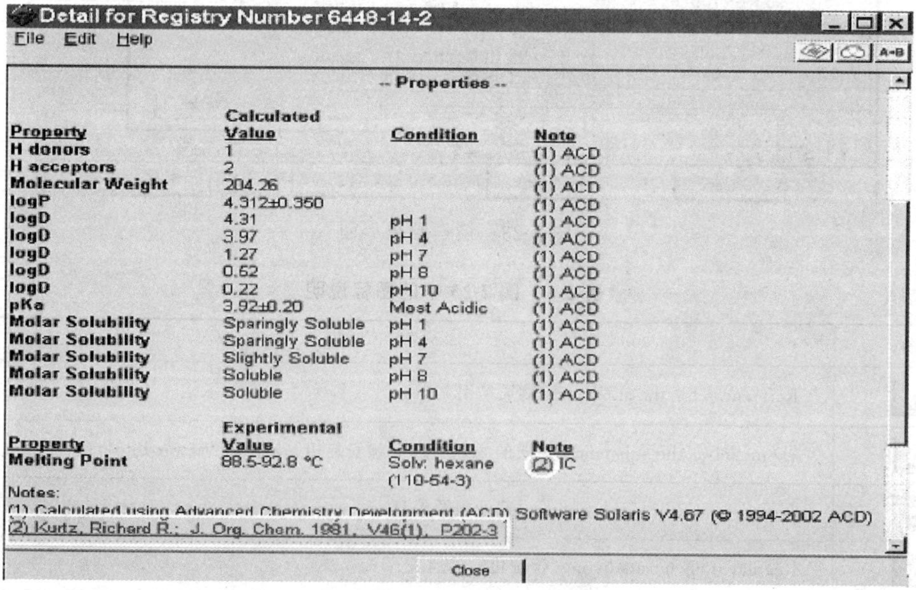

图 2-25　选择"Substance Detail"显示界面

点击其中的超链接，可以查看得到此结果的参考文献内容，如图 2-26 所示。

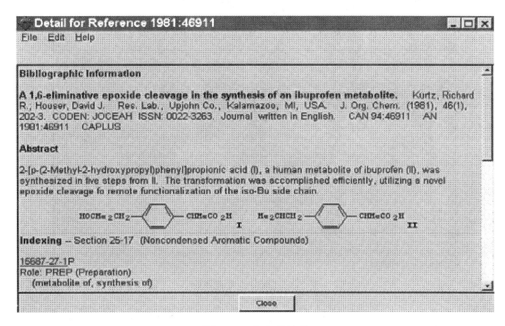

图 2-26　点击超链接

② 物质标识符定位检索（Explore by Substance Identifier）　点击图 2-21 中 "![]" 图标，则进入 "Explore by Substance Identifier" 检索界面，如图 2-27 所示。输入感兴趣的物质的名称，每行一个，也可输入 CAS 登记号，再点击 OK，则搜索出相关的蛋白质或核酸序列（如图 2-27 所示）——每个都有各自的 CAS 登记号，点击显微镜图标（如图 2-28 所示），可以查看每个物质的详细信息，如图 2-29 所示。

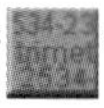

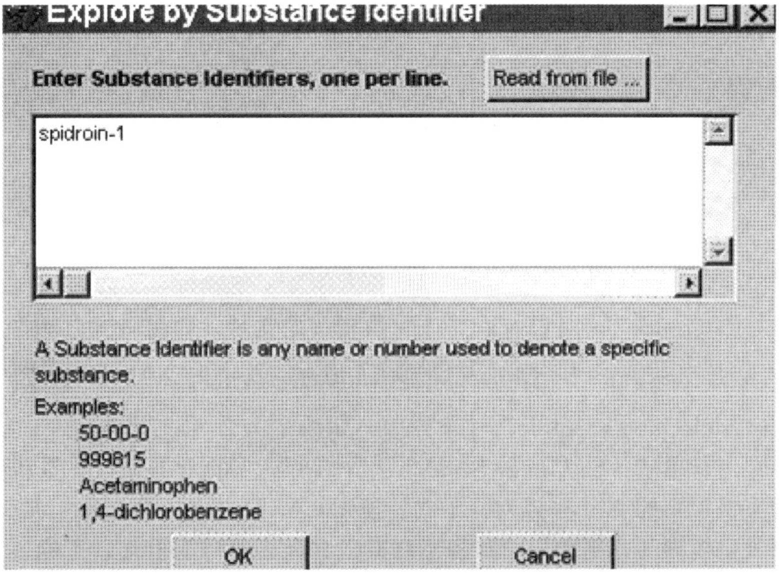

图 2-27　输入物质名称或 CAS 登记号

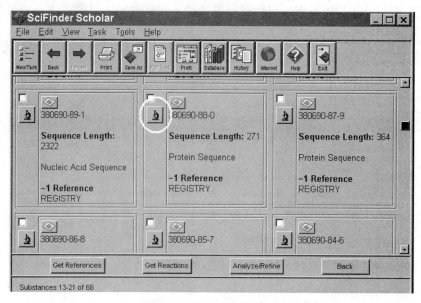

图 2-28　点击显微镜图标

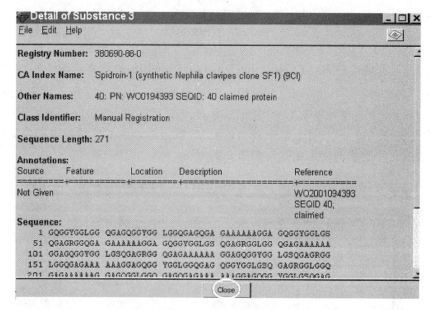

图 2-29　物质详细信息

点击"Get References",可以查看与该物质相关的文献,如图 2-30、图 2-31 所示。

③ 分子式检索（Explore by Molecular Formula）　点击图 2-21 中"$\begin{smallmatrix}H_2O & Fe\\ C_2H_4\end{smallmatrix}$"图标,则进入"Explore by Molecular Formula"检索界面,如图 2-32 所示。

通过分子式进行检索:SciFinder Scholar 会分析所输入的分子式,并重新编排原子,使之成为能被计算机识别的 Hill 法排列分子式,搜索 CAS Registry 数据库,并显示匹配结果；如果输入的原子是模糊的,则弹出窗口提示修改,如元素符号的上标、下标,元素符号之间以空格隔开等（多数情况下会自动修正）；如果是多组分的物质如聚合物、盐类等,则各个组分之间以英文的句号"."隔开。如 Component1.Component2。

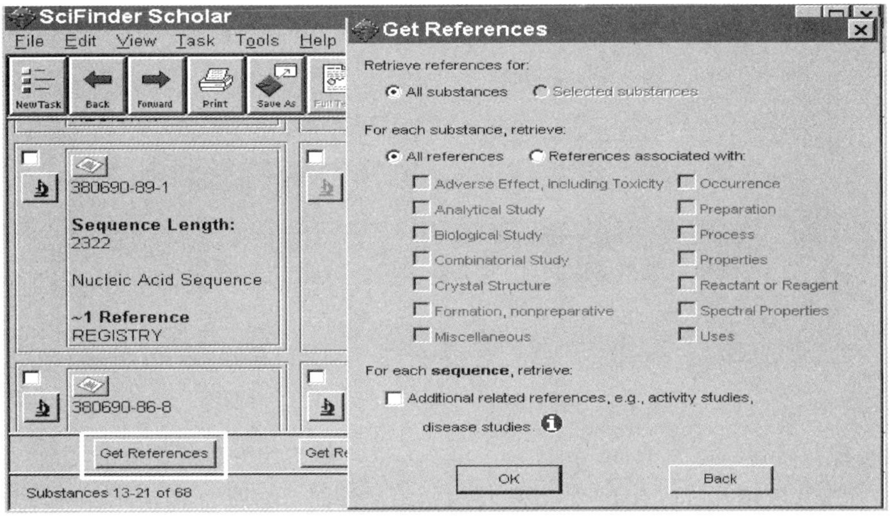

图 2-30 点击 "Get References"

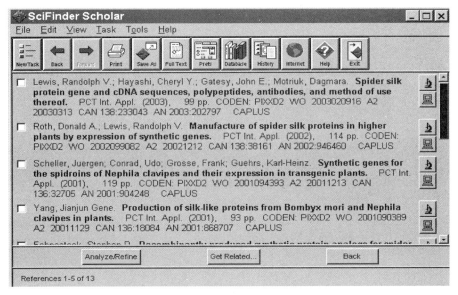

图 2-31 查看相关文献

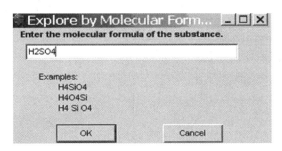

图 2-32 "Explore by Molecular Formula" 检索界面

(2) 研究主题检索 (Explore by Research Topic)

点击 "🗔" 图标, 进入 "Explore by Research Topic" 界面, 如图 2-33 所示。

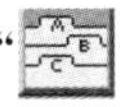

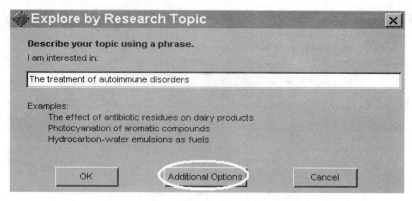

图 2-33 "Explore by Research Topic" 界面

假设你现在要写一篇关于 autoimmune disorders 不同治疗方法的功效的文章，按图 2-33 及图 2-34 所述方法输入后，点击 OK，获得检索结果界面，如图 2-35 所示。

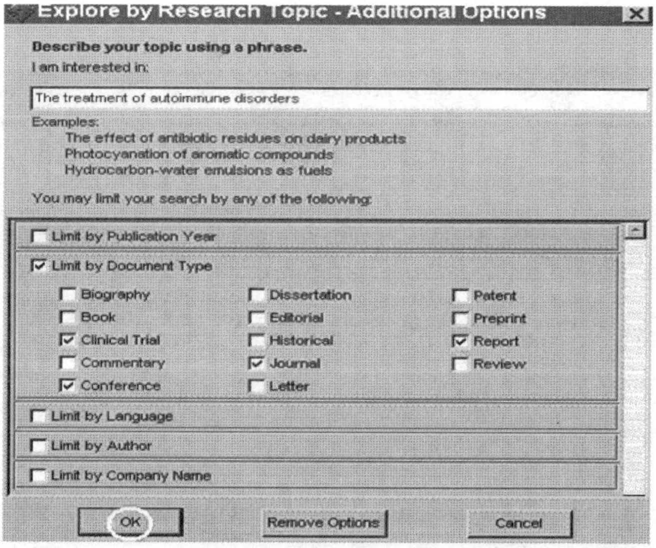

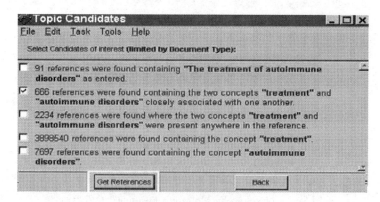

图 2-34 输入检索主题

图 2-35 检索结果界面

再选中最感兴趣的内容，获取文献，方法与前述检索方法相同。如图 2-36、图 2-37 所示。

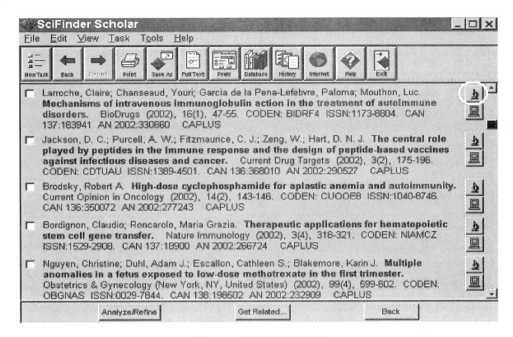

图 2-36　选中感兴趣内容

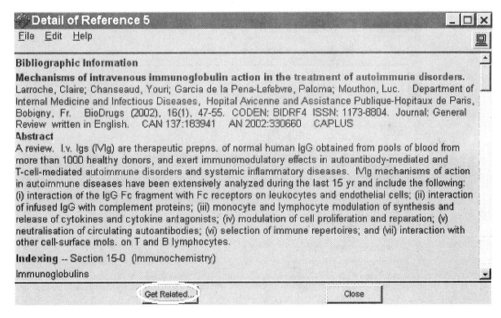

图 2-37　获取文献

注意：Get Related 功能中多了 eScience 功能，可以将检索扩展到整个网络，如图 2-38 所示。

(3) 作者检索（Explore by Author Name）

点击""图标，进入"Explore by Author Name"界面，如图 2-39 所示。

输入作者的姓名（英文或拼音）。注意：必须填入 Last name（姓），如果不能确认则可选择下面的选项（look for alternative spellings of the last name），不区分大小写；对于复姓如 O'Sullivan、Chace-Scott、Johnson Taylor 可直接输入；如果带有元音变音的，输入字母即可，或在后面接一个 e，会同时搜索名、姓以及姓、名；对于不确认的名，可以输入首字母。

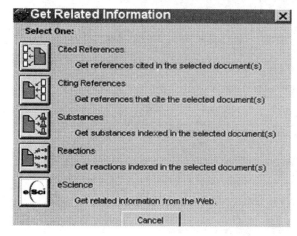

图 2-38　eScience 功能

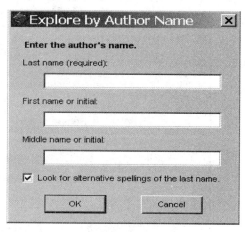

图 2-39　"Explore by Author Name" 界面

（4）文件标识符定位检索（Explore by Document Identifier）

点击 "  " 图标，进入 "Explore by Document Identifier" 界面，如图 2-40 所示。

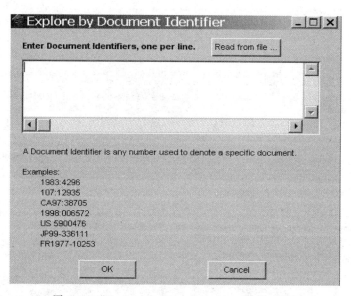

图 2-40　"Explore by Document Identifier" 界面

（5）公司/组织检索（Explore by Company Name/Organization）

点击 " " 图标，进入 "Explore by Company Name" 界面，如图 2-41 所示。

假定您现在正在合成一种能够比拟蜘蛛网生物聚合物的天然特性的纤维，并且您已获悉 Wyoming 大学的科学家已经研究合成蛛丝很多年，在输入框内输入 "University of Wyoming" 点击 OK，进入图 2-42。

SciFinder Scholar 检索到 2382 篇相关文献，可以进行二次检索或分析（Analyze or Refine），点击 Refine 进行二次检索，如图 2-43 所示。

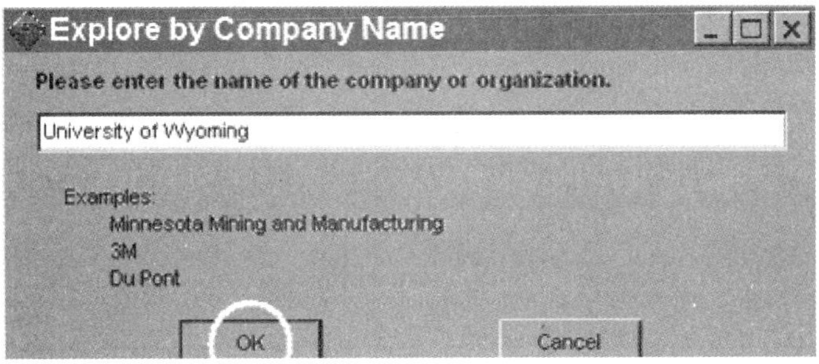

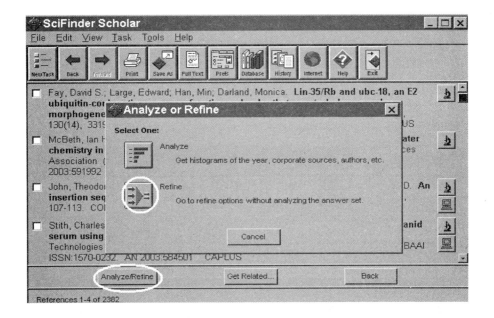

图 2-41　进入"Explore by Company Name"界面

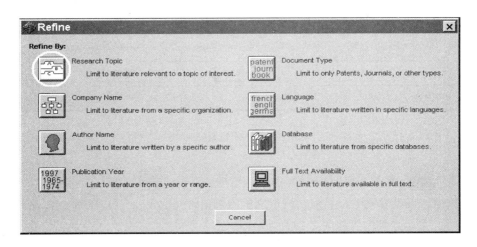

图 2-42　"Analyze or Refine"界面

图 2-43　二次检索

输入"spider silk"如图 2-44 所示。点击 OK，进入图 2-45 界面，文献数降至 28，可以进行查阅。

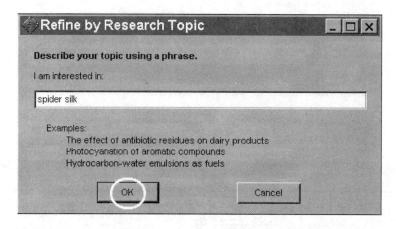

图 2-44　输入"spider silk"

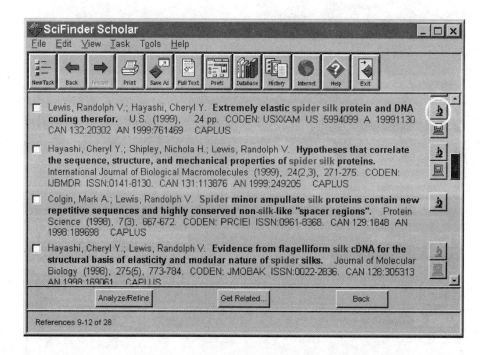

图 2-45　二次检索结果

可点击"　"查看详细内容，如图 2-46 所示；点击"　"查看全文。

往下拖动，可以看到 CAS 登记号（CAS Registry Numbers®），如图 2-47 所示，点击 CAS 登记号，显示详细内容如图 2-48 所示。

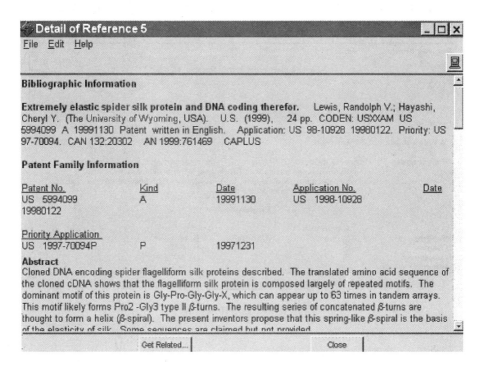

图 2-46 查看详细内容

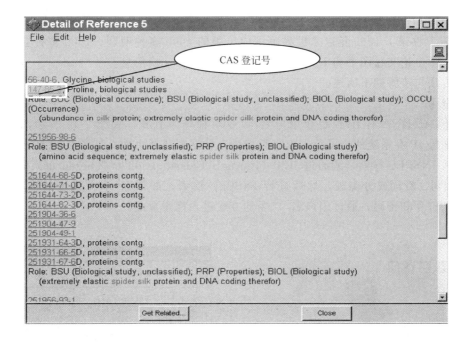

图 2-47 CAS 登记号

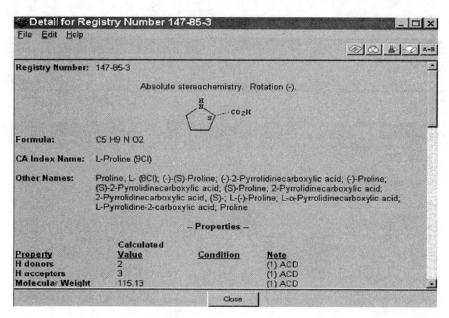

图 2-48　显示详细内容

2.8　《科学文摘》SA（INSPEC）

英国《科学文摘》（Science Abstracts，简称 SA）创刊于 1898 年。近年来随着网络技术的发展，美国 OVID 信息公司提供了 INSPEC 网络版，内容还是由英国电气工程师学会（IEE）编辑，收录了 1969 年以来世界范围内出版的 4000 多种期刊、1000 多种会议录以及科技报告、学位论文、图书和 1977 年以来的专利等多种文摘信息。

检索方法与步骤如下所述。

（1）登录

INSPEC-CHINA 有 IP 控制和用户名/口令两种登录方式，如图 2-49 所示，用户点击"登录"，如果 IP 在系统的许可范围内将直接进入数据库选择页面，如图 2-50 所示，可以选择直接进入 INSPEC 检索，或通过 JCT（Journal，Classification & Thesaurus）先查找 INSPEC 的期刊、叙词或分类表，然后进行 INSPEC 检索。如果 IP 不在系统的许可范围内，将要求输入口令和密码，通过用户名/口令的方式进入检索页面。

图 2-49　点击"登录"

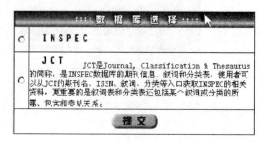

图 2-50　"数据库选择"界面

(2) INSPEC 检索

INSPEC 数据库检索主页提供了简单检索（Basic Search）、高级检索（Advanced Search）、专家检索（Expert Search）三种方式。选择直接进入 INSPEC 检索的方式将首先进入简单检索，如图 2-51 所示。用户可以通过图标中三个按钮在三种不同检索方式中切换。页面上方 6 个图标将固定在检索框架的上方，可以随时点击进行相应操作。

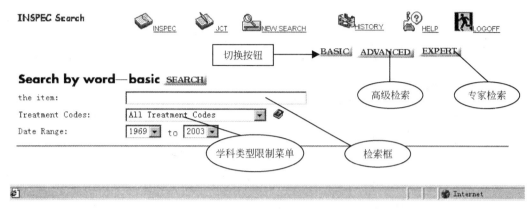

图 2-51　简单检索

图 2-51 页面上方的 6 个图标用途介绍见表 2-7。

表 2-7　图 2-51 页面上方的 6 个图标用途

图标	用途
INSPEC	直接在 INSPEC 查找文献
JCT	查找 JCT(Journal, Classification & Thesaurus)
NEW SEARCH	回到选择直接进入 INSPEC 或 JCT 的页面
HISTORY	查看本次登录执行的检索命令，点击现在查询将重新查找
HELP	查看在线帮助
LOGOFF	退出系统

① 简单检索（Basic Search）　在"the item"栏中输入相应的检索词，系统默认在 Title、Abstract、Controlled Indexing、Uncontrolled Indexing、Full Journal、Title of Conference 字段中查询，如果有多个检索词，检索词之间可使用 ＊＋－()？ 等连接符号，符号含义及用法与其他数据库的相同。

如果要检索带"-"符号的词时，输入时去掉"-"。如检索 X-RAY，输入 XRAY 即可。

用户还可选择 Treatment Codes 以及 Date Range 进行条件限制。

Treatment Codes 为学科类型限制，共有 Application、Bibliography、Economic 等 9 类，通过下拉菜单选择学科，系统默认 All Treatment Codes。

年代范围（Date Range）：通过下拉菜单选择时间范围，系统默认 1969—Present。

② 高级检索（Advanced Search）　高级检索提供常用字段的检索，各字段间还可实现与、或、非的组配，通过字段下拉框可选取字段。这些常用字段包括标题（Title）、学科类型限制（Classification Codes）、受控词（Controlled Indexing）、非受控词（Uncontrolled Indexing）、摘要（Abstract）、参与者（作者/编辑）[Affiliation（Author/Editor）]、会议

标题（Conf. Title）、杂志全标题（Full of Journal Title）、作者/编辑（Author/Editor），同一字段如果有多个检索词，检索词之间也可使用 ＊ ＋ － （）？ 等连接符号，用户还可选择 Treatment Codes 以及 Date Range 进行条件限制。如图 2-52 所示。

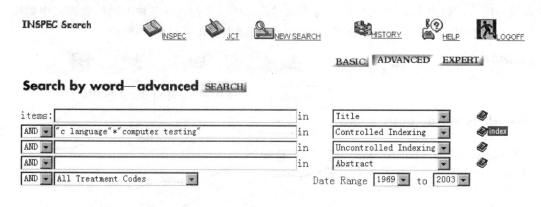

图 2-52 "高级检索"界面

对于 Controlled Indexing 和 Classification Codes，还可以通过点击"Index"从 JCT 提取索引。选中检索词后点击"选毕返回"将检索词送入检索内容。图 2-53 为从 Controlled Indexing 中提取 "c language" 和 "computer testing" 两个主题词，点击"选毕返回"后返回的页面。

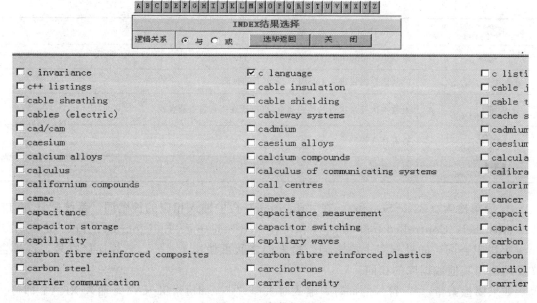

图 2-53 检索主题词

③ 专家检索（Expert Search） 专家检索提供输入检索表达式和可以将这些检索表达式组配的方式，检索式包含对 INSPEC 所有字段的检索。输入检索表达式以后，点击"Save"按钮，可以将检索表达式保存在待检索列表，输入多个检索表达式以后可以通过点击检索列表中的表达式和页面的逻辑运算符实现表达式的组配。组配后的表达式依然保存在检索列表中，点击 执行查询；表达式列表以 cookies 方式保存，同一个电脑下次仍然可以调用这些检索表达式，点击 也可以删除表达式。各字段说明及标识见表 2-8。

表 2-8 字段说明及标识

字段标识	字段名称	字段中文名称	字段标识	字段名称	字段中文名称
A1	Accession Number	书目号	DE	SICI	SICI
A2	Amendment Date	修订日期	DF	SICI of Translation	翻译 SICI
AT	Record Type	记录类型	DG	Document Number	文献号
A4	Copyright Statement	版权声明	DH	DOI	DOI
TI	Title	标题	E1	Volume and Issue Number	发行卷号
AB	Abstract	摘要	E2	Volume and Issue Number of Translation	翻译卷号
CC	Classification Codes	分类代码	E3	Part Number	局部数字
CI	Controlled Indexing	受控索引	E4	Amendment Reference (Notyetimplemented)	改善参考
UI	Uncontrolled Indexing	非控索引	F1	Conference Location	会议地点
TC	Treatment Codes	处理分类	F2	Place of Publication	出版地
B7	Numerical Data Indexing	数据索引	F3	Country of Patent	专利国家
B8	Chemical Indexing	化学索引	F4	Country of Original Patent Application	原始专利国家
B9	Astronomical Object Indexing	天文索引	F5	Country of Publication	出版国家
BA	Title of Higher Level Publication	高级标题	F6	Country of Publication of Translation	翻译印刷国家
BB	Title of Translation Journal	杂志标题	G1	Number of Pages of Level 1 Record	页码-1
JT	Full of Journal Title	杂志全标题	G2	Number of Pages of Level 2 Record	页码-2
BD	Full Title of Translation Journal	全标题	G3	Inclusive Page Numbers	包含页数
BE	Language	语言	G4	Inclusive Page Numbers of Translation	翻译页数
CT	Title of Conference (in Journal)	会议标题	G5	Number of References	参考页数
BG	AmendmentComments (Notyetimplemented)	改善注释	G6	Unconventional Medium	其他媒体
AU	Author	作者	G7	URL	URL
ED	Editor	编辑	G8	Document Collection URL	URL
C3	Translator	翻译者	AA	Author Affiliation	作者联系
D1	Abstract Number	摘要编号	EA	Editor Affiliation	编辑联系
D2	CODEN	分类编号	H3	Patent Assignee	专利人
D3	CODEN of Translation	翻译编号	H4	Publisher	出版者
D4	ISSN	ISSN	H5	Issuing Organisation	Org 专利
D5	ISSN of Translation	翻译 ISSN	H6	Sponsoring Organisation	Or 发起人
D6	U. S. Copyright Clearance Center Code	美版代码	H7	Availability	实用性
D7	Material Identity Number	特征号	H8	Price	价格
D8	Standard Book Number	标准书号	I1	Conference Dates	会议时间
D9	Report Number	报告数	I2	Publication Date	出版时间
DA	U. S. Government Clearing House Number	政府编号	I3	Publication Date of Translation	翻译时间
DB	Contract Number	合同编号	I4	Date Filed or Submitted	提交时间
DC	Patent Number	专利号	I5	Patent Priority Date	优先时间
DD	Original Patent Application Number	原始号			

检索举例：检索表达式 TI=water * AB="computer science" 表示 TI 字段（题名）包含 water 且 AB 字段（摘要）包含 computer science 词组的记录。如图 2-54 所示。

图 2-54　检索举例

(3) JCT 检索

JCT 检索通过对 JCT 库的 Thesaurus Term、Classification Title、Journal Full Title、ISSN 四个入口进行查询。首先选中需要查询的入口，输入检索内容，点击 go 执行查询，查询结果、标题、详细内容显示方式及图标功能与直接在 INSPEC 查询相同。例如，输入检索词"information"，查询"Thesaurus Term"，检索到 28 条记录，点击"阅读"，显示结果列表，如图 2-55 所示。点击某一主题词，就可以检索相关文献及主题词情况。

图 2-55　检索结果列表

Thesaurus 详细内容中记录了这一词条有关信息，通过中心词可以检索被数据库收录的相关文献，并列出该词的下位概念主题词（Narrower Terms）、上位概念主题词（Broader Terms）、相关主题词（Related Terms）、最高主题词（Top Terms）等信息。如图 2-56 所示。

Thesaurus Terms 为该条记录中心词,点击内容在 INSPEC 查找该 Thesaurus 的记录; Narrower Terms、Broader Terms、Related Terms、Top Terms 为 Thesaurus Terms 内容的相关记录,点击各链接继续在 JCT 中检索,获取以内容为中心词的记录。Related Classification Codes 为该 Thesaurus 相关的分类代码,点击继续在 JCT 查询,获得 Classification codes 为相关内容的分类的记录。

图 2-56 Thesaurus 详细内容

Classification 详细内容中记录了这一类目的有关信息,包括类名、类目等级、分类代码等,通过中心词可以检索被数据库收录的相关文献,并列出该类目的有关参照类目如图 2-57 所示。

图 2-57 Classification 详细内容显示

Classification Title 为该条记录中心词,点击将在 INSPEC 查找该 Classification 的记录; See also Cross Reference、See Cross Reference 为 Classification 内容的相关记录,点击内容将继续在 JCT 中检索,获取以内容为中心词的记录。Classificatin Level 和 Classification Code 为分类等级和分类代码。

Journal 详细内容显示 介绍该刊的有关信息,包括完整刊名、缩写刊名、刊号、该刊的历史沿革(继承某刊而来,或被其他期刊代替)、该刊的出版者及地址、出版国家、使用文字、创刊时间等。其中 ISSN 为该条记录中心词,点击内容在 INSPEC 查找该 ISSN 的记录。如图 2-58 所示。

(4) 检索结果处理

① 检索结果的显示 简单检索、高级检索、专家检索统一查询结果显示界面,检索结

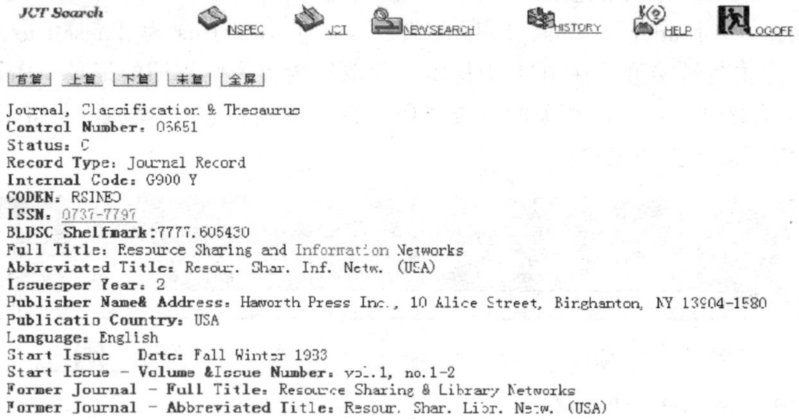

图 2-58 Journal 详细内容显示

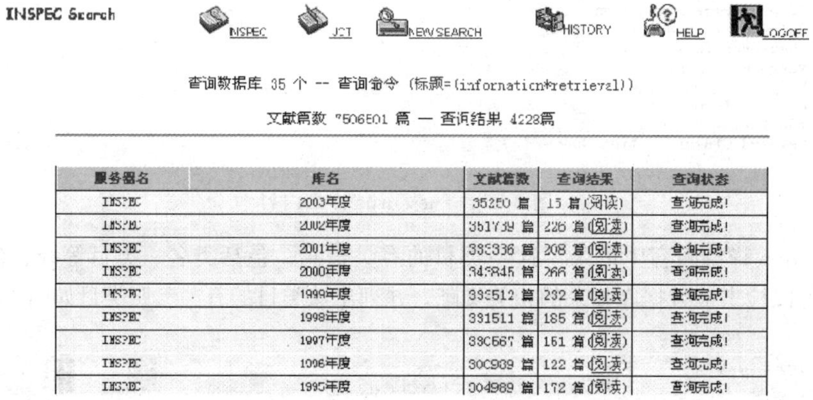

图 2-59 检索结果

果显示第一步包括选择查询库的个数（INSPEC 每年为一个库）、查询命令、查询范围内的文献总篇数、命中的文献篇数以及每库（年）文献总篇数及命中篇数。图 2-59 为检索篇名包含 Information 和 Retrieval 的结果，可以选择相应的年份，点击"阅读"，显示查询结果如图 2-60 所示，点击题名可查看正文（详细内容），显示文献类型、题名、作者、文摘、语种、来源出版物信息、作者地址、出版商等。还可以通过 选中多个题名，并点击 ，可同时显示多篇正文（详细内容）。对于查询结果的 Controlled Indexing 和 Classification Codes 以及 ISSN 字段的内容的点击，可以对 JCT 库进行查询。

② 查询结果输出　查询结果的输出包括打印、保存和邮件发送，在查询结果详细内容的最下方，其图标如下所示。

：打印当前显示的详细内容，若多篇显示也打印多篇。

：下载保存当前显示的详细内容，若多篇显示则保存多篇，保存格式为 TXT 文本文件。

：调用机器的邮件客户端，通过邮件发送查询结果。

：通过当前显示的文献所在的期刊，获取其馆藏信息（只对单篇文献显示有效）。

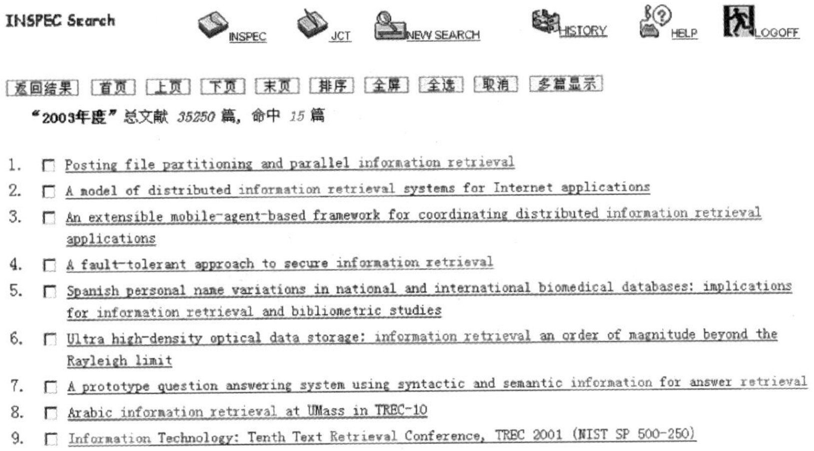

INSPEC Search   INSPEC   JCT   NEW SEARCH   HISTORY   HELP   LOGOFF

[返回结果] [首页] [上页] [下页] [末页] [排序] [全屏] [全选] [取消] [多篇显示]

"2003年度" 总文献 35250 篇，命中 15 篇

1. ☐ Posting file partitioning and parallel information retrieval
2. ☐ A model of distributed information retrieval systems for Internet applications
3. ☐ An extensible mobile-agent-based framework for coordinating distributed information retrieval applications
4. ☐ A fault-tolerant approach to secure information retrieval
5. ☐ Spanish personal name variations in national and international biomedical databases: implications for information retrieval and bibliometric studies
6. ☐ Ultra high-density optical data storage: information retrieval an order of magnitude beyond the Rayleigh limit
7. ☐ A prototype question answering system using syntactic and semantic information for answer retrieval
8. ☐ Arabic information retrieval at UMass in TREC-10
9. ☐ Information Technology: Tenth Text Retrieval Conference, TREC 2001 (NIST SP 500-250)

图 2-60　显示相应年份的查询结果

3 Endnote 基础教程与使用方法

3.1 Endnote 基础教程

3.1.1 软件简介

Endnote 是汤姆森公司推出的最受欢迎的一款产品，是文献管理软件中的佼佼者。常见文献管理软件有汤姆森公司的 Endnote, Reference Manager, ProCite, 以及基于网络的 Refworks。Endnote 是最受欢迎、最好用的软件，Reference Manager 提供网络功能可同时读写数据库，ProCite 提供弹性的群组参考及可建立主题书目，WriteNote 是基于 Web 的 Endnote。中文文献管理软件中，有 NoteExpress、文献之星、医学文献王、PowerRef 等，其中 NoteExpress 是目前较常用的中文文献管理软件。

Endnote 是一款用于海量文献管理和批量参考文献管理的工具软件，自问世起就成为科研界的必备武器。在没有 Endnote 时，科研工作者整理文献时从各大数据库中搜集到的文献往往千头万绪，或重复或遗漏，难以管理，阅读所做的笔记则分散各处，难以高效地进行有机整合。到写论文时，大量的文献引用往往复杂异常，尤其论文修改涉及引用文献时，牵一发而动全身，只要修改了一个引用文献，之后所有的引用文献都要做相应修改。使用 Endnote 可以彻底解决这些难题。

3.1.2 Endnote 的基本功能

Endnote 通过将不同来源的文献信息资料下载到本地，建立本地数据库，可以方便地实现对文献信息的管理和使用。通过将不同来源的数据整合到一起，自动剔除重复的信息，从而避免重复阅读来自不同数据库的相同信息。同时可以非常方便地进行数据库检索，进行一定的统计分析等。在撰写论文、报告或书籍时，Endnote 可以非常方便地管理参考文献格式，还可以非常方便地做笔记，以及进行某一批文献相关资料的管理，如全文、网页、图片和表格等。学习并掌握文献管理软件，可以提高我们阅读文献、获取信息的效率，可以省去撰写文稿时手动编排文献的麻烦。同时 Endnote 可以非常方便地做笔记，并对笔记进行管理，为我们撰写综述或阅读大量文献提供了极大的方便。

3.1.3 Endnote 文献库建立

数据库建立是管理及应用的基础，所以要首先介绍如何建立数据库。建立数据库就是将不同来源的相关资料放到一个文件中，汇聚成一个数据库文件，同时剔除来源不同的相同文献信息，便于分析、管理和应用。

运行 Endnote，出现的第一个界面如图 3-1 所示。

如果你是第一次使用，还没有建立文献库，就选第一项建立一个新的库。可以根据自己的喜好取库名，最好是按照查找的文献分类来命名，如图 3-2 所示。

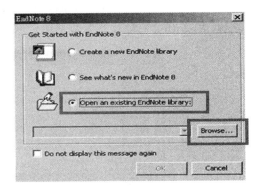

图 3-1 运行 Endnote

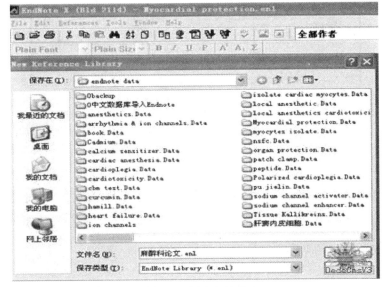

图 3-2 新建文献库

Endnote 软件中建立数据库的方式有四种：直接联网检索、格式转换、网站输出和手动输入。接下来详细讲解直接联网检索建立数据库。

直接联网检索建立数据库：如我们最常用的 PubMed，Endnote 就可以直接连接该数据库检索导入。

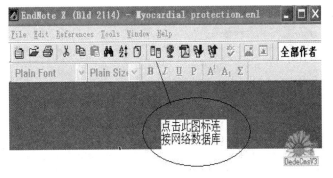

图 3-3 连接网络数据库

点击工具栏的"Connect"图标，如图 3-3 所示。

选择"PubMed（NLM）"数据库，然后点击"Connect"选项，如图 3-4 所示。

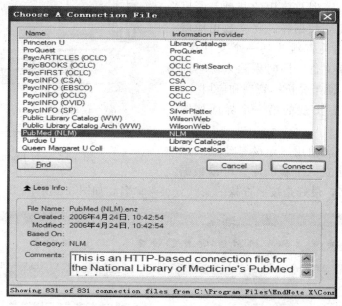

图 3-4 点击"Connect"选项

连接成功后，在出现的检索界面上点开 Reference 菜单，选择"Search Reference"选项，就出现如图 3-5 所示页面。

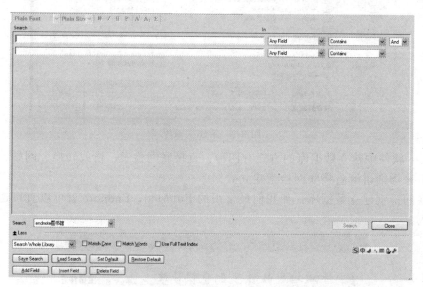

图 3-5 选择"Search Reference"选项

输入如图 3-6 所示想要检索的词进行检索。

输入检索词，按"Search"，就出现共检索出多少条文献的确认窗口，如图 3-7 所示。

点击 OK 就可以进行下载了。

下载下来的文献还存在临时缓存里，要按"Copy All References to"把查到的文献导入指定的数据库中。

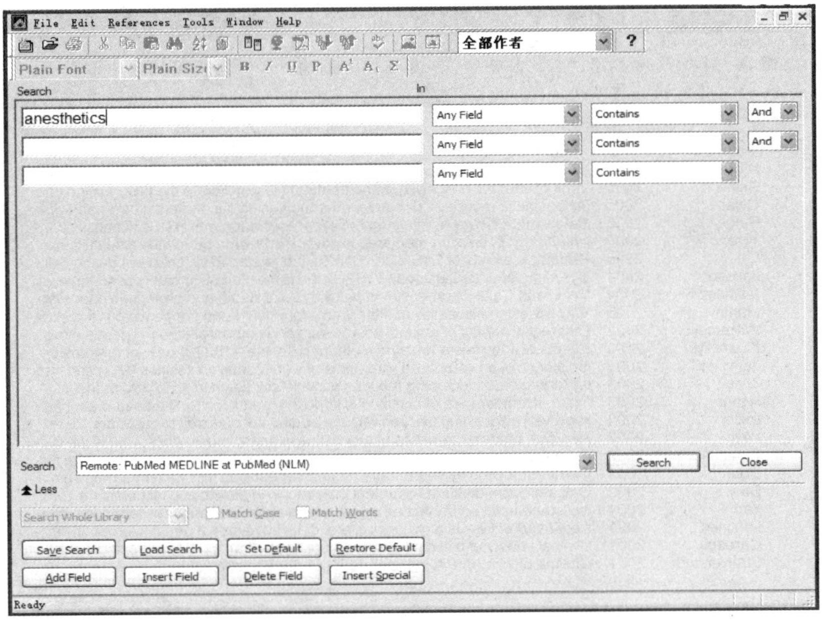

图 3-6 输入检索词

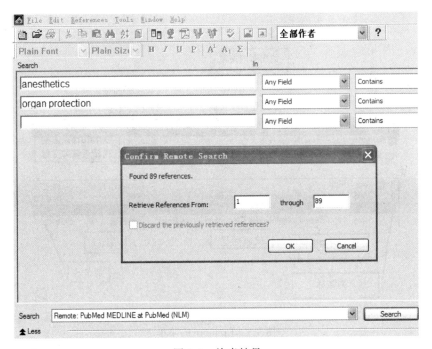

图 3-7 检索结果

至此，我们建立的库中已经存有第一批文献了，如图 3-8 所示。还可以用同样的方法，使用不同的检索策略导入更多的文献。

3.1.4 Endnote 文献管理

Endnote 的功能很丰富，它的功能使用和调整都在其菜单里，如图 3-9 所示。

点击 Edit，用 Preferences 设置自己需要的界面，如图 3-10 所示。

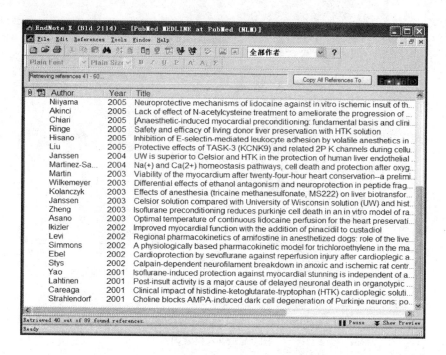

图 3-8　检索文献

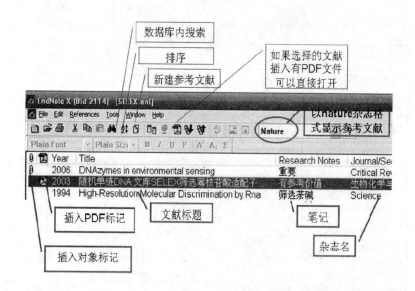

图 3-9　Endnote 的菜单

点击 Display Fields 可以设定在程序主界面希望显示的栏位和次序。

点击 Duplicates，进入如图 3-11 所示界面，可以设定文献重复的标准，即哪些栏位相同才算重复。

Endnote 中涉及的附件可能有 PDF、图片、Word 文档、网页、表格等。Endnote 管理附件的方式有两种：一是将附件的地址记录在 Endnote 中，使用时打开链接即可；二是将文件拷贝到 Endnote 相应数据库的文件夹下面。第一种方式无需对文件进行备份，占用空间

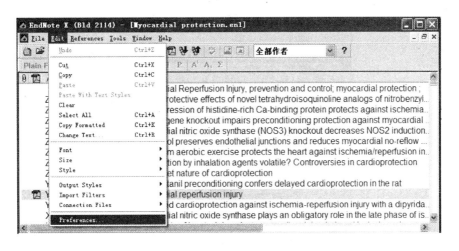

图 3-10　设置界面

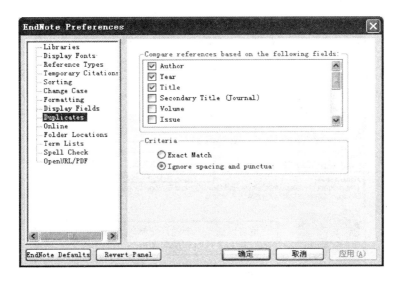

图 3-11　设定文献重复的标准

小,但数据拷贝时,会引起链接对象的丢失;第二种方式需要将文件拷贝一份到数据库文件夹中,占用一定空间,数据库转移时能将附件一同带走,较为方便。在硬盘空间足够大的情况下,建议尽量用后一种方式管理附件。

图 3-12 中 URL 的位置是附件地址,可以通过超链接的方式管理全文,在该界面的任意地方单击右键,选择 URL-Link to URL 添加链接;该链接可以是网址,也可以是文件的相对地址。如果是网址,可以通过拷贝网址,然后直接粘贴的方式添加链接。

Link to PDF(图 3-13)是 Endnote X 新增加的功能,专用于管理 PDF 附件。可以通过右键的 PDF-Link to PDF 添加,也可以采用直接拖拽的方式添加。还可以通过拷贝粘贴的方式添加。注意这里可添加的附件并不局限于 PDF 文件,也可以是图片、音乐或其他文件等。添加到这里的文件也会被拷贝到数据库的文件夹下面。如果是图片可以通过右键 Insert Picture 的方式管理。注意 Image 下面只可以添加一个文件或图片。这里的文件也不限格式,可以是多种文件。如果有多个文件建议添加到 Link to PDF。

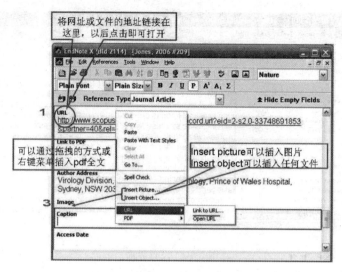

图 3-12　URL 的位置是附件地址

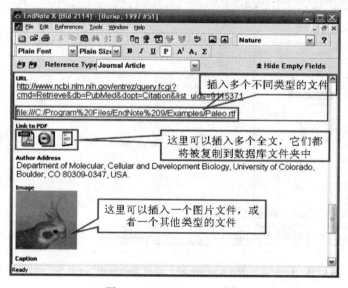

图 3-13　Link to PDF 功能

3.1.5　Endnote 文献库应用

（1）使用 Endnote 在论文写作中引用文献（在 MS Word 中的应用举例）

① Endnote 安装之后，会在文字处理软件 Word 中出现一个 Endnote 工具条。

各快捷键的功能如图 3-14 所示。

Find Citation(s)　撰稿引文时，可以通过查找的方式找到希望引用的参考文献。

Go to Endnote　从 Word 中跳转到 Endnote；如果 Endnote 没有开启，点击该按钮将开启 Endnote 程序。

Format Bibliography　将临时引用的参考文献格式按照选定的杂志进行编排，如果一边插入文献，一边进行格式编排，会占用较多内存；如果不希望占用较多内存，可以点击下面

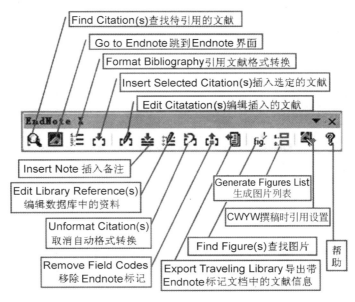

图 3-14　Endnote 快捷键的功能

的 Unformat Citations 快捷键。

　　Insert Selected Citation(s)　插入选定的文献，可以是一篇，也可以是多篇。

　　Edit Citatation(s)　编辑插入的引用文献，譬如有些文献引用不合适，或者顺序需要调整，可用该功能完成。

　　Insert Note　在指定的位置插入输入的内容，插入位置会留下一条文献记录的标记，插入的内容会显示在后面参考文献中。

　　Edit Library Reference(s)　如果发现某条参考文献内容有错误，可以用该命令进行修改，该命令将同步更新数据库。

　　Unformat Citation(s)　不对临时插入的参考文献进行格式转换，以节约计算机资源。

　　Remove Field Codes　撰写的论文在投稿前，需要用该命令移除 Endnote 标记；移除后将不能利用 Endnote 对参考文献格式进行编排。

　　Export Traveling Library　一个带 Endnote 标记的文档，可以通过该命令导出有关的参考文献信息，此时导出的信息不完整，只有列举参考文献，一些必要的信息，如关键词、摘要等都没有。

　　Find Figure(s)　查找图片。

　　Generate Figures List　生成图片列表。

　　Cite While You Write Preferences（CWYW）　撰稿时引用偏好设定，可以根据自己的需要进行设定。

　　② 在 Word 正文中插入引用文献的方法

　　(a) 在 Endnote 程序中选择要引用的文献，然后切换到 Word 中将光标定在要插入文献的位置，点击工具条上的"Insert Selected Citation(s)"，即可将选定的文献插入到该指定位置。

　　(b) 使用时，在 Word 中将光标定在待插入文献的位置，选定要插入的文献，在 Endnote 中点击上面的 Insert Selected Citation(s) 快捷键，即可将文献插入在相应的位置，如图 3-15 所示。

　　③ 格式化文献　待全部文献插入完毕后，点击"Format Bibliography"快捷键，就会弹出如图 3-16 所示的对话框。

　　然后根据需要，选择合适的期刊格式，按"确定"即可进行格式化，如图 3-17 所示。

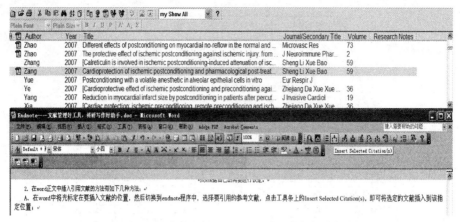

图 3-15 插入引用文献的方法

2. 在word正文中插入引用文献的方法有如下几种方法。
A. 在word中将光标定在要插入文献的位置，然后切换到endnote程序中，选择要引用的参考文献，点击工具条上的Insert Selected Citation(s)，即可将选定的文献插入到该指定位置。

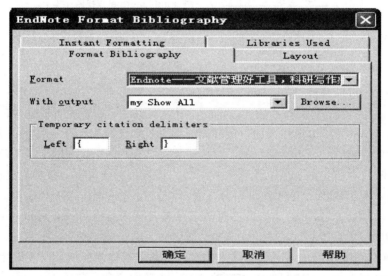

图 3-16 点击"Format Bibliography"快捷键

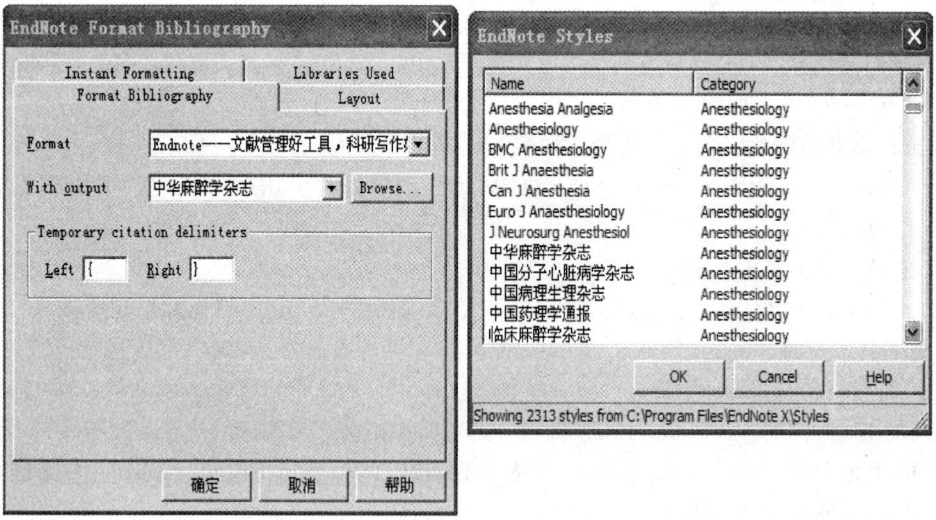

图 3-17 选择合适的期刊格式进行格式化

74　化学信息学

如果预设的格式中没有合适的，可以自己设置格式，即进行 Output Style 的修改。

如图 3-18 所示，在 Endnote 的 Edit 菜单里选择 Output Style，Open Style Manager 即可打开如图 3-19 所示界面。

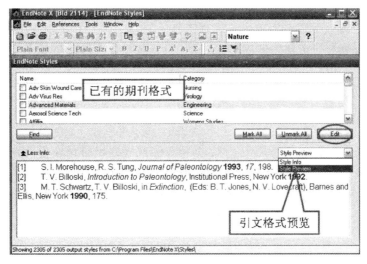

图 3-18　设置格式

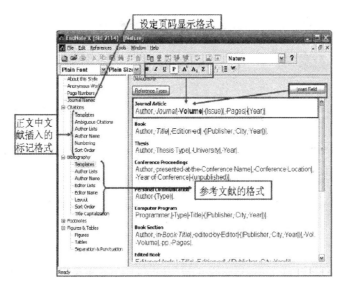

图 3-19　"Output Style"窗口

在已有期刊格式中，如果没有完全符合要求的期刊格式，可以自行创建所需的期刊格式。一般情况下只需在如图 3-19 所示窗口中选择引文格式预览，然后找一种格式比较相近的期刊进行修改。点击 Edit，即可进入编辑界面。根据所投杂志的参考文献要求，逐项进行修改。

Page Numbers 为设定页码格式，有些杂志的页码全部显示，有些终止页只显示后两位，如 1327-1332，有些杂志显示为 1327-32。不同的表示方法可以在此设定。

Citations 部分，可以设定在文章中参考文献引用的标记格式，有些杂志正文中的参考文献引用标记为［1］，有的表示为（1），有的直接用数字 1 表示，还有些用不同形式的上标表示。

Bibliography 部分，可以设定正文后参考文献的格式，如 Nature 杂志引用期刊论文，其格式为：Author，Journal，Volume(Issue)，Pages(Year)。这表示，文献信息各项内容的顺序依次为：Author，Journal，Volume(Issue)，Pages(Year)。其中 Volume 用黑体表示，Journal 用斜体表示，Issue 和 Year 用括号括起来。按照文档编辑的方式，结合工具栏上的字体选项和"Insert Field"就可以进行修改了。

（2）Endnote 在科研选题中的应用

① 文献的统计分析　在 Tools 下面有个 Subject Bibliography，它的主要功能是输出数据库中有关字段的文献信息进行统计分析。如果我们已经根据自己的选题方向把中英文的文献资料都导入一个文献库里，那么就可以使用 Endnote 的"Subject Bibliography"做一些简单的统计分析。

如图 3-20 所示选择 Author 点击 OK，Endnote 就会列出每位作者的论文数。两次点击 Records，就会按每位作者的论文数进行排序如图 3-21 所示。根据作者论文数的多少，大致可以判断出该领域的活跃分子和高产科学家。如果在图 3-20 中选择 Year，数据库将会按照年代统计出每年发表的文章数。根据论文数增长的趋势大致可以判断出该领域的发展趋势。还可以用作者单位进行分析，了解哪些研究单位在该领域比较活跃。

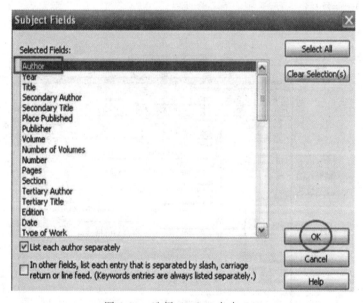

图 3-20　选择 Author 点击 OK

在上述统计结果中，进一步检索特定的作者，然后对该作者的论文进行年代和单位分析，如图 3-22 所示，可以大致了解该作者的动向。

② 外部命令按钮（Data Visualization）　在 Tools 菜单的最下面，有个 Data Visualization 的外部命令按钮，点击可以启动已经安装的文献信息分析软件。如 Refviz 等。Refviz 可以与常见文献管理软件无缝对接，可以对 Endnote 数据库中的文献进行聚类分析。Refviz 的工作原理类似我们正常阅读文献，然后归类管理的方式。Refviz 分析文章中出现的关键词，然后根据关键词进行分类。同时，这些软件还提供交互式的分类方法，可以通过人为的干涉改变分类方法，使其分类更符合我们的需要。对于当今大量的文献，Refviz 可以为我们提供一种快速了解某一领域的方法。

这里只介绍 Endnote 的一些最常用的功能，其实 Endnote 功能很强大，还有许多高级功

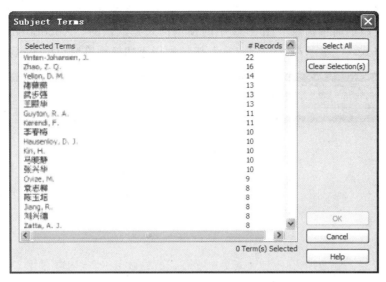

图 3-21　按作者的论文数进行排序

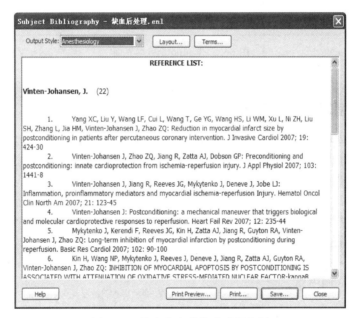

图 3-22　检索特定的作者进行分析

能对我们的工作非常有用。如"Manuscript Templates"即论文模板，使用该功能就可以很方便地撰写符合特定杂志的文稿，方便编辑书写。这些功能有待大家的熟悉和积极使用，相关的使用方法需要参考其帮助和相关的说明，在此不一一列举。

3.2　Endnote 使用方法

3.2.1　Endnote 的基本界面

打开 Endnote 9.0，其界面如图 3-23 所示。"Reference Library"窗口显示文献的各个条

项,单击条项名称(如"Author")按钮,所有记录就将按该条目顺序/逆序排列。预览窗口显示被选中文献的简单信息(图 3-23 中的预览格式是默认的"Annotated",在下拉菜单中还有其他的格式)。"显示/隐藏 Preview"按钮则用于切换预览窗口的显/隐属性。

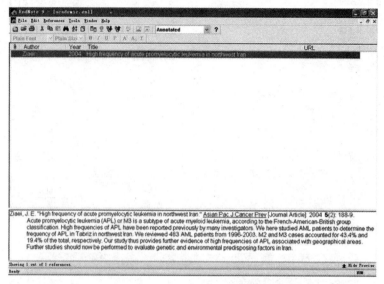

图 3-23 Endnote 基本界面

下面根据化学专业特点和需要,介绍这个软件的基本操作。

3.2.2 建立和编辑 Enl 文献图书馆

Endnote 数据库称为 Reference Library,以 *.enl 格式存储,其中的数据存储于同名文件夹 *.Data 中。本文所举例子中的 Library 包括单记录图书馆"acedemic.enl"和数据文件夹"acedemic.Data"。

(1) 新建 enl

File→New,或者单击工具栏第一个按钮"New Library",都可以新建一个空白图书馆。

(2) 打开已有 enl

File→Open→Open Library,或者单击工具栏第二个按钮"Open Library…",都可以打开一个已有的 enl 图书馆。

(3) 新建记录

Reference→New Reference,或者在"Reference Library"窗口中单击右键→"New Reference",都可以手动添加新记录。

(4) 编辑记录

"Reference Library"窗口中双击选中的记录,或者单击右键"Edit References",都可以进行编辑。

编辑记录界面如图 3-24 所示。一般需要用到的条项包括 Author、Year、Title、Journal、Volume、Issue、Pages、Keywords、Abstract,读书笔记记录在 Note 中,如果有全文 PDF,可以将其链接添加到 Link to PDF,并将附件链接到 Image 中,如果文摘是从网上数据库下载的,URL 中可记录其出处。

① Author:每个作者列一行,原则是姓置首,则后面必须跟逗号,若按照西方姓名规范置尾,则不必加逗号。逗号后应有空格。如果是中文名字,一般不需要添逗号区分姓和

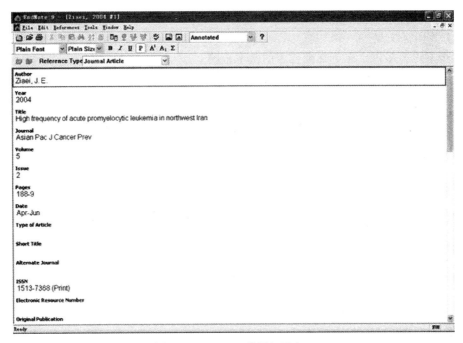

图 3-24　Endnote 编辑记录窗口

名。在 Endnote 中，编辑状态下，用红色显示的人名表示当前 Library 中该名字是第一次出现，若该人名在先前记录中出现过，则用黑色表示。

② Year、Title、Journal、Volume、Issue、Pages：这些条项按照引用文献的显示即可。

③ Abstract：同 Author，每个关键词列一行。

④ Link to PDF、Image：右键"Link to PDF""Image"即可添加。添加"Image"后，在 Reference Library 窗口中这条记录前方就会出现一个附件标志。Endnote 10.0 中，可以直接将全文 PDF 拖放到这个栏位，更为便捷，而且链接永久有效，不会因为相对路径的变化而失效，而 Endnote 9.0 在这一点上做得不好，所以使用这个版本建立参考文献图书馆时，必须做好合理的规划。

(5) 复制记录

将一条记录复制到另一个文献图书馆中，只需要在 Reference Library 窗口选中目标记录，Ctrl+C 或右键单击"Copy"，再打开目标文献图书馆的 enl 文件，Ctrl+V 或右键单击"Paste"，即可将它复制进去。剪切的方法与之相似，Ctrl+X/"Cut"即可。

(6) 删除记录

在 Reference Library 窗口选中要删除的记录，右键单击"Delete References"即可。选中时可以用鼠标拖选多条记录，也可以按住 Ctrl 间隔点选。直接选中后按 Del 键无效。

3.2.3　批量导入文献

手动编辑是很费时费力的。Endnote 最重要的功能之一就是把科研人员从繁重的文献手动编辑工作中解放出来。很多在线数据库都提供了强大的 Citation 导出功能。化学专业主要使用的是中国期刊网、PubMed、Ovid、Elsevier 等中英文文摘/全文数据库，下面以它们为例，简要介绍文献批量导入的操作。

3.2.3.1 基本步骤

(1) 查找所需文献

这一步不需要多讲，属于文献检索的基本范畴。

(2) 选择所需文献

在所要导出的文献条目前打勾选择所需文献。如果检索已经比较精细的话，可以不用打勾，即默认全部导出。

(3) 导出 Citation

① PubMed（http://www.ncbi.nlm.nih.gov/entrez/query.fcgi?DB=pubmed）：结果预览窗口中，Display 下拉菜单选择 "MEDLINE"，Show 下拉菜单选择一个合适的数值以确保能将所需文献全部导出（但一次最多只能导出 200 条记录），旁边的下拉菜单可以选择默认的 "Send to" 或者 "Text"。三步操作尽量快速地同时完成，网页自动刷新后即可显示完整格式的 Citation。

② Ovid（通过学校图书馆代理连接 Online 版）：在结果预览窗口下面的面板里，点选 "Full" 和 "Direct Export"，按确定按钮。这时 Endnote 会自动运行，并跳出导入对话框。Filters 选择框中选择 Medline（Ovid），即可导入当前处于激活状态的那个 Library 中。

③ Elsevier（通过学校图书馆代理连接 Science Direct）：基本导入方法和 Ovid 接近。关键在于选择正确的导出格式（MEDLINE 或 FULL），以及自动导入时选择正确的 Filter。（编选 Filter 是门很有技巧的学问，有时候需要自己编制，这部分内容需要参考相关手册）

④ 中国期刊网：Endnote 的中文支持功能较弱，没有提供任何一种中文数据库的 Filter，这就意味着除非能够自己编制 Filter，否则中文数据库将无法批量导入。

(4) 导入 Citation

① PubMed：网页显示出完整的 Citation 以后，全部复制，并粘贴到一个记事本文件中，保存。打开 Endnote，按工具栏第三栏中 "Import..." 按钮，即跳出导入对话框，如图 3-25 所示，"Import Data File" 框中打开保存 Citation 的记事本，"Import Option" 下拉菜单选择 "PubMed（NLM）"，"Duplicates" 下拉菜单可以选择默认的 "Import All"，也可以选择 "Discard Duplicates" 剔除与 Library 中重复的记录。

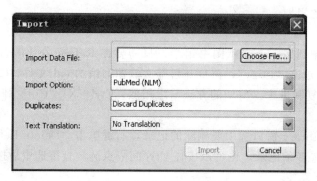

图 3-25 Import 对话框界面

② 其他：如果由于版本原因，Ovid 或 Elsevier 的 Citation 无法直接自动导入 Endnote，那么与 PubMed 一样，要先导出到一个文本文件中，再从文本文件中通过 Filter 导入到 Endnote。

3.2.3.2 简便步骤

直接打开 Endnote，Tools→Connect→Connect…，在弹出的对话框中选择一个目标数据库，随后就跳出三栏的 Search 窗口，如图 3-26 所示，可以在这里进行关键字检索，结果会自动汇入

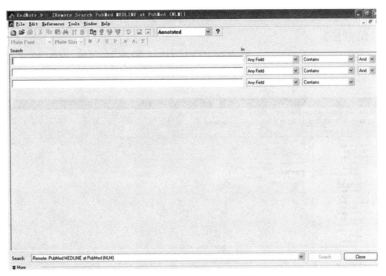

图 3-26　Endnote 检索窗口

当前处于激活状态的 Library 中，并且 URL 条项中显示每条文摘在数据库中的链接地址。

这一方法十分简便，但是在 Endnote 中似乎并不支持代理。必须直接通过公众网和账户/密码方式连接数据库，而多数数据库的账户/密码是要付费获得的。所以一般来说，只有 PubMed 这样的免费数据库比较适合这样操作。

3.2.4　显示格式的初级修改

在预览窗口中，Endnote 默认的 Annotated 格式是 Citation+Abstract 模式。除此以外，还有 Author+Date、Numbered 和 Show All。这些格式中 Annotated 提供的信息全面而精简，比较适合筛选和预览。但是这一显示格式有些弊病，比如 Citation 的姓名输出格式和条项排列顺序，都不太符合文献引用的一般规范。可以做一些修改。

Edit→Output Sytle→Edit "Annotated"，打开编辑窗口。

① Citations/Author Lists，如图 3-27 所示。一般引用文献显示前三位作者，因此把默

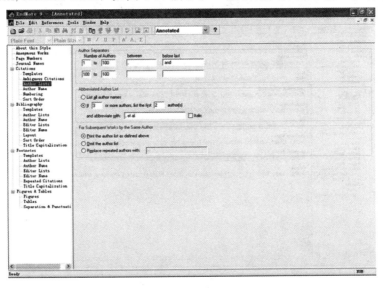

图 3-27　Citations/Author Lists

认数字如图 3-27 所示修改。et al 是否斜体显示根据实际情况取舍。(注：文本框中填写的逗号后要跟一个半角空格)

② Citations/Author Name，一般文献引用的作者姓名按"姓 名"格式显示，如图 3-28 所示。

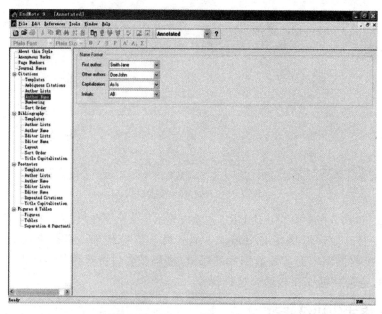

图 3-28 Citations/Author Name

③ Bibliography/Templates，Journal Article 的格式一般如图 3-29 所示。将 Year 选中后拖动到 Volume 前，加空格(空格显示为·)。Journal 后可以加 Reference Type (如 [J] 表示期刊)，光标定位在 Journal 后，按 Insert Field 按钮，点"Reference Type"即可插入。Book 的格式中，一般可以将 Year 移到 City 前，并嵌入 Edition。其余几种文献类型的格式根据需要，同法修改。

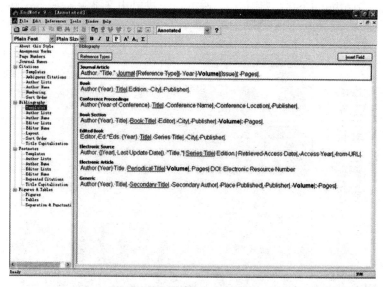

图 3-29 Bibliography/Templates

在这里，Title 前后加了引号，Journal 下加了下划线，Volume 加了粗，都是为了突出显示。如果要取消，选中相应条项，按工具栏上相应的字体按钮即可。

④ Bibliography/Author Lists 和 Author Name 的修改同 Citation。

⑤ Bibliography/Layout：End Each Reference With 文本框中是预览显示格式。当前的显示格式已够用，如果需要加入 Keywords 或者 Notes，光标固定在 Abstract 后，按 Insert Field 按钮，点击 End of Paragraph、Tab 及 Keywords 或 Notes。不推荐这样做，因为预览起来比较乱。

其余可改可不改。修改完后关闭，点保存修改。

Annotated 以外的其他显示格式的修改，可以通过 Edit→Output Style→Open StyleManager 实现。一般来说，杂志的显示格式都是按杂志引文格式要求编制的，不需要再做修改。

3.2.5 记录的导出

文献图书馆可以导出为各种文本文档。首先，按照上一节所述，将显示格式调到所需的状态，然后按工具栏"Export..."按钮。在弹出对话框的保存类型下拉菜单中，有 txt、rtf、html 和 xml 四种格式。rtf 格式可以用 word 打开，另存为 doc 格式。如果把显示格式调为某一种杂志，那么导出的就是一张完整的 Citation 列表。

3.2.6 文献的管理

配合嵌套文件夹的使用，即可进行海量文献的管理。以综述为例，确定范围和题目后，就可以充分利用 Endnote 的功能进行文献搜集、整理和阅读了。

（1）充分收集文摘

通过在线数据库查找的文摘都可以导入 Endnote 文献图书馆中，为了充分收集资料，还有一些资料可能要通过图书馆复印的途径获得，这些资料一般数量不多，可以手动输入。尽量细化检索词组合，对每一种检索策略建立一个独立的 enl 图书馆，并放在同一级文件夹下。细化检索词是为了让每一个 enl 库中的记录尽可能少，最好不要超过 100。

（2）筛选文摘

通过 Annotated 模式对每个 enl 图书馆中的记录进行逐一筛选。多数情况下，都可以筛掉很大一部分相关度较差的文献。对于要保留的文献，不妨在 Notes 中随时记录对该文献的评价或一些关键词，便于后面进一步整理。这一步工作比较枯燥，却是后面所有工作的基础。

（3）合并记录

对检索策略相近的几个文献图书馆筛选完毕后，可以将它们合并成一个库。在这一步，推荐采用 Edit→Find Duplicates 菜单筛去重复的记录。这样，就能形成一个次级库。通过这样的方法，在次级库中进行合并，就能获得一到若干个最终库。

形成最终库时，需要对综述的结构有所规划。这些规划体现在 Notes 中。有些文献要用在背景部分，Notes 中可以标注"Backgroud"；有些可能要用在展望部分，Notes 中可以标注"View"。通过 Reference→Search References 操作，In "Notes" Search "Certain Keywords"，就可以把它们分别显示，并归入不同的目标库中。

（4）收集全文

在最终库里的文献就是所需要的。接下来尽可能搜集它们的全文，并做好 Link to PDF 和 Image。以后写论文需要参考全文时，右键 Open PDF 即可，十分方便。

3.2.7 Word 中的文献引用

文献图书馆建完后，就要着手写论文了。Endnote 最杰出的优点之一就是可以自由地插入和调整 Citation。这在大文献量的论文写作中十分有用。

安装 Endnote 后，Word 中会相应地生成 Endnote 插件。在工具栏（如图 3-30 所示）和工具菜单中都有它的选项。假设我们要在论文中插入某篇文献，那么操作如下所述。

图 3-30　Endnote 工具栏

（1）光标移至插入位置。

（2）工具→Endnote→Go to Endnote 或 Endnote 工具栏第二个按钮打开 Endnote。

（3）在 Endnote 的 Library 窗口选中要插入的记录，来到 Word，菜单/工具→Endnote→Insert Selected Citation，或 Endnote 工具栏第一栏第四个按钮，该记录即汇入 Word 插入点。

（4）如果 Citation 显示格式不对，那么通过工具→Endnote→Format Bibliograhpy 或者 Endnote 工具栏第一栏第三个按钮，进入格式选择对话框，如图 3-31 所示。

在 With Output 下拉菜单里有备选的 Bibliography Style，如果没有所需的，点 Browse 按钮，弹出所有 Bibliograhpy 的列表，选择一项并确定，所有 Citation 都将被批处理为这一显示格式，如图 3-32 所示。

图 3-31　格式修改对话框

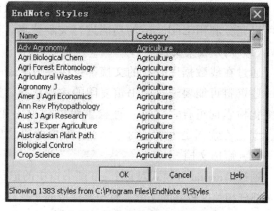

图 3-32　批处理为某一显示格式

（5）要移动某条引用的话，只需要光标选中文中 Citation，拖放到新位置，其文末参考文献（Reference）及序号都将随之自动发生变化。

（6）删除某条引用，与普通文本操作完全一样，文末 Reference 及序号同样自动更新。

（7）一些论文中插入的 Note，可以通过工具→Endnote→Insert Note 或 Endnote 工具栏第二栏第二个按钮插入。这些插入的 Note 也将出现在文末 Reference 中。

（8）论文完成后，确认全部引用无误，通过工具→Endnote→Remove Field Codes 或 Endnote 工具栏第二栏第五个按钮，将所有 Citation 的格式宏移去并另存为一个 doc 文档，再进行相应的格式修饰，即可完成 Reference 的编辑。

3.2.8 中文文献的导入导出

Endnote 的中文支持功能比较薄弱，比如我们常用的中文期刊网、万方数据库和维普资讯网上的资源就缺少相应的 Filter 和 Style 文件。随着 Endnote 中文用户的增多，许多人开始为这些数据库制作相应的 Filter 和 Style，以支持中文文摘的导入和导出。这些工作为 Endnote 的中文文献管理提供了技术基础。在这些工作中，哈尔滨工业大学开发的 CvtCNKI.exe 转换软件可以同时支持中文期刊网、万方数据库、维普资讯网甚至超星图书馆与 Endnote Library 的转换。因此下面将以 CvtCNKI.exe 转换软件（简写为 CvtCNKI）为基础，分别以中文期刊网、万方数据库和维普资讯网为例，介绍如何将中文文献导入到 Endnote。

（1）中文期刊网

打开中国知网（CNKI）检索界面，键入检索词或复合检索式，搜索出结果后，勾选选中的文摘，在检索结果页面的导航栏上点击"存盘"按钮。弹出菜单中输出格式选择"自定义"，在"自定义"复合框中点选全部选项，再点击"预览"。在预览窗口中全选输出结果，复制到一个文本文档（如 CNKI.txt 文件）中，然后保存。

打开 CvtCNKI.exe（目前已开发到 v2.0.2.B2 版），如图 3-33 所示，点"文

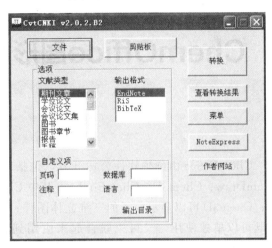

图 3-33 CvtCNKI 界面

件"按钮，选择保存有导出结果的文本文档，"选项"框架中"文献类型"相应地选择"期刊文章"或"学位论文"，"输出格式"选择"Endnote"。点击"转换"按钮，即生成同名的 enw 文件。点"查看转换结果"，即自动启动 Endnote，在弹出对话框中随便选择一个 enl 文件，或新建一个 enl 图书馆文件，CvtCNKI 即可自动将转换后的 enw 文件中的内容导入打开的 enl 图书馆。

（2）万方数据库

以学位论文库为例。打开万方检索界面，键入检索词或复合检索式，搜索出结果后，点击选中文摘后的"详细摘要信息"。在打开的详细摘要信息页面中，最上方有"输出模式"下拉菜单，选择"详细输出格式.txt"，弹出菜单询问"是否保存"，点确定，保存为一个文本文档。注意：如果出现乱码，将文本文档另存一次，保存格式由"UTF-8"改为"ANSI"。如果仍然显示为乱码或者不能正确导入，将文本文档中的"●"全部改为回车。

接下来用 CvtCNKI 进行导入，步骤同（1）。

（3）维普资讯网（中文科技期刊数据库）

打开维普资讯网的检索页面，键入检索词或复合检索式，搜索出结果后，勾选选中文摘，点击导航栏上的"打印"，在弹出对话框中选择"全记录显示"。把新页面中显示的记录全选复制到一个文本文档中。

接下来用 CvtCNKI 导入，步骤同（1）。

新版本的 CvtCNKI 可以对多个中文数据库的检索结果进行转换，并且 Endnote、RiS 等文献管理工具的不同格式文件也可以相互转换。尽管这个工具仍有缺陷，作者的更新速度基本可以确保它的转换效率。利用这款工具，Endnote 的中文支持功能就能够大大增强。

如果要实现 Endnote 与 RevMan 的文献共享，需要在 Endnote 的 Style 和 Filters 中安装有 RevMan 的相应插件。Endnote XI 已经安装了相应的插件，也可以自己加装。

4 ChemOffice 图形可视化的使用与介绍

ChemOffice 由剑桥软件公司开发，包括增强版和标准版。ChemOffice 包括三个软件：ChemDraw、Chem3D、ChemFinder。其中 ChemDraw 主要用来绘制分子结构式、反应方程式；Chem3D 可以显示分子的三维立体图像；ChemFinder 可以建立自己的数据库。这三部分既可以单独使用，又可以联合起来应用到教学和编辑工作之中，本章重点讲授 ChemDraw、Chem3D。该软件可以运行于多种操作系统中。由于 Windows 环境下具有的友好用户界面的切换功能，使得其资料可更加方便地共享于各软件之间。

4.1 ChemDraw 的使用

4.1.1 ChemDraw 的特点

ChemDraw 的程序界面是标准的 Windows 窗口，在窗口中点击左键以激活快捷工具。如图 4-1 所示，用来画分子图形的各种常用操作均用图标形式显示于左边的工具箱中，不必记忆任何操作命令，亦可采用下拉式菜单方式使用。有的工具按钮上有"向右的小三角"图标，表明有多重选项。如果需要对分子图形进行放大和缩小或者进行任意角度旋转等操作，

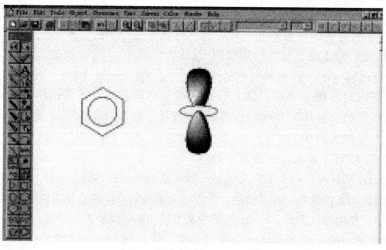

图 4-1 ChemDraw 的主窗口

可以直接用鼠标选中相应的结构，就可进行操作。该软件提供了各种类型的化学键、化学分子轨道、电荷、球（椭球）；并且自带了 12 类几百个模板，从芳环、多元环、羰基化合物到糖、氨基酸等应有尽有，使用十分方便；ChemDraw 还具有分子结构的扩展功能，例如在写分子式时可以用 Me 代替甲基，Ph 代表苯环，再利用展开分子式功能可以将这些缩写展开。

ChemDraw 的一大特点是具有强大的分子图形编辑功能。对分子图形可以进行组合与分块处理——即可以将许多分块的结构组合成为一个结构来进行处理，或者将一个结构分解成若干个小结构进行处理，这就使得使用者可以根据需要用不同的方式对化学结构进行编辑。ChemDraw 具有对化学分子式的上下标的标记功能，对图形的各种处理，特别是局部的处理提供了很大的灵活性。

ChemDraw 对于整个分子结构的图形不仅可以进行放大、缩小、旋转等操作，而且能对局部进行精细的微调，并且能结合 Chem3D 对结构进行立体 3D 的旋转，使分子结构呈现出空间的立体形象。此外，该软件还具备对所绘制的化学结构进行结构式检查的功能，以确保所绘的结构式的正确性。ChemDraw 中具有丰富的图形屏幕显示，可以对图形的不同部分用不同的颜色进行显示。使用 ChemDraw 绘制化学结构式，可以让使用者像小孩子搭积木那样简单和方便操作。

ChemDraw 绘制的化学结构图形可直接存为 19 种文件格式，例如可以存为 skc、wmf 图形格式，使得所保存的图形可以分别与 ISIS\Draw 及 Word 兼容；可以将反应式保存为一系列的 gif 格式，然后利用免费的软件将它转化为 gif 动画的格式，产生动态的反应演示，这一功能对于化学课程的计算机辅助教学无疑是大有裨益的。利用 ChemDraw 在 Word 等系统中插入图形十分方便，只要在 Word 文档中需要插入的位置上打开"插入"菜单，选择"图像"，通过路径，找到文件名 xxx.wmf 后确定，即在 Word 文档中插入了所编辑的结构式图形。同样可以把它与 Microsoft Office 系统软件中的 PowerPoint 进行共享便可制作出图文并茂的专业幻灯片，取得很好的效果。此外，ChemDraw 可以用 Windows 的复制和剪贴板来进行操作，从而实现了与 Word、Excel、PowerPoint 之间的通用，并且可以利用 Windows 自带具有 OLE（对象链接与嵌入）的界面支持，可以确保所绘制的图形在其他文件中自动更新。

4.1.2 化学反应图的画法

以绘制 4-hydroxy-4-methyl-2-Pentanone 的结构为例，从文件菜单中，选定保存，并在对话框底部的文本框中，键入 "tut1.cdx"。选一目录来保存此文件。单击 OK 按钮。打开工具菜单，确保 Fixed Lengths 和 Fixed Angles 被选定。注意：Fixed Lengths 和 Fixed Angles 在画图过程中保持键长和键角的一致性。

（1）单击 Solid Bond Tool 图标；确定鼠标指针位置（当某一键工具被选定后，指针变成＋）；

（2）按住鼠标对角地拖动鼠标至右边，释放鼠标按钮；

（3）将鼠标指针指向键右边的原子，单击此原子可增加一键，增加的键与开始所画的键呈 120°的角；

（4）指向 C2 原子，并按下鼠标，在已存在的单键上，从 C2 原子拖向 C4，释放鼠标按钮；

（5）双击目标原子；在文本框中键入 O，在窗口中的空白处单击或单击另一工具关闭此框；在下面的几步中，将学习如何复制结构，并在复制结构的基础上构造另一结构；

（6）通过单击 Lasso Tool 图标来选定。最后画的结构将被自动选定。选择要复制的部分，按下鼠标及 Ctrl 键；指针变成带有"+"的形状，表示正在复制被选定的模板；把长方形选定框拖向右边；当拖动时，结构被复制，原来的结构仍保持在原来的位置上；

（7）选定 Marquee Tool，对角地拖动方框，一旦方框已完全包围目标，释放鼠标和键按钮。接着，拖动选定的目标为增加箭头腾出空间；

（8）按下 Alt 键，来限制选定物的拖动，并拖动选定框，增加反应箭头；在 Arrow Tool 上按下鼠标按钮，选取箭头工具；

（9）拖动指针至普通箭头上（第一行，第三列）；一旦选定一箭头，释放鼠标按钮。注意：一旦从模板上选定一箭头，即变成默认的箭头。通过单击 Arrow Tool 来选定使用它，只有当需要另一类箭头时，才打开箭头模板选定新的箭头。接着，画出所选定的箭头，指向反应物的末端，按下鼠标；

（10）拖动箭头至所需的长度；利用 Text Tool，可键入反应物、生成物的名称及反应条件等。Text Tool 有两种功能：标识原子和键入标题；

（11）单击 Text Tool 来选定它，把指针置于箭头之上，单击以创建一文本框；

（12）键入 OH；注意，为重新排列标题，选定选择工具并拖动标题。接着，将增加一电荷符号给 OH。在 Chemical Symbols Tool 有一些反应专用符号，点击并按住 Chemical Symbols Tool，按下鼠标并拖至带有圆圈的负电荷符号（第二行，第四列），并释放鼠标按钮，确定指针位置于 OH 的右上角，单击来画出所选定的电荷符号，画完后，移开指针；

（13）选定 Selection Tool，按下 Shift 键，并单击箭头、OH 及电荷符号，Shift 键允许同时选定几个目标。从 Object 菜单中，选定 Group。接着，利用 Text Tool 创建反应标题，其中包含名字、反应物数目，并使这些信息处在结构下面的中心位置；

（14）单击 Text Tool 以选定它，指向第一个结构的下面，单击创建一文本框；从文件菜单中，选定 Centered，"I"移到文本框的中心位置。接着，键入"2-Propanone"，按下回车来开始新的一行；

（15）键入"2 moles"创建另一条说明，并使其与步骤 14 的说明在同一水平线上；

（16）键入"4-hydroxy-4-methyl-2-Pentanone"，按下回车，并键入"1 mole"；为增强视觉效果，可以在图的周围增加一个带阴影的框；

（17）在 Drawing Elements Tool 上按下鼠标；从 Drawing Elements 的模板上选定一带阴影的框；把指针指向反应图的左上角，按下鼠标，并对角地拖动至右下角。当此框包围了整个反应图后，释放鼠标。

从文件菜单中，选定保存。从文件菜单中，选定关闭。现在已完成反应图的绘制。

4.1.3 中间体的画法

本节将介绍从一个环开始，利用画笔工具 Pen Tool 画中间体的箭头，从而完成中间体的结构。从文件菜单中,选定 New Document;从文件菜单中,选定 Save As;在对话框底部的文本框中,键入"tut2.cdx"

选定一目录来保存此文件,并单击 OK 按钮。

(1) 选定 Cyclohexane Ring Tool,指向文件窗口空白处,单击从而使模板出现;选定 Eraser Tool,接着擦除环上的一些键;

(2) 指向两键的相交的原子,注意:也可指向每一个键的中心并单击,从而分别删除这些键;删除此原子及与之相连的键;接下来增加一键;选定 Solid Bond Tool,指向 C2 原子,单击增加一键;

(3) 把指针移至 C4,单击来增加另一键;下面,利用拖动的方法来增加一键,此法可确保键在所希望的位置;继续使指针在 C4 上,按下鼠标,并向右拖动,当键与所希望的方向一致时,释放鼠标;

(4) 接着,建立一双键,指向 C2,并按下鼠标;从 C2 拖向 C3,建立双键。接下来,改变双键的方向,指向双键的中心;单击(不要拖动)以便其中一键移至外面;注意:指针呈现所选定键工具的形状;

(5) 接着,增加一原子符号,指向需增加标识的原子,双击此原子来打开一文本框,键入 O,并从 Text 菜单中的 Style 子菜单中选定 Superscript,然后键入"——";

(6) 接着,用 OH 标识一原子;指向最右边的原子,双击一原子来打开文本框;键入 OH;现在,需一些箭头来表明电子的转移;

(7) 单击 Pen Tool,从 Curve 菜单中,选定 Arrow at End 来确定箭头格式;把指针指向电子转移的开始之处(此例在双键上);向下拖动至左边释放鼠标,指针变成"+"形状,表明正在编辑 Pen Tool 模板;

(8) 确定箭头出现的位置,向上拖动来创建曲线的一部分;按下 Escape(退出模板的构建),在曲线周围的线将会消失。接着,完善箭头的形状;指向曲线中心,直至有一亮色框出现,单击曲线,以便进入编辑状态;

(9) 指向处理柄,并把其从曲线上指向右边(切线处理柄),它控制着所接触的曲线的切线;向上拖动处理柄至左边,以使箭头面向内;当箭头呈现所需形状时,按下 Escape 键;

(10) 以同样的方式画好其他箭头,并建立说明文字来完成此中间体的绘制。注意:当在很小的地方画箭头或其他目标物时,可利用 Tools 菜单中的 Magnify 命令来扩大。

从文件菜单中,选定保存。

4.1.4 利用环构建复杂结构

本节将介绍如何利用环结构画复杂的结构。从文件菜单中,选定 New Document。从文件菜单中,选定 Save As。在对话框底部的文本框中,键入"tut3.cdx"。选定一目录来保存此文件,单击 OK 按钮。

(1) 选定 (Cyclohexane Ring Tool);

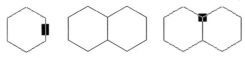

(2) 指向文件窗口空白处;

(3) 单击画出模板,把另一个环与第一个环相连,指向环的右下角的键,单击,出现另

一环,且与另一环相连;以下加上第三个环;

(4) 把指针指向环的一条边,单击以连接另一环;把指针指向环的一条边,单击以连接另一环;接着,通过 ✏ Eraser tool 来删除环中的某些键。

从文件菜单中,选定保存。

4.1.5 费歇尔投影式的画法

本节将以绘制 D-葡萄糖的费歇尔投影式来介绍如何画一般分子的费歇尔投影式。从文件菜单中的 Open Special 子菜单中选定 ACS-1996.cds。在此例中,键长和原子符号的尺寸不同于以前的例子,这些特殊的文件允许为不同的目的进行预先的设置。此例中,利用 ACS 模板获得版面设置。从文件菜单中,选定 New Document。从文件菜单中,选定 Save As。在对话框底部的文本框中,键入 "tut4.cdx"。选定一目录来保存此文件,单击 OK 按钮。

(1) 选定 ◣ Solid Bond tool,指针移至文件窗口,按下鼠标按钮,垂直向下拖动来画第一个键;下面加上另一个原子;

(2) 指向下面的原子,按下鼠标向下拖动来画另一键,重复步骤一共画五个键;注意:沿着所画键的方向拖动鼠标,就会发现指针以箭头与"+"交替出现,箭头表示正指在一键的中心上。"+"表示正在指向一原子。接着,增加一水平键至竖键的第二个 C 原子上;

(3) 指向 C2 原子,单击原子以便增加水平键;接着,在相反方向上增加另一水平键;继续指向 C2 原子;单击此原子就会在相反方向上增加另一水平键;下面增加键至另一碳原子;

(4) 指向 C3 原子,单击原子来增加一水平的键,继续指向 C3 原子,单击原子增加另一水平键;

(5) 再重复上述步骤,为 C4、C5 增加水平键;增加原子符号至 Cl,指向 Cl 原子,双击 Cl 来创建一文本框,然后,键入 CHO;

(6) 指向 C6 原子,双击 C6,然后在文本框外键入 "CH_2OH",在文本框外单击,以关闭文本框;接着,增加 H 和 OH 标识;

(7) 指向所需的原子,按下 "H" 键以氢标识此原子;

(8) 重复标识操作,使原子都以 H 标识;接下来,标识 OH;

(9) 以同样的方法,把剩余的原子以 OH 来标识。最后,通过自动计算结构的化学式及分子量来检查此结构排列;

(10) 选定一选择工具,最后画的结构将自动被选定,或双击所需选定的结构;

(11) 从 Structure 菜单中,选定 Analyze Structure;若画的结构正确,信息框将显示其计算结果;

(12) 在出现的对话框中,除了 Formula 和 Molecular Weight Check Boxes 外,其他部分取消选定;单击粘贴按钮,使此信息置于所画结构之下,作为一种对结构的说明;在说明框外单击,以取消选定。

从文件菜单中，选定保存。

4.1.6 透视图的画法

本节通过画 D-葡萄糖来介绍透视图的画法。从文件菜单中，选定 Save As 在对话框底部的文本框中，键入"tut5.cdx"选定一目录来保存此文件，单击 OK 按钮。

(1) 选定 ⬡ Cyclohexane Ring Tool，指向文件窗口空白处，单击画出模板；

(2) 按下 Ctrl-Alt-Tab 三键，来自动选定选择工具并选定最后所画的结构；指向旋转按钮（选定框的右上角）；注意：指针变成一弯曲的、带有双箭头的形状，表明选择工具的旋转模式被激活；

(3) 顺时针拖动旋转按钮约 30°（注意看 Window 窗口左下角的信息框）；注意：即使已固定键角，但键角仍没有限制，只有利用工具来绘图时，Fixed Angle 才起作用。例如，如果通过拖动来建立此环而不是单击苯环工具，同时 Fixed angle 被选定，那么，使用的键角就会被限制；

(4) 在结构外单击，取消选定；指向环上的目标原子，按下热键"O"；接下来，增加一垂直键；

(5) 单击选择工具来选定它，指向 C1（在氧原子的右边）；向上拖动来创建另一键，又指向 C1；向下拖动创建另一键；对 C2、C3 和 C4 重复以上操作；

(6) 下面在 C5 上加上一个向上的键，指向 C5；按下鼠标向上拖动；为画好 C5 的键长，必须关掉 Fixed Angle，否则，键将与 C3 向上的键连接在一起；

(7) 指向 C5，按下 Alt 键及鼠标并从 C5 向下拖动，当与 C3 向上的键相差大约半个键长时，停止拖动；单击 🔾 Lasso Tool 图标以选定它；

(8) 指向 Resize 按钮（右下角）并按下 Alt 键；注意：指针变成带有箭头的"+"，这表示选择工具的倒置功能被激活；

(9) 向上拖动直到结构已被缩小约 50%（被显示在窗口的信息框中）；选定 Single Bond Tool，双击打开文本框；键入 OH，并把指针移至所需原子，三击重复此标识；

(10) 三击余下的原子来重复标识；注意：如果发现安放标识符号比较困难，可从 Tools 菜单中，选定放大命令。下面，增加 CH_2OH 标识；

(11) 三击 C5 原子，按下回车，以便打开原子标识框，并在 OH 前键入 CH_2；注意：最后一步使用了"Return"热键，它用来打开最后标识的原子的文本框，此特殊热键的定义不能改变。最后一步，将改变前面键和类型；

(12) 单击 ◣ Bold Bond Tool，指向最前面键的中心；单击，使之变为目前所选键的类型；注意：当指针点击键时，指针变为粗黑体箭头；

(13) 单击 ◣ Solid Wedge Bond Tool，指向所改变键的右边；

(14) 在所需键较宽的末端的方向，稍微偏离中心单击。注意：如果亮色框消失，说明指针偏离太远，可利用 Tools 菜单中放大命令，以便指针在所需要的地方。另外，如果键被置于相反的方向，单击此键来翻转其方向。

从文件菜单中，选定保存。

4.1.7 纽曼投影式的画法

本节将介绍如何画分子的纽曼投影式。指向文件窗口，从文件菜单中，选定 New Document，从文件菜单中，选定 Save As，在对话框底部的文本框中，键入"tut6.cdx"。选定一目录来保存此文件，单击 OK 按钮。

（1）选定 Solid Bond Tool，指向文件窗口，向下拖动来创建第一个键；

（2）指向下面的原子，单击来增加另一键；指向同一原子，单击来增加第三个键；

（3）选定 Lasso Tool，最后画的结构自动选定；把指针移至长方形的选定框内，按下 Ctrl 键；按下鼠标，并拖动结构的拷贝至原结构的右边；当拷贝位置确定后释放鼠标；

（4）下面，增加一键至拷贝的结构上，单击 Solid Bond Tool 来选定它；把指针移至图片下部分的中心原子上，并按下 Alt 键，按下鼠标并拖至图片上部分的中心原子上；当一亮色框在中心碳原子上出现的时候，释放鼠标按钮；

（5）在 Orbital Tool 上按下鼠标来显示模板，拖动空心的 S 轨道（第一行，第一列），指向左边的 C，并按下 Alt 键；

（6）按下鼠标，并向外拖动；注意：如果没有一个亮色框显示，则轨道工具并没有被选定，其结果相当于增加一个原子或键到结构中。轨道的尺寸的限制与键长的限制一样，由 Drawing Settings 对话框中的 Fixed Length Setting 的百分数来控制；

（7）单击 Lasso Tool，把指针移至结构上；按下鼠标按钮，并拖动来选定另一部分的三个原子；注意：只有那些完全包含在选定工具里的键才能被选定。也可通过按下 Shift 键单击每个需选定的键来达到同样的效果；

（8）在选定框的右上角双击旋转手柄；在文本框中键入 180°并单击旋转按钮；接着，改变结构的层次以便选定的结构在最前面；

（9）从 Object 菜单中，选定 Bring to Front；把指针移至选定框内，使之变成手的形状；拖动选定框直到选定框的中心原子处于另一个碳原子的中心。释放鼠标，并在选定框外单击来取消选定。

从文件菜单中，选定保存。

4.2 Chem3D 的使用

4.2.1 Chem3D 的特点与使用技巧

将二维平面的有机分子结构图形转化成三维的空间结构，在分子和原子水平上模拟和分析分子的立体构象是 Chem3D 的一大特点。ChemDraw 的程序界面是标准的 Windows 窗口，在窗口中点击左键，可以激活快捷工具。在 Chem3D 中既可以通过复制 ChemDraw 里绘制的结构来完成其空间立体的转换；也可以直接在 Chem3D 键入分子式。例如：选择文本工具 A，在工作区中单击后，键入 "CH_4"，回车，就可以得到甲烷分子的空间立体结构图（图 4-2）。选择文本工具 A，键入 "CH_3CH_3"，回车，就可以得到乙烷分子的空间立体结构图（图 4-3）。

利用 Chem3D，可以演示三维分子结构，并且可以任意地旋转分子，从不同的角度去观察分子。同时，Chem3D 还具有设定立体结构旋转的路径方式，得到能够反复播放和演示的按指定路径的结构旋转动态图像。例如：演示烷烃（乙烷）分子围绕 C—C 键旋转空间变化构象的动画。打开文件（File），选择新模板（New Model），点击文本工具 A，键入 C_2H_6，确定。单击围绕 C—C 轴旋转的键，打开移动控制（Movie Cotroller）中的记录键（Record Button），选择旋转钮进行旋转，同时也可以进行空间 360°的旋转。打开播放键（Start Button）就可以播放乙烷分子围绕 C—C 键旋转的动画图像。如果需要保存，单击保存键即可。

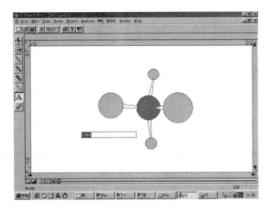
图 4-2　Chem3D 中甲烷的立体结构

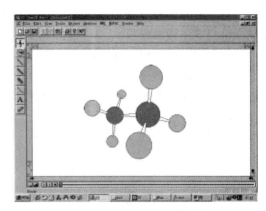
图 4-3　乙烷分子的立体结构

用 Chem3D 三维图形来表征有机分子的结构，特别有利于对分子立体结构产生深刻的印象。例如：演示乙烷的分子图形状。选择新模板（New Model），点击文本工具 A，键入 C_2H_6，确定。打开 View 菜单，选择 Molecular Surface Tapes 中的 Solvent Accessible，确定分子图形的表现为 translucent，得到乙烷的分子表面结构图（图 4-4）。打开菜单 Analyze，可以选择该分子结构在空间围绕 x、y、z 轴自动旋转。利用 Chem3D 的这些功能，还可以建立对映体空间结构、碳正离子空间形象、苯的空间形象、SN_2 反应历程、有机化合物分子的异构体等教学演示文件并可以应用于教学中，由于它表现的动画直观性，对学生的学习可起到事半功倍的作用。

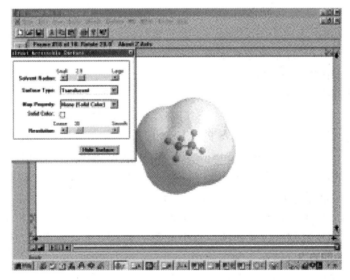
图 4-4　乙烷的分子表面结构图

此外，Chem3D 还提供了一些辅助的计算工具，例如优化模板、构象搜索、分子动力学和计算分子的单点能量等。利用这些工具可以计算出分子半经验的几何构象和单个点的能量以及相关的性质，如计算某个分子中单个碳原子的能量、扭矩等，为更为复杂的量子化学计算提供和创建输入文件。

4.2.2 模板的创建、打开和导入

创建模板有四种方法：从画图开始；从模板开始；打开一个已经存在的模板；从其他的化学文件格式中输入模板。

(1) 创建一个空模板窗口

从文件菜单，选定 New Model。一个新的模板窗口被创建，其标题是"Untitled-n"。通过 View 菜单打开 Preferences 对话框来改变模板的设置。模板一旦被保存，其设置也将保存。

(2) 利用已成形的文件创建一个模板

从 Template 子菜单中，选定一个文件，出现一个未命名的窗口，重新命名即可创建模板。

(3) 打开一个已存在的文件

如果已在 Chem3D 中建立了一个 Windows 文件，可利用文件菜单中的 Open 来打开。

从文件菜单中，选定 Open 出现 Open 对话框。在 Open 对话框中可查看文件的格式。文件的格式默认为最后一次打开的文件格式。

在文件目录中，选定文件打开。

单击打开按钮。此文件窗口将作为最前面的窗口。

另外，也可以从 Windows 的文件管理器中打开文件。当利用 Windows 打开文件时，文件必须与 Chem3D 关联，这种关联通常在 Chem3D 安装时就存在。当打开文件遇到麻烦时，选定"关联"。

(4) 导入模板（Importing a Model）

如果有一个以其他格式储存的文件，在指定打开文件的格式后，就可以用与打开 Chem3D 文件相同的方法来打开它们。

① 从文件菜单中，选定 Open 则显示 Open 窗口。

② 从 File of Type 下拉菜单中选定要打开文件的格式。例如：选定 MDLMol File 来打开在 MDLMol File 中保存的文件。

(5) 导入文件的格式

下面是一系列文件格式（及 Windows 扩展名），它们是 Chem3D 为导入、打开文件而提供的。Alchemy 文件格式是 TRIPOS 的 Alchemy 程序保存文件的格式。Cambridge Crystal Data Bank Chem3D 所使用的 Cambridge Crystal Data Bank（CCDB）格式是"FDAT"格式。要了解详细情况，请参看 Cambridge Structural Database 或与 Cambridge Crystallographic Data Centre 联系。在 Cambridge Crystal Data Bank 格式的说明中，当原子之间的距离小于两原子之间共价半径之和，键会自动增加。键级由实际距离与共价半径之和的比例来决定。键级、键角和元素符号用来判断模板中的原子类型（单键原子、双键原子等）。

当打开 CCDB 文件时，请注意如下选项。

① 选定 A Single Molecule，创建一个单分子的模板，在 CCDB 文件的第四行没有对称性。

② 选定 All Symmetries，当打开文件时将显示所有对称性。

③ 选定 A Unit Cell 将显示单胞模板。

当利用 Chem3D 打开一个 ChemDraw 文件时，实际上是把一个 2D 结构的模板转换成

3D 模板，此时利用 Tools 菜单中的 Clean Up Structure 来检查此过程中的错误是非常必要的。另外，可利用 MM2 或 MOPAC 最小命令来优化分子的几何结构。

当打开 ChemDraw 的 Connection Table 文件时，Chem3D 利用原子符号和键级来判断每一原子的类型，同时将二维模板转换成三维模板。正如打开 CharnDraw 文件一样。

4.2.3 模板的建立和编辑

本节主要讨论如何建立一个模板及编辑一个已存在的模板，分三部分：如何利用不同工具建立模板；如何编辑模板；如何定位原子并转换成三维结构模板。

4.2.3.1 模板的建立

(1) 建立模板的工具

选用以下三种工具来构建模板。

① Bond Tools 特别适用于碳骨架的构建；

② Replacement Text 允许使用原子标识和子结构来构建模板；

③ ChemDraw 通过剪切板输入。

一般情况下，各种方法的组合使用产生最好的效果。例如：第一步，可先建一个模板的碳骨架；第二步，将一些碳原子换成其他原子；另外，可以不用 Bond Tools 而直接使用 Replacement Text Box。

(2) 模板的控制

建立模板前，应对相关选项进行设置，所有选项均可通过主菜单 View/Settings 对话框进行设置，如 View/Settings/Building 下各项选定来控制模板建立时的某些缺省值。在 Chem3D 中，当所有选项被选定时，智能模式（默认模式）被激活。也可关闭一种或更多的选定来得到一个更快速的、但较少化学逻辑推断力的模式。

① Correct Atom Types 决定所建立的每一个原子是否自动校正原子类型。例如："CAlkane"（烷烃 C）就指定了 C 原子的化合价、键长、键角和几何结构。

② Rectify 决定每个原子是否价键饱和（通常用氢来饱和）。若选定，则不饱和的键都用氢来饱和。

③ Apply Standard Measurements 决定原子类型是否用标准方法来度量。

④ Fit Model to Window 此项决定当窗口大小改变后，整个模板是否重新标定尺寸，并居中。

⑤ Bond Proximate Addition（%） 此项决定在两个选定的原子之间是否由一键连接起来。

(3) 构建模式

下面是两种模式的描述。

Intelligent Mode：在这种模式中，所有的构建检测框（Building Checkboxes）都被选定。这种模式是 Chem3D 默认的模式。这种方法建立的 3D 模板具有化学合理性。

FastMode：在 Building Control 上一个或多个 Checkboxes 被关闭。这种方法类似于 2D 绘图中的手工绘图。它提供了一种快速建立模板骨架方法。通过选定 Tools 菜单中的 Rectify 和 Clean Up Structure，能建立一个有化学合理性的 3D 模板。

(4) 利用工具构建模板

一共有四种用来构建模板的工具：单键、双键、叁键和非配位键。选择工具选定原子，便于编辑或操纵它们。擦除键可以擦除原子或键。

另外，除了这些工具，在 Tools 和 Objects 菜单中，有些命令与其有相同或相似的功能。

(5) 创建一化学键

① 单击某一键工具的图标（如单键工具），则此图标呈亮色并凹进去。

② 指向模板窗口，并按下鼠标按键，朝所需要的方向拖动，然后释放按钮来完成此键的绘制。出现一个乙烷模板。当鼠标指向某个原子，将显示原子的类型及序号。利用键工具创建模板时，总是假设被构建的原子是碳原子，并被氢原子所饱和。在建立此类模板时，能把碳原子改变成其他原子。当 Building Control Panel 中选定 Correct Atom Types 和 Rectify 时，原子才能设置类型并自动校正。

(6) 键的增加

当一个键工具被选定后（在此例中，单键工具被选定），从某一原子向所需的方向拖动可创建另外一个键。注意：当 Building Control Panel 中的 Correct Atom Types 和 Rectify 被选定时，利用一个键工具，单击氢原子，此原子就会被一个由氢原子饱和的碳原子所代替。可利用这种方法来逐步构建模板的碳骨架。这种方法适用于所有的键工具。一旦有了碳骨架，就能把碳原子变成其他杂原子来构建需要的模板。

(7) 建立非配位键

利用非配位键工具及一个虚拟的原子，可构建非配位键。一个非配位键允许不用键的严格定义来详细说明两个原子之间的关系。这种键经常用于无机配位化合物中。

单击 Uncoordinated Bonds 工具，把鼠标指向一个原子，按下鼠标按钮，并拖动，然后，释放鼠标按钮，一个非配位键和一个虚拟原子被增加到模板上。若把鼠标指向虚拟原子，将会看到其名字"DU"，虚拟原子的元素符号为"DU"。

(8) 删除键和原子

单击擦除工具。单击一个键时，仅去除此键。单击一个原子时，则去掉此原子及所有与它相连的键。通过选定工具选定原子或键，然后利用编辑菜单中的 Clear 或按下 Delete 键也能删除它们。

(9) 选定原子和键

Select Tool 是用来选定原子和键的工具。若单击一键，则与它相连的所有原子都有黑圈，表明它们被选定了。若单击一原子则只有此原子有黑圈。

(10) 使用 Replacement Text 构建模板

Replacement Text 是对键工具功能的补充。在模板窗口的这个地方，能进行元素、原子类型、子结构、电量、原子编号或以上各种数据的组合的编辑。

注意：View/Settings 中所有 Building Control Panel 的选项都是被选定的。Replacement Text Box 位于模板窗口的左上角，它能接受以下各类文本的输入：元素、原子类型、子结构、电量、原子编号或以上各种数据的组合输入。所输入的信息必须完全准确，包括元素符号的大小写。当输入在 Elements, Atom Types or Substructures Table 中出现的内容时，必须与表中的书写方式完全一致。

注意：从 View 菜单中打开 Tables，则一个辅助的应用程序——Table Editor 将被启动。可用来观看和编辑表格。应用 Replacement Text 的规则如下。

① 按下包括文字数字的键将激活此框。当要写入信息时，鼠标一定要在 Replacement Text 框内。

② 在 Replacement Text 框中输入必须准确。例如，输入氯原子的正确方法是键入

"Cl"、"CL"或"cl"都不能被识别。苯基子结构的正确写法是"Ph",键入"ph"或"PH"不能被识别。

③ 双击模板窗口或按下回车键来调用 Replacement Text。

④ 在元素符号后面直接写入电荷将使原子带电。例如"PhO−"将建立苯氧离子模板而不是苯酚。如果模板窗口是空的,则利用 Replacement Text 可构建一模板。如果窗口中的模板有一个或多个原子被选定,则 Replacement Text 框中的内容会尽可能增加到选定的原子上,有一些位置不能增加是因为增加后这些原子违反了一些基本化学规则。若在模板窗口中已有一模板,但没有任何原子被选定,则 Replacement Text 框中的信息将变成一碎片被增加。

(11) 标识符号

首先讨论如何在 Replacement Text 键入元素符号。

① 键入 C 元素符号的第一个字母必须大写,否则 Chem3D 不能把其看成元素符号。

② 利用 Select Tool 双击模板窗口或按下回车键。甲烷模板被建立,原子类型被自动设置成烷烃,适当的氢原子被自动增加。出现此现象的原因是在 Building Control Panel 上将 Automatically Rectify 和 Automatically Correct Atom Types 设置为真。下面,通过 Replacement Text 来增加另一个甲基。

③ 单击 Select Tool,并指向你想替代的原子(此例中为一个氢原子),双击。

利用 Replacement Text 来增加另一种元素。

① 键入 N,Replacement Text 中的符号变为 N。

② 双击一氢原子。

③ 单击模板窗口的空白处来消除选定。一个 N 原子被增加而形成乙胺模板。

下面介绍如何一步完成以上模板的构建。

① 键入"$CH_3CH_2NH_2$"。

② 在模板窗口中双击或按下回车按钮,此时乙胺模板出现。

也可利用 Replacement Text 来改变原子类型和键的性质。为改变原子的类型,键入 C Alkene。Replacement Text 中的内容变成 C Alkene。双击乙胺中的每一个碳原子,原子类型及键改变了,模板变成 Ethyleneamine,把鼠标指向原子和键可得到新的信息。

注意:另外键入信息方法是从 Editor Table 中选定元素名字或原子的类型。从编辑菜单选定复制。单击模板窗口以便激活它,选定粘贴。以便此名字出现在 Replacement Text 中。除了从 Table 中观察和复制信息,也可利用 Editor Table 的功能来编辑或附加信息于表中,或创建一个新的表格。

无论是简单化合物还是复杂化合物,都可在 Replacement Text 中通过数字和括号来指定相连基团的位置。

① 键入 $(CH_3)_3CNH_2$。

② 双击模板窗口,出现 Tert-butylamine 的模板。

为了产生一个环状化合物,标识符号至少留下两个打开的键。利用标识符号建立一个环己烷(不是利用子结构)。键入 $CH[(CH_2)_4]CH$ 将得到一个环己烷的模板。然而,必须利用 Clean Up Structure 来获得一个合理的结构。

(12) 子结构

除了利用以上所介绍的方法来构建模板外,也可利用已定义的功能团(以后可当作子结构)来构建分子模板。用这种方法有如下优点:子结构构型能量最小;子结构有多个已被定义的连接原子（成键原子）。

例如：苯结构作为苯基只有一个连接点。结构—COO—作为羧基有两个连接点：一个是作为羰基的碳，一个是作为醇基的氧。因此，在模板中可插入这些基团。相似的，有多个连接点的所有氨基酸和其他多聚体的单体的连接点都已被定义。α-氨基酸（仅以氨基酸的名字表示）及 β-氨基酸（在氨基酸的名字前加上 β 来表示）在形成 α 螺旋状或 β 薄层状的结构时，其二面角已预设置好。即可以仅使用子结构建模板，也可以用它与其他方法结合使用。子结构对于建立多聚体模板特别有用。可以定义子结构，并把它们增加于结构表中，或建立另外一个表格。

注意：在 View 菜单中，选定 Substructures 能看到所有可用的子结构。

（13）利用子结构构建模板

在 Replacement Text 中键入所需的子结构的化学式，若使子结构变成一独立碎片图，在模板窗口空白处双击。若把子结构增加到已存在的模板的某一原子上，则双击此原子。若把子结构插入到某一模板中去，选定将与子结构的连接点相连接的原子，并按下回车键。

注意：必须知道子结构的连接点位置，然后才能构建出有意义的结构。另外，子结构也能加到基团表中。要看到所有的子结构，从 View 菜单中选定 Substructures。然而在使用子结构时，此表并不一定需要打开。

> **例 4-1** 利用子结构建立乙烷。
> （1）键入 Et 或 EtOH；注意：可从表中复制子结构的名字，并把它粘贴到 Replacement Text 中。
> （2）双击模板窗口并按下回车按钮，乙烷模板出现。注意：当自动校正打开时，乙基的自由键是被氢饱和的，否则，自由键左边是打开的。必须键入 "EtOH" 来得到同样的模板。
>
> **例 4-2** 子结构和 Several Other Elements（其他基团）结合使用。
> （1）键入 "PrNH$_2$"。
> （2）双击模板窗口或按下回车按钮。正丙胺的模板被建立，正丙基上用于连接子结构的适当位置被用来连接元素 NH$_2$。
>
> **例 4-3** 多肽模板的构建。
> 子结构在构建多聚体模板时，是非常有用的，例如蛋白质。
> （1）键入 "HAlaGlyPheOH"。
> 多肽额外的 H 和 OH 写在末尾。若没有在末尾写上 H 或 OH，同时，自动校正是打开的，则 Chem3D 将尽力填满空键，也可能关闭成环。无论什么时候，只要 Replacement Text 中包含 2 个或 2 个以上的打开的键，都会出现关环的现象。
> （2）双击模板窗口。
> α 构型的、中性的肽链由丙氨酸、氨基己酸和苯基丙氨酸构成。可在氨基酸的名字前加上 β 符号来获得 β 构型。例如 "Hβ-Alaβ-Glyβ-PheOH" 为了书写正确的 β 符号，打开 Preferences。对话框中 Charater Map Control Panel 或从子结构表中复制此名字 β，并把它粘贴到 Replacement Text 框中。氨基酸键长和二面角是在子结构中被确定的。为了更好地观看 α 构型的螺旋结构，使用 Trackball Tool 旋转模式，为模板重新定向。

例 4-4 以下步骤把多肽变成两性离子。

（1）在 Replacement Text 中键入＋，并双击终点 N。

（2）在 Replacement Text 中键入－，并双击终点 O。

注意：在键入重复的氨基酸时，可用圆括号和数字表示，而不必重复写氨基酸。例如，键入"HAla(Pro)$_{10}$GlyOH"。

例 4-5 利用 4 个单体来建立 PET 多聚体模板。

键入 OH(PET)$_4$H 并双击模板窗口。

注意：H 和 OH 被增加到多聚体的末端。

（14）利用 ChemDraw 建立模板

利用其他的二维图的小软件包来建立化学结构，然后，把它们复制到 Chem3D 中，则模板自动转化为 3D 模板。

① 在原程序中把 ChemDraw 中的某一图片复制到剪贴板上。

② 在目标程序（例如 ChemDraw）中，从编辑菜单中，选定粘贴，则二维模板变成三维模板。在此过程中，标准度量法被应用到结构中。注意：一些非键、非原子被复制到剪贴板上时被忽略（例如：箭头、轨道、曲线在 3D 模板中被忽略）。

4.2.3.2 编辑

（1）用子结构代替原子

例如：把苯变成联苯。

① 单击 Select Tool 选定工具。

② 键入所需子结构。

③ 双击所需要替代的原子（或选定原子）并按下回车键，所键入的子结构代替了所选的原子。

注意：子结构与所需代替的原子必须有同样多的连接点。

（2）把一种原子改变成另一种原子

例如：把环己烷变成哌啶。

① 单击选定工具。

② 在 Replacement Text 中键入"N"。

③ 双击想改变的原子（或选定此原子并按下回车），即将环己烷转换成哌啶。

（3）改变原子的类型

① 单击选定工具。

② 键入原子标识。

③ 双击你想要改变的原子。若要改变更多的原子，请按以下步骤操作。

④ 按下 Shift 键，并单击想要改变的原子。

⑤ 键入新原子按下回车。

如果想利用原子类型来改变键的键级，必须选定与此键相连的所有原子。

（4）键级的改变

为改变一个键的键级，可使用 Bond Tools 命令或 Replacement Text。例子如下：

利用 Bond Tools 改变两个原子之间的键级。

① 选定所需要的键工具。

② 在需要改变的键上拖动。

利用这种方法，能同时改变其他键的键级。但若有两个或两个以上的键的键级需要改变，则利用如下所述的等价命令更为方便。

利用命令来改变一个或多个键的键级。

① 单击 Select Tool。

② 按下 Shift 键，选定所需改变的所有键。

③ 从 Object/Set Bond Order 中，选定一种键级。则所有被选定的键都变成所需改变的键级。

改变 Replacement Textbox 中的原子类型来改变键级。

① 单击 Select Tool。

② 按下 Shift 键，选定与所需改变的键相连的所有原子。

③ 键入所需的原子类型，按下回车键。

注意：如果没有选定与键相连的所有原子，键级将不会改变。

例如：己烷键级的改变，把它变成含有单双键交替的模板。

① 按下 Shift 键，单击想要改变的键（不要单击原子）。

② 从 Object/Set Bond Order 中选定双键，单击空白处来取消选定。

单双键交替出现，同时，原子的类型被自动改变和校正。若切断该模板中的几个键，其操作如下所述。

① 按下 Shift 键，单击想改变的键。

② 从 Object 菜单中，选定 Break Bond。

键和原子类型将被改变，打破了 3 个键并创建了四个碎片：两个甲烷，两个乙烷。

（5）在两个最近的原子间创立键

选定相连的两个原子。从 Tools 菜单中，选定 Bond Proximate，如果它们之间的距离是 Proximate，则在它们之间就会形成一个键，否则，它们将仍是分开的。若原子之间距离小于标准键长与某一百分数之积，则被认为是最接近的（Proximate），标准键长放在 Building Control Panel 的 Bond Stretching Parameter Stable 中。单击向上箭头来增加百分数值，单击向下箭头来减小百分数值，从而调整被增加到标准键长的百分数，数值的范围是 0～100%，若数值为 0，则当两个原子之间的距离不大于标准键长时，被认为是最近距离。若百分数为 50%，则当两原子距离不超过标准键长的 50%时，被认为是最近距离。

（6）增加碎片

在模板窗口中，可拥有许多碎片。一个模板可由几个碎片组成。若使用键工具，则从窗口的另一区域开始。若使用 Replacement TextBox，则首先利用 Select Tool 在模板窗口空白处单击来去除选定，然后再在另一位置建立。

例如：把水分子增加到一个含有乙醛模板的窗口中。

键入 H_2O，并在想把水分子放置的地方单击。移动鼠标，再一次双击来增加另一水分子。另外，也可利用复制和粘贴命令在窗口中引入所需的碎片。

注意：在一个碎片上可执行许多专门的操作，例如内在旋转和球旋转。

（7）删除原子和键

① 选定 Eraser Tool。

② 单击原子，删除原子以及所有与它相连的键。

③ 单击键，删除某键。如果 Building Control Panel 中的 Automatically Correct Atom

Types 和 Automatically Rectify 设置被选定，则自动校正原子也被删除。若你仅仅删除一键，则与键相连的两个原子将被自动校正。

(8) 设置键长

设定两原子之间的键长。

① 选定两相邻的原子。

② 从 Object 菜单中，选定 Set Bond Length。两原子之间的距离将在 Measurements Table 中显示。Actual 这一列自动呈亮色。

③ 在 Measurements Table 中编辑，按下回车按钮。

(9) 设置键角

① 选定构成一键角的三个原子。

② 从 Object 菜单中，选定 Set Bond Angle。

③ 编辑 Measurements Table 亮色框中的文本，并按下回车。

(10) 设置二面角

① 选定构成二面角的四个原子。

② 从 Object 菜单中，选定 Set Dihedral Angle。

③ 编辑 Measurements Table 亮色框中的文本，并按下回车。

(11) 设置两非键原子之间的距离

① 选定两个非键原子，从 Object 菜单中，选定 Set Distance。

② 编辑 Measurements Table 亮色框中的文本并按下回车。

(12) 设置电荷

不同原子类型的原子和键长不同，电荷的分布也不同，把鼠标指向任何一个原子，在弹出的信息框中会显示有关的信息。

改变某一原子的电荷，步骤如下所述。

① 单击选定工具。

② 选定想改变其电荷的原子。

③ 在有关电荷数字的后面键入＋或－，并按下回车按钮。

在建立模板时，为把分子设置成离子，可按下面各步骤操作。

① 键入 pho-按下回车，并在模板窗口中双击，出现苯氧离子模板；从一原子上去掉电荷。

② 单击选择工具。

③ 选定想去除其电荷的离子。

④ 键入＋0 并按下回车按钮。

4.2.4 Chem3D 应用实例

4.2.4.1 建立分子模板

(1) 启动 Chem3D，无标题的模板窗口作为活动窗口出现。单击模板窗口，首先利用键工具画乙烷。

(2) 选择"单键工具（Single Bond Tool）"。

(3) 确定指针在模板窗口中的位置。按下鼠标，向右拖动，并释放鼠标按钮，窗口中出现乙烷图案。

注意：氢是自动增加的，这叫做"自动校正"（Automatic Rectification），由"建模控制板"（Building Control Panel）控制，为了更好地观察分子的三维立体模板，可通过旋转工具旋转此模板。

（4）选择"旋转"工具，此时在模板周围出现一个圆圈，这意味着旋转功能已实现。

（5）把指针指向模板中心，按下鼠标。在任意方向拖动光标来旋转模板。

注意：把模板变成黑色将加速模板的旋转，这种选择是在 Preferences/Movies/Track Rotation Monchrome 中设置。当拖动鼠标时，圆圈出现。在圈内拖动时，允许图形沿 X 轴及 Y 轴方向旋转。在圈外旋转时，模板绕 Z 轴旋转。为避免 X 轴及 Y 轴旋转，一定要把鼠标指向模板窗口边缘再拖动，从而保证拖动开始于圈外。另外一种方法，如果希望执行一个 Z 轴方向的旋转而无 X 轴及 Y 轴方向的旋转，则选定 Trackball Tools，按下 Ctrl 键，按所希望的顺时针或逆时针方向旋转。一个弯曲的双箭头出现意味着 Z 轴方向的旋转。另外，也可利用"Analyze"菜单中的 Spin 命令旋转模板。然后，通过 Select Tool 检查模板的原子和键。

（6）鼠标移到最左边的碳上。靠近所指的原子，将弹出一个信息框，此框的第一行包含了原子标号［在此例中，你正指向 C(1)］，第二行包含原子的类型：C Alkane。接着，将显示 C—C 键的信息。

（7）把鼠标移到 C—C 键上来显示其键长及键级。

注意：从"Analyze"菜单中，通过选择"Show Bond Lengths"，能看到模板的所有键长。

（8）移动指针至最左边的 C 上来显示此 C 原子的信息。通过选定几个 C 原子来显示有关键角的信息。

（9）按下"Shift"键，单击 C(2)、C(1)、C(3)，指向任何被选的原子或键，所选定的键角显示在弹出的菜单中。也可以从"Analyze"菜单，选定"Show Bond Angle"，可看到模板所有键角。

（10）按下"Shift"键，选定四个相邻的碳原子。把指针移到任何被选的部分来显示由此 4 个原子形成的二面角。注意：从"Analyze"菜单中，选择显示 Show Didral Angles，能看到模板的所有二面角，接下来将乙烷模板变成乙烯模板。

（11）选择 Double Bond Tool。

（12）按下鼠标并从 C(1) 拖向 C(2)。

（13）指向此键［C(1)—C(2) 键］来显示其信息。

注意：键长减小而键级增加。

在下面一系列步骤中，将在此模板基础上建立环己烷。

（14）选定"Select Tool"，单击模板的双键选定它。从"Object"菜单中的子菜单中选定单键，则模板的键级减小为一级。注意：另一种方法，选定"Single Bond Tool"；把指针从 C(1) 拖向 C(2)。接着，将 H 隐藏，使模板更易建立。从工具菜单中，选择"Show H's and Lp's"，H 被隐藏，窗口上边状态栏将改变其内容来显示隐藏的氢原子的总数。

（15）选择 Single Bond Tool，从最左边的原子向上拖动，另一个碳碳键显示。注意：在此状况中隐藏的 H 原子数目已经增加。这意味着每个增加的 C 都带有饱和的 H。继续增加键，直至有 6 个 C。注意：若选定 Building Control Panel 中的"Fit Model to Window"选项，这时模板将自动重新校正。另外，你也可以通过 Tools Menu 中的 Fit Model to Window 选项命令进行模板的自动校正。为创建一个环，把指针从一个 C 拖向另一个 C。

（16）释放鼠标按钮来关闭环。接着增加原子标号及元素符号。

(17) 单击 "Select Tool",对角地拖动来选定想选的原子和键。此例中为所有的原子。当释放鼠标按钮时,所有原子被选定(呈亮色)。

(18) 从 "Object" 菜单中,Show Serial Numbers 子菜单中,选定 Show 选项。

(19) 从 "Object" 菜单中的 Show Element Symbols 子菜单中,选定 Show 选项。注意:这些命令将仅作用在被选的原子上。如果你想在画模板的同时出现原子标号及元素符号,则在 Display Control Panel 中选定相应的检测框。

(20) 在窗口空白处单击来取消选定。注意:所显示的原子标号并不反映一个正常的顺序。因为你是从一个小模板上建立此模板的,你能轻松地按以下方法重新标定它们。

(21) 在 Replacement Text Box 中键入你所希望开始的数字。

(22) 双击第一个原子,同时在 Replacement Text Box 中的数字将增加为 2。按顺序双击每一个想标定的原子。由于是通过使用 Bond Tools 来建立结构的,所以或许已经扭曲了模板的键长与键角。为此,可以从工具菜单中选定 Clean Up Structure。同样,为使所建立的结构能量最小,结构最稳定,可在 MM2 菜单中选定 Minimize Energy 命令。

(23) 从 MM2 菜单中选定 Minimize Energy 命令,对话柜中的其他项目保持原样选定。单击 "RUN" 按钮。能量最小化后,将图形储存为名字为 "tutl.C3d" 的文件。

4.2.4.2 利用 Replacement Text Box 建立模板

从文件菜单中,选定 "打开"。选定文件 "tut1.c3d",并打开此文件。

下面将介绍如何把一种元素改为另一种元素。

(1) 原子的替代

单击 Select Tool,单击与 C(1) 相连的氢原子。在 Replacement Text Box 中键入 "C"并按下回车键。注意 Replacement Text Box 不能识别小写字母。与 C(1) 相连的 H 被改变成 C,并被 H 所饱和,从而变成甲基。这是由于 Building Control Panel 中的 "Automatic Rectification" 已经被选定。接下来,利用另外一种方法代替另外两个氢。双击另外两个氢来使之变成两个甲基。为使模板能量最小,从 MM2 菜单中选定 Minimize Energy 命令。单击 "RUN" 按钮。从文件菜单中,选定保存,命名为 "tut2.c3d"。

(2) 标识的应用

通过在 Replacement Text Box 键入模板的分子式来构建模板。注意:元素周期表中的所有元素都可用来构建模板。这些元素符号可通过打开 "View" 菜单中的 Atom Types 看到。下面以创建 4-methyl-2-pentanol 的模板为例说明,其分子式为:$CH_3CH(CH_3)CH_2CH(OH)CH_3$。

注意:在 Replacement Text Box 中键入分子式时,其顺序与命名的顺序一样,选最长的链作为主链,其他的基团作为取代基。取代基应写在所连的 C 原子后面,并用括号括起来。在 Replacement Text Box 中键入 $CH_3CH(CH_3)CH_2CH(OH)CH_3$,在模板窗口空白处双击则窗口中出现分子的图像。

从 Tools 菜单中,选定 Clean Up Structure。如果需要分子能量最低的准确结构,则可以优化模板的几何结构。方法是从 MM2 菜单中选定 Minimize Energy 命令。单击 "RUN" 按钮。

下面用另一个例子 1,2-dimethylcyclopentane 来说明 Replacement Text Box 的应用。

从 File 菜单中,选定 "New",在 Replacement Text Box 中键入 $CH(CH_3)CH(CH_3)CH_2CH_2CH_2$,并按下回车键。从 Tools 菜单中,选定 Clean Up Structure,在构建模板时,通过如下方法来建立模板的立体化学结构。由于利用标识号构建的模板不能详细说明立体化学特性,以上画的是 1,2-dimethylcyclopentane 的反式结构。为得到其顺式模板,选定 Select Tool，并单击 C(1)，从 File 菜单中，选定 Invert，反式结构就转变成顺式结构。

使用标识对建立简单分子的模板是十分有用的。然而，当分子结构较大及较复杂时，把标识与定义子结构的方法结合起来更为适用。

（3）子结构的利用

在 Chem3D 中，有 200 多个已定义的子结构，这些子结构通常是有机化合物的结构。从 View 菜单中，选定 Substructures，就能看到所有可得到的子结构。

建立 Nitrobenzene（硝基苯）模板，如下所述。

① 从文件菜单中，选定 New。

② 在 Replacement Text Box 中键入 $Ph(NO_2)$。注意：键入的内容（包括字母的大小写）必须与子结构表中的完全一致。

③ 在模板窗口的空白处双击，则在窗口中出现 $Ph(NO_2)$ 的模板。

在此例中，子结构是苯基。每个子结构都预先定义了与其他替代物相连的连接点。对苯基来说，连接点是 C(1)。

建立异丁苯丙酸的模板，如下所述。

在 Replacement Text Box 中键入 "$(CH_3)_2CHCH_2$ p-phenylene$CH(CH_3)COOH$" 并按下回车键，在此例中，p-Phenylene 和 COOH 是已定义的子结构。注意：如果键入 Replacement Text Box 中的信息很长，你可以拖动鼠标至开始或结尾处来平行移动所有的字符。另一种方法是在一个文本编辑器中键入化合物名字，然后把它粘贴到 Replacement Text Box 中。

建立蛋白质的模板，已定义的子结构中包含了所有常见的氨基酸。

① 在 Replacement Text Box 中键入 HAlaArgCysAlaGluGlyLeuLysPheValOH，在此例中，除了端基的 H 和 OH 外，其他的都是已定义的子结构。H 和 OH 用来阻止成环。因为在 Chem3D 中，当 Replacement Text Box 中化合物含有 2 个或 2 个以上的打开的化学键时模板就会成环。

② 在模板窗口中双击，如果已经存入 Protein Data Bank 文件，可以在 Chem3D 中的 Open Dialog Box 使用 Protein Data Bank 文件格式打开它。

建立一个十缩氨酸，具体步骤如下。

① 在 Replacement Text Box 中键入 "$H(Ala)_{12}OH$"。

② 在模板窗口中双击，旋转模板来观察其结构。

③ 最后在 Display Control Panel 中把模板变成 "Wire Frame"，并旋转模板以便看见螺旋物的中心。把显示状态改变为 Ribbons。这是观察蛋白质的另一种显示方式，这种方式经常被用到。

4.2.4.3 乙烷两种构象的能量比较

本节介绍如何利用模板的位阻能量、价键来比较乙烷的两种构象。具有较低位阻能量的价态的构象是最可能存在的结构。

（1）从文件菜单中，选定 New Model。

（2）从文件菜单中，选定保存。

（3）选定一目录来保存此文件。

（4）在对话框的底部，键入 "tut3.c3d" 作为文件名。

（5）单击 OK 按钮。

(6) Replacement Text 中键入"CH₃CH₃",然后,按回车键或双击模板窗口,窗口中出现乙烷模板。

(7) 从 Analyze 菜单中选定 Show Bond Lengths 和 Show Bond Angles。此时出现包含所需的信息的 Measurements Table。

注意:Actual 列与 Optimal 列中数值是相接近的,Actual 这一列的数值代表激活窗口的模板的测量值,Optimal 列(就键长和键角而言)代表标准模板的测量值。如果选定 Apply Standard Measurements,则这两列的数值是相同的。

(8) 单击模板窗口空白处来取消选定。接下来,通过旋转,可获得模板的纽曼投影式,此方法能帮助理解乙烷的构造。

注意:只有模板窗口外围的 X 轴及 Y 轴的旋转条总是激活的。因为它们不依靠任何选定的原子,较暗的旋转显示条码只有在选定后才能被激活。

(9) 在 X 旋转条上按下鼠标,并拖向左边。

注意:指针将会变成手的形状,并且旋转条的颜色将加深,当乙烷两个碳原子完全重合时,两个碳原子之间氢的距离最小,此结构是乙烷最稳定的结构。为了从数字上证明此结论,我们可通过计算来比较交错式与其他结构的能量。

(10) 从 MM2 菜单中,选定 Compute Properties。

(11) 单击"RUN"按钮。然后,将出现一个信息表,总的能量结果显示在表中的最后一行。

注意:能量数值是一个近似值,它随着所使用的计算程序的不同而不同。为了得到乙烷的 Eclipsed(重叠式)结构,将旋转一个二面角。旋转二面角是分析一个分子模板的结构时常用的方法。

从 Analyze 菜单,选定 Show Dihedrals 则可看到模板的所有的二面角。二面角加到 Measurements Table 的底部。单击 H(3)—C(1)—C(2)—H(8) 二面角的记录来选定相应的原子。尽管原子序号和元素符号显示在菜单中,但它们暂时不在模板中显示。

为了在改变二面角时看到相应原子的轨迹,可先选定原子,从 Object 菜单中,选定 Show Serial Numbers、Show Element Symbols,选定 Show 选项;

在旋转的过程中,把所旋转的图形片段保存起来,以便以后作为幻灯片播放。单击 Record 按钮(在窗口底部的 Movie Controller 中),旋转产生图片的总数就是 Movie Control Panel 中的 Degree 数目。Movie Control Panel 放在 Preferences 对话框中。在这个例子中,我们仅对第一个和最后一个图片感兴趣,为了旋转二面角,可旋转 C(1) 及与它相连的原子。同时 C(2) 保持不动,单击 C(1) 来选定它。

注意:或许发现 C(2) 在最前面,如果是这样,单击 C(2),拖动内部旋转条(左边的垂直条码)。直至旋转角度为 −60°。另一种方法:双击旋转条,在 Replacement Text Box 中键入想要的旋转角度。

单击 Stop 按钮(Movie Controller 中的方框),注意看状况栏,它是任一个 Frame 而不是特定的 Frame#1。

根据前面介绍的方法使屏幕上出现 Measurements Table,在此表上可看到 H(3)—C(1)—C(2)—H(7) 的二面角已变成 120°。为了模仿二面角的旋转,单击 Start 按钮(三角形按钮,处于 Movie Controller 上),将看到模板从 Staggered(交错式)到 Eclipsed(重叠式)的旋转过程。单击停止按钮,把 Movie Controller Knob 拖至最后一个图片,使之显示 Eclipsed 视图。为了从另一个角度看模板,向右拖动 Y 轴旋转条码 40°。

单击 Measurements Table 中的 H(4)—C(1)—C(2)—H(6) 的记录，使二面角记录显示亮色。单击 Movie Controller 中的开始按钮，观察模板从交叉式变为重叠式。单击 Movie Controller 的停止按钮，拖动 Movie Controller Knob 至最后一个图片。

从 MM2 菜单中，选定 Compute Properties 单击"RUN"，出现信息框。说明：出现的能量的数值是一个近似值，利用不同的计算程序算得的数值会略微不同。重叠式构象的位能（3.9kJ/mol）比交错式的位能（3kJ/mol）稍大，从而说明，交错式构象是更可能存在的构象。

注意：只有同一分子模板的不同构象，才能比较其位能。

单击模板窗口，从文件菜单中，选择关闭视窗。

4.2.4.4 找出丁烷中最稳定的构象

在上一节中，通过比较位能数值大小，找出了最稳定的结构。在本节中，用前面的方法，找出丁烷中最稳定的构象。

(1) 从 File 菜单中，选定 New Model。
(2) 从 File 菜单中，选定保存。
(3) 选定一目录来保存此文件。
(4) 在对话框的底部，键入"tut4.c3d"作为文件名。
(5) 单击 OK 按钮。

下面将利用 Chem3D 来构建模板。

(1) 选定单键工具。
(2) 在窗口中拖动以便创建一个键。不利用 Replacement Text Box 而利用这种方式构建模板可控制每个原子的位置，如果在 Replacement Text Box 中键入 $CH_3CH_2CH_2CH_3$，也能得到同样物质的模板，并以交错式构象出现。
(3) 指向一个碳原子并向上拖动来创建另一个键。
(4) 从最右边的碳拖动来创建又一个键。在上节中进行到这步之后，便使模板旋转来获得不同二面角的模板。最后，得到最稳定的结构。现在，不是通过旋转，而是通过选定原子和定向来完成它。
(5) 单击 Select Tool。如果不这样做就会产生另外一个单键，因为在前一步中，Single Bond 已被选定。
(6) 按下 Shift 键，并分别单击 C(1)、C(2)。
(7) 从工具菜单中选定 Move to Z-Axis。两个被选定的原子被重新定位，与 Z 轴平行。
(8) 从工具菜单中选定 Move to X-Axis。两个被选定的原子被重新定位，与 X 轴平行。在以下的几步中，旋转 C 原子的骨架所形成的二面角，每次增加 30°，并计算每一种结构的位能。

注意：此次练习目的是学会如何产生一些数据，通过这些数据，可分析出局部和整体能量最小时的构象，并获得有关二面角的精确数值。

(9) 从文件菜单中，选定 Preferences，并单击 Movies Control Panel Button。
(10) 拖动 Smooth Ness Slider 到 30°，表明模板旋转时，每次旋转 30°。此前，已选定了 C(1)—C(2) 来定向模板。利用同样的原子来旋转 C(1)—C(2) 的二面角。
(11) 双击内部的旋转条，并键入 360，状况条形码将显示 12 New Frame Captured，一共为 13 个。
(12) 单击 Stop 按钮。

(13) 从 MM2 菜单中，选定 Compute Properties，并单击 Run 按钮，计算位能。
(14) 计算完毕后拖动 Movie Controller Knob 至左边。
(15) 再一次计算位能。

重复以上操作，直到计算完 13 种构象的位能。在 Messages Table（信息表）中，能看到每一构象的总能量从而进行分析。注意：Messages Table 中的信息能被复制到剪贴板上，并粘贴到另一表格中。单击 Messages Table 来激活，然后从编辑菜单中，选择 Select All，并把其复制到粘贴板上，或按下 Shift 键并单击某一你所需要的记录，使之复制到剪贴板上。

4.2.4.5 从 ChemDraw 中转移信息

本节将介绍 ChemDraw 模板和 Chem3D 模板转换。
(1) 启动 ChemDraw。
(2) 在 ChemDraw 中，选定苯环工具。
(3) 在窗口中单击，苯环显示。
(4) 单击 Select Tool 来选定最后画的图。
(5) 从 Edit 菜单中，选定 Copy。
(6) 启动 Chem3D。如果已启动，则转向它。
(7) 从 Edit 菜单中，选定 New Model。
(8) 从 Edit 菜单中，选定 Paste。

至此，ChemDraw 中的二维模板转变为 3D。现在利用此模板在 Chem3D 中工作。同时，也能把 3D 中的模板输入 ChemDraw 中变成一个二维模板。
(1) 从 Edit 菜单中，选定 Select All。
(2) 从 Edit 菜单中，选定 Copy。
(3) 单击 ChemDraw 文件窗口。
(4) 从 Edit 菜单中，选定 Paste。
(5) 在 Chem3D 窗口中单击。
(6) 利用 X 轴旋转条，旋转苯环，使其成水平面结构。
(7) 从 Edit 菜单中，选定 Copy As ChemDraw Structure。
(8) 单击 ChemDraw 文件窗口。
(9) 从 Edit 菜单中，选定 Paste。

现在，与其他任何一个 ChemDraw 图一样，可利用粘贴的图进行后续工作。

4.2.4.6 分子表面视图

分子轨道理论认为：最高占据轨道与最低空轨道在反应中起着非常重要的作用。通过最简单的烯烃——乙烯来分析双键的反应。
(1) 从 Edit 菜单中，选定 New Model。
(2) 在 Replacement Text Box 中键入 CH_2CH_2，并按下回车，这时乙烯分子模板建成。
(3) 从 Analyze 菜单中，选定 Exended Huckel Surfaces。
(4) 从 View 菜单中的 Molecular Surfaces 子菜单中选定 Molecular Orbitals。
(5) 在 Orbital 目录框中，选定 HOMO($N=6$)。
(6) 按下 Show Surface 按钮。这时，分子表面图出现，是 p 轨道的成键轨道。
(7) 在 Orbital List Box 中选定 LUMO($N=7$)。按下 Show Surface 按钮，出现的分子

表面图是 p 轨道的反键轨道。注意：这些仅仅是 12 个轨道中的 2 个轨道。其他的 10 个轨道代表各种 σ 轨道之间的作用。HOMO 与 LUMO 轨道中只有 π 轨道，HOMO 与 LUMO 控制了分子的反应活性，这揭示了 π 轨道比 σ 轨道活泼的规律。

HOMO($N=6$)　　LUMO($N=7$)

4.2.4.7　在模板表面视图上描绘分子特性

烯丙基由于存在共振而使基团稳定性增加。自由基从 1 个碳"转移"到另一个碳的能力与这两个碳原子的距离有关。自由基的转移可通过电子自旋密度来判断。

(1) 从文件菜单中选定 New Model。

(2) 键入 $CH_3CH=CH_2$ 并按下回车键。现在建立了 1-丙烯的分子模板。

(3) 选定甲基中的 1 个氢。

(4) 按下删除键，这时将出现一个对话框，询问是否想关闭校正功能。Chem3D 具有化学逻辑推断能力，它认为在大多数情况下碳有四个取代基（即四个键）。

(5) 在对话框中，按下 Turn off Automatic Rectification 按钮。

(6) 从 Gaussian 菜单中，选定 Minimize Energy。

(7) 在 Theory Tab 表中，设置 Wave Function to Open Shell（Unrestricted）（非限制性开壳层波函数）。

(8) 在 Theory Tab 表中，设置 Spin Multiplicity to 2（自旋多重态）。这一步的目的是使分子变成自由基，设置自旋多重态来进一步保证此目的的实现。

(9) 在 Properties Tab 中选定 Molecular Surfaces。

(10) 按下 Run 按钮，并等候计算完成。观察自旋密度最好的方法之一是把它映射到总的电荷密度表面，这样就能查看由不成对电子贡献的那一部分的电荷密度。

(11) 从 View 菜单中的子菜单中选定 Total Charge Density。其他设置按以上介绍选定。

(12) 按下 Show Surface 按钮，这时会出现电荷密度分布图。表面的大部分是绿色的，表明这些地方没有未成对电子的贡献。但是每个终端碳原子的中心呈现黄色，表明有自由基电子的离域。这种显示方法，使我们在视觉上对电子的离域有一定印象。

下面，对上述步骤稍做改变，首先，将表面图隐藏起来。

(1) 按下 Hide Surface 按钮，单独观察原始的电子自旋密度。

(2) 在下拉的 Surface Type 菜单中，选定 Translucent，其他设置与上述步骤相同。

(3) 按下 Show Surface 按钮。

正如所预料的，在终端的两个碳原子上，电子自旋密度较大，然而，在与中心碳相连的氢上也有小部分自旋密度。这部分自旋密度如此少，以至于在上面的表面图中看不出。但是，计算结果表明，它确实存在。

5 科学绘图及数据分析软件Origin

5.1 Origin 功能简介

图表是显示和分析复杂数据的理想方式，因此高端图表工具软件是科学家和工程师们必备的软件。Origin 软件（演示版可以从 http://www.originlab.com 下载）一直在科学作图和数据处理领域享有较高的声誉，和它的主要竞争对手 SPSS Scientific 公司的 SigmaPlot（http://www.spss.com）相比，它的功能更强大但需要花费更多时间来学习。

Origin 包括两大类功能：数据分析和科学绘图。Origin 的数据分析功能包括：给出选定数据的各项统计参数平均值（Mean）、标准偏差（Standard Deviation，SD）、标准误差（Standard Error，SE）、总和（Sum）以及数据组数 N；数据的排序、调整、计算、统计、频谱变换；线性、多项式和多重拟合；快速 FFT 变换、相关性分析、峰找寻和拟合；可利用约 200 个内建以及自定义的函数模型进行曲线拟合，并可对拟合过程进行控制；可进行统计以及微积分计算。准备好数据后进行数据分析时，只需选择所要分析的数据，然后再选择相应的菜单命令即可。

Origin 的绘图是基于模板的，Origin 本身提供了几十种二维和三维绘图模板。绘图时，只需选择所要绘图的数据，然后再单击相应的工具栏按钮即可。二维图形模板有 Line、Scatter、Line+Symbol、Special Line/Symbol、Area、Fill Area、Inclusive/Exclusive Area fill、Bar、Stack Bar、Floating Bar、Pie、High-Low-Close、Function graphs、Column、Stack Column、Floating Column、XYAM Vector、XYXY Vector、Polar、Line Series、Time Series、Waterfall、Ternary Diagram、Double Y Axis、Multi-Panel XY。3D 图形模板有 XYZ Scatter With Drop Lines And/Or Projections、Trajectory、Bar、Ribbon、Walls、Waterfall、Color Map Surface With Projected Contour、Wire Frame、Surface with Constant Slices in X/Y Direction、Cube Frame。二维图形可独立设置页、轴、标记、符号和线的颜色，可选用多种线型。选择超过 100 个内置的符号。调整数据标记（颜色、字体等），选择多种坐标轴类型（线性、对数等）、坐标轴刻度和轴的显示，选择不同的记号，每页可显示多达 50 个 XY 坐标轴，可输出为各种图形文件或以对象形式拷贝至剪贴板。用户可以自定义数学函数、图形样式和绘图模板，可以和各种数据库软件、办公软件、图像处理软件等

方便地连接；可以方便地进行矩阵运算，如转置、求逆等，并通过矩阵窗口直接输出三维图表；可以用 C 语言等高级语言编写数据分析程序，还可以用内置的 Lab Talk 语言编程。

Origin 和 Word、Excel 等一样，是一个多文档界面应用程序。它将用户的所有工作都保存在后缀为 OPJ 的项目文件（Project）中。保存项目文件时，各子窗口也随之一起存盘；另外各子窗口也可以单独保存，以便别的项目文件调用。一个项目文件可以包括多个子窗口，可以是工作表窗口（Worksheet）、绘图窗口（Graph）、函数图窗口（Function Graph）、矩阵窗口（Matrix）和版面设计窗口（Layout Pag）等。一个项目文件中的各窗口相互关联，可以实现数据实时更新，即如果工作表中的数据被改动之后，其变化能立即反映到其他各窗口，比如绘图窗口中所绘数据点可以立即得到更新。

5.2 Origin 使用入门

Origin 具有多文档界面，主要包括以下几个部分。
① 菜单栏（顶部），可以实现大部分功能。

文件(F) 编辑(E) 查看(V) 绘图(P) 列(C) 分析(A) 统计(S) 工具(T) 格式(O) 窗口(W) 帮助(H)

② 工具栏（菜单栏下面），一般最常用的功能都可以通过此实现。

③ 绘图区（中部），所有工作表、绘图子窗口等都在此。
④ 工程管理器（下部），类似资源管理器，可以方便切换各个窗口等。
⑤ 状态栏（底部），标出当前的工作内容以及鼠标指到某些菜单按钮时的说明。

Origin 的使用主要有两个部分：工作表格（Worksheet）和绘图窗口（PlotWindows）。使用绘图窗口，可以方便地更改图形的外貌，直观地进行数学分析、拟合。使用工作表格可以快速进行大量的数据处理及转换。绝大多数实验数据的处理可以在 Origin 上完成，并且其数据处理和绘图可以同时完成。

例 5-1 尿中胆色素经处理后，在 550nm 处有很强的吸光性，现测得配置好的不同浓度的胆色素标准溶液的吸光度数据，如表 5-1 所示，假定标准曲线可以用 $y=a+bx+cx^2$ 来表示，试计算方程的参数值 a、b、c 的值，在 $y\sim x$ 图上绘出拟合曲线，标出实验数据点。

表 5-1 不同胆色素浓度标准溶液的吸光率

胆色素浓度/(mg/100mL)	50	75	100	125	150	175	200	225	250
吸光度	0.039	0.061	0.087	0.107	0.119	0.163	0.179	0.194	0.213

（1）启动 Origin

在"开始"菜单单击 Origin 程序图标，即可启动 Origin。Origin 启动后，自动给出名称为 Data1 的工作表格，见图 5-1。

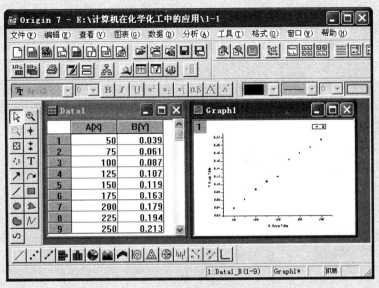

图 5-1　在 Origin 的工作窗口中输入数据作图

(2) 在 Worksheet 中输入数据

工作表 Worksheet 最左边的一列为数据的组数，一般默认 A 和 B 列分别为"X"和"Y"数据。在工作表 Data1 的"A(X)""B(Y)"分别依序输入胆色素浓度和吸光度的数据，见表 5-1。

(3) 使用数据绘图

打开 Worksheet 窗口，用鼠标选中所有的数据，使用菜单 Plot（绘图）中 Scatter 命令，或使用工具栏 Scatter 按钮绘图。该图形上点的形状、颜色和大小，坐标轴的形式，数据范围等均可在相应内容所在位置处用鼠标左键点击后出现的窗体中进行调整。

(4) 回归分析

绘图后，选 Analysis（分析）菜单中的 Polynomial Regression（多项式拟合）命令，出现对话框，在"Order"栏中输入"2"，表示作 2 次曲线拟合，在"Show Formula on Plot"一栏打勾，拟合结果。在 ResultsLog 窗口给出回归求出的参数值，包括拟合参数（A、$B1$、$B2$）及各自的标准误差（Error）、标准偏差（SD）、相关系数 R、数据点个数 N、$R=0$ 的概率 P 等。该窗口的内容可以拷贝粘贴到其他程序中或保存为一个文本文件。相关系数 R 反映了 x 和 y 的相关程度，$R=1$，表示 x、y 之间严格符合关系式；R 越接近 1，x 和 y 的相关程度越大。本例 R 为 0.99063，说明拟合结果很好。

(5) 文件保存和调用

Origin 可以将图形及数据保存为扩展名为".OPJ"的文件，可以随时编辑和处理其中的数据和图形。所绘图形可以直接打印或拷贝粘贴到其他编辑软件（如 Word）中。

例 5-2　对离心泵性能进行测试的实验中，得到流量 q_V、压头 H 和效率 η 的数据如表 5-2 所示，绘制离心泵特性曲线。

本例涉及多层图形的绘制，绘制的图形见图 5-2，具体步骤如下所述。

(1) 启动 Origin

(2) 在 Worksheet 中输入数据

在工作表 Data1 的 "A(X)" "B(Y)" 分别依序输入流量 q_V 和压头 H 的数据。从 File（文件）菜单运行 New 命令打开 New 对话框，选择 Worksheet，单击 OK，在新建的工作表 Data2 中 "A(X)" "B(Y)" 中分别输入流量 q_V 和效率 η 的数据。

表 5-2　流量 q_V、压头 H 和效率 η 的关系数据

序号	1	2	3	4	5	6	7	8	9	10	11	12
q_V/(m³/h)	0.0	0.4	0.8	1.2	1.6	2.0	2.4	2.8	3.2	3.6	4.0	4.4
H/m	15.0	14.84	14.56	14.33	13.96	13.65	13.28	12.81	12.45	11.98	11.30	10.53
η	0.0	0.085	0.156	0.224	0.277	0.333	0.385	0.416	0.446	0.468	0.469	0.431

(3) 使用数据绘图

方法一　选择第一组数据（Data1），打开 Worksheet 窗口，用鼠标选中所有的数据，使用菜单 Plot 或工具栏中 Line+Symbol（线+点图）/Scatter（散点图）命令绘图。在 Edit 菜单选择 New Layer (Axes)；Right Y 命令，页面显示有第二层，双击层标，打开 Layer2 对话框，将 Data2 加入 Layer2。调整图形格式，可完成多层图形的绘制，如图 5-2 所示。

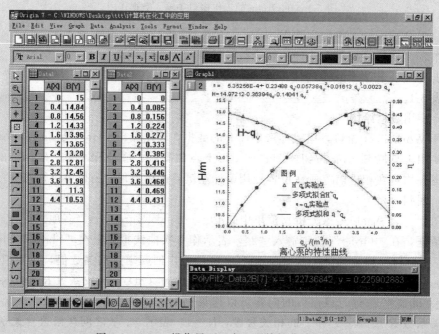

图 5-2　Origin 操作界面（离心泵特性曲线示例）

方法二　在工作表中输入数据：在 Data1 中按 Ctrl+D 快捷键或点鼠标右键 Add New Column，使工作表增加到三栏。在工作表的 "A(X)" "B(Y)" "C(Y)" 中分别输入流量 q_V、压头 H 和效率 η 数据。

使用数据绘图：用鼠标选中 Data1 中所有的数据，采用 Plot：Special Line/Symbol：Double-Y 命令绘图。调整图形格式，可完成多层图形的绘制。

(4) 回归分析

绘图后，分别选中图层 1 和图层 2，选 Analysis 菜单中的 Fit Polynomial（多项式拟合）命令在图中会产生拟合的曲线。ResultsLog 窗口内容如下：

Polynomial Regression for Data1_B:
Y = A + B1*X + B2*X^2
Parameter   Value   Error
A   14.97212   0.05635
B1   -0.36394   0.05954
B2   -0.14041   0.01304
R-Square (COD)   SD   N   P
0.9977   0.07621   12   <0.0001

Polynomial Regression for Data2_B:
Y = A + B1*X + B2*X^2 + B3*X^3 + B4*X^4
Parameter   Value   Error
A   -5.35256E-4   0.00386
B1   0.23488   0.01338
B2   -0.05738   0.01323
B3   0.01613   0.00462
B4   -0.0023   5.20183E-4
R-Square (COD)   SD   N   P
0.99958   0.00409   12   <0.0001

（5）文件保存和调用

将图形及数据保存为扩展名为".OPJ"的文件。

5.3 Origin 工作表（Worksheet）的使用

5.3.1 输入、编辑和保存工作表格

Origin 工作表格支持多种不同的数据类型，包括数字、文本、时间、日期等，Origin 提供了多种向工作表格输入数据的方法。

① 从键盘输入数据　打开或选择一个工作表格，选择一个工作表格单元格（鼠标单击该处），输入数据，然后按 Tab 键到下一列或按 Enter 键到下一行，也可以用鼠标选定任意位置的单元格，再继续输入下一个值（在某单元格输入数据后必须按 Tab 键、方向键或 Enter 键将光标移动到其他单元格，才可以确认刚输入的数据）。

←→↓↑　光标移动键
Enter　光标向下移动一单元格
←或 Shift+Tab　光标向左移动一单元格（如已是最左边一列，将移到最右面一列）
→或 Tab　光标向右移动一单元格（如已是最右边一列，将移到最左面一列）
Home　光标移到当前列的第一个单元格
End　光标移到当前列的最后一个单元格
PgDn　光标向下移一页
PgUp　光标向上移一页
Ctrl+Home　光标移到最左列的第一个单元格
Ctrl+End　光标移到最右列的最后一个单元格
Ctrl+PgDn　光标向右移一页
Ctrl+PgUp　光标向左移一页
Ctrl+↓　光标移到当前列的最后一个有值的单元格
Ctrl+↑　光标移到当前列的第一个有值的单元格或第一单元格
Ctrl+←　光标移到最左列同行的单元格
Ctrl+→　光标移到最右列同行的单元格

如果某一单元格的数值输错了或想更改某一单元格的数据值,可以选择该单元格并键入新数据,Origin 自动覆盖原数据。

要编辑一个单元格的数值,可以选择相应的单元格,按 F2 键或用鼠标单击指定的位置(单元格数值由反象显示变为正常显示,可以防止覆盖),可用下列的键编辑单元格的数值。可以按↑、↓、PageUp、PageDn 或 Tab 键结束编辑状态。如果变更错误,可以按 Ctrl+Z 撤销刚进行的更改。

> Delete　删除光标右的一个值或所有选定的(反象显示)数值
> Backspace　删除光标左的一个值或所有选定的(反象显示)数值
> Home　移到单元格的最左端
> End　移到单元格的最右端
> ←　光标向左移动一字符
> →　光标向右移动一字符

② 从文件中输入数据　数据可以从 ASCII、Excel、dBASE 等文件形式导入,具体步骤:打开或选择一个工作表格,选择 File 菜单中 Import 命令下相应的文件类型,打开文件对话框,选择文件单击 OK。

如要输入 ASCII 数据文件,可以在打开前设置选项,File-Import-ASCII Option,打开 ASCII Import Option for XXX 对话框设置诸如列数、文件首忽略标题行数等参数,然后选择文件输入。

③ 通过剪贴板传递数据　工作表格数据也可以通过剪贴板从别的应用程序(如 Word 等)获得,具体应用方式与一般拷贝、粘贴一样。同样,数据也可以在同一或不同的工作表格中交换。

④ 用行号或随机数填充列　可以用以下操作将一列或选定区域的单元格快速填充为行号、正随机数或一般随机数。选择相应的单元格区域,工具栏中单击按钮▥(将列填充为行号);▥(将列填充为正随机数);▥(将列填充为一般随机数);或选择 Column 菜单中 Fill Column With 命令;也可以右击鼠标选择 Fill Column With 命令(*欲显示该按钮,点击 View:Toolbar 命令,选 Worksheet Data)。

⑤ 用函数或数学表达式设置列的数值

⑥ 改变工作表格中"X"的默认值　当我们用工作表格中的数据绘图而不指定"X"列的数据时,Origin 假定"X"的初始值为 1,且其增加值为 1。

选择一个工具表格;如果已有"X"列,删除或忽略它;选择 Format 菜单中 Set Worksheet X 命令,出现对话框;输入初始"X"值和增加值;单击 OK。从该工作表格绘图将使用默认的"X"值。

⑦ 选择工作表格数据

选择整个工作表格:鼠标单击工作表格左上角的空白处;

选择一个单元格:鼠标单击单元格可选择该单元格;

选择一列:单击列标;

选择一行:单击行的数码;

选择多个单元格:鼠标向右下拖动(或选择初始单元格,Shift-单击终止单元格);

选择多列:在列标行拖动鼠标(或单击起始列标,Shift-单击终止列标);

选择多行:在行数处拖动鼠标(或单击起始行,Shift-单击终止行,间隔选取可按 Ctrl

键单击)。

⑧ 在一列中插入数据 在一列中插入一个单元格，可选择要插入单元格的位置，选择 Edit：Insert 命令或单击鼠标右键在快捷菜单中选择 Insert 命令，新的单元格出现在选中单元格上面；如插入 n 个单元格，可以先选择 n 个单元格，然后用 Insert 命令。

⑨ 删除单元格和数据 清除整个工作表格内的数值：选择工作表格，在 Edit 菜单中选择 Clear Worksheet 命令，该工作表格中所有的内容均被删除。

删除工作表格中的部分数据：选择工具表格，选择某个单元格或多个单元格，Edit 菜单中选择 Delete 命令即可。如果该数据已被绘图，绘图窗口将自动重新绘图以除去删除的点。

如仅欲删除数据而不删除单元格，可选择相应单元格，按 Delete 键。被删除数据的单元格将显示"——"，表示该单元格没有数值。

⑩ 保存数据 保存 Origin 文档的同时就保存了 Worksheet 中的数据。如欲将 Worksheet 中的数单独保存成文件，可选择 Worksheet 窗口；在 File 菜单中选择 Export ASCII 命令，出现 File Save As 对话框，输入相应的文件名即可。一般数据文件可以 ".dat" 为扩展名。

5.3.2 调整工作表格的基本操作

① 增加列 选择一个工作表格，Column 菜单中选择 Add New Columns 命令；打开 Add New Columns 对话框，在其中输入要增加的列数，这样在工作表格的结尾处加上了所输个数的列（默认为"Y"），所加的列按字母顺序标记（"A，B，C，…，X，Y，Z，AA，BB，CC…"），从尚未使用的第一个字母开始。

标准工具栏中单击 Add New Column 按钮 ，也可在工作表格空白处右击鼠标，快捷菜单中选择 Add New Column 命令在工作表格的结尾处增加一列。

② 插入列（行） 欲在工作表格的指定位置插入一列（行），可将其右（行）侧的一列（行）选定，然后选择 Edit：Insert 命令或选择右击鼠标快捷菜单中的 Insert 命令，新列（行）插在选定列的左侧（上一行）。如果需要连续插入多列（行），可以重复上述操作多次或选定多列（行），运行 Insert 命令。

③ 删除列（行） 欲从工作表格中删除一列（行）或多列（行），可先（反象）选择这些列（行），选择 Edit：Delete 命令或选择右击鼠标快捷菜单中的 Delete 命令，则所选定的列（行）被删除 [注：其中所包含的数据同时也被删除，如仅想删除数据而不删除列（行），可选择 Edit：Clear]。

④ 移动列 将所选定的列（反象）移动到工作表格的最左侧，选择 Column：Move to First 命令，如欲将其移动到最右侧，选择 Column：Move to Last 命令。左右移动列也可以使用工具栏中的按钮 。

⑤ 改变列宽 在列标上双击，打开 Worksheet Column Format 对话框，在 Column Width 处输入数值即可。

⑥ 行列互换 选择 Edit：Transpose 命令，可以将行列互换。

⑦ 改变列的格式 双击列标或右击列标在快捷菜单中选择 Properties 命令，打开 Worksheet Column Format 对话框。对话框可对列命名（Column Name）；加列标 [Column Label；将列指定为"X""Y""Z""Error""Label"等；设置数据显示类型和格式；设置列宽（字节）等]。

Origin 工作栏由列定义，可以分别定义为"X"列、"Y"列、"Z"列、"L"列和"Error Bar"列。该定义决定这些值是否可以作为"X""Y""Z"或"Error Bar"绘图。可在 Worksheet Column Format 对话框的 Plot Designation 定义，也可选择工作表格中的一列，在 Column 菜单选择 Set As 命令设置。列的标题显示所选择的类型。

Display 中可以选择列的类型，Origin 提供了 7 种类型，分别为：numeric&text、numeric、text、time、data、month 和 day of week。

选择数据类型后，可在 Format 选择其显示的相应选项，如对常用的数值类型来讲，可以设置为小数、科学记数或工程记数方式；也可以设置小数位数、数据的类型（整数、双精度、浮点）。如果选择 Apply to All Column to The Right，则对右边诸列均采用此类型。也可以输入列标记，完成输入后单击 OK 即可。

⑧ 工具栏显示控制　鼠标双击工具栏边的空位，可以打开 Worksheet Display Control 对话框，通过该对话框可以设置 Worksheet 显示的字体颜色、字体和字号、背景和前景颜色、标题及单元格间隔线等的显示特性。

5.4　Worksheet 数据分析

5.4.1　工作表格计算

① 排序　Origin 可以对单列、多列、工作表格的一定范围或整个工作表格进行排序（包括简单排序和嵌套排序）。

　　a. 列排序　选择一列数据，Analysis 菜单中选择 Sort Column 命令。

　　b. 选择范围排序　选择一定范围数据，Analysis 菜单中选择 Sort Range 命令。

　　注：上面两种排序仅对选定的范围进行排序，而不管其同行数据的相关性。

　　c. 工作表格排序　如选择列或一定范围后，Analysis 菜单中选择 SortWorksheet 命令，则对选择范围排序，会考虑同行数据的相关性。

② 设置列值　选择或打开一个工作表格，选择一列；选择 Column：Set Column Values 命令或按 ▦ 按钮，也可右击鼠标选择 Set Column Values 命令打开如图 5-3 所示对话框。

　　a. 设定工作表格范围　在 From Row…to…输入设置列值的行号范围。

　　b. 选择函数和数据集　Add Function 和 Add Column 下拉菜单和相应的按钮帮助用户在表达式窗口建立合适的表达式。防止用户键入函数名称和数据集名称时发生错误。

　　c. 完成 "Col（Column Name）="窗口的表达式，函数表达式中可以包括有数值、运算符号（"+""-""*""/""^"）、函数[abs(), sin()等]、数据集[Col(A),Col(C)等]和行号（"i"）等。Undo/Redo 按钮可以取消或重复表达式编辑最后一步的变化。

　　d. 完成计算　单击 OK 可完成计算。

> 例 5-3　用 Origin 的 Set Column Values 命令设置工作表格数值，产生 "x"-"sinx"-"cosx" 三栏工作表，"x" 从 0 到 1.9，如图 5-4 所示。方法如下：
> 　　单击 Add New Column 按钮 ▤，在工作表格的结尾处增加一列。
> 　　选择一列；选择 Column：Set Column Values 命令或按 ▦ 按钮，也可右击鼠标选择 Set Column Values 命令打开相应对话框。

在 From Row…to…输入设置列值行号范围，$i=1\sim20$。Col(A)、Col(B)、Col(C)的公式分别为"(i−1)*0.1""sin(Col(A))"和"cos(Col(A))"，单击 OK 即可产生题目要求的工作表。

分别双击各列或者点右键选择 Properties，这里可以设置列的属性，将 Column Name 分别改为"x""sinx"和"cosx"。

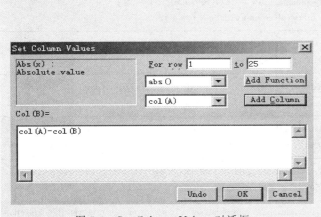

图 5-3 Set Column Values 对话框   图 5-4 "x"-"sinx"-"cosx"

③ 抽取数据　基于用户定义的表达式的条件，从一个旧的工作表格中可以选取部分数值到新的工作表格中。操作方法：将要选择的工作表格激活；Analysis 菜单中选择 Extract Worksheet Data 命令，打开对话框；对话框中输入数据范围、新工作表格名称和选取条件；单击 Do It 产生新工作表格。该表格保留原表格的所有格式，包括设置列值的数学表达式。

④ 数学表达式　使用 Origin 时，很多地方都使用数学表达式，包括函数绘图、抽取数据以及设置工作表格列值等，Origin 对数学表达式有以下的要求。

a. Origin 有四类操作　算术操作、赋值操作、逻辑关系操作和条件操作，此处重点讲前三种。

算术操作包括："＋"加；"－"减；"＊"乘；"/"除；"∧"乘方（"X∧Y"表示"X"的"Y"次幂）；"&"和"?"异或操作（逐位）。

赋值操作"="可以对数字变量、字串变量或数据集赋值。Origin 可认可多种赋值操作类型，具体可参考 Help 文件。

逻辑关系操作包：">"大于；">="大于等于；"<"小于；"<="小于等于；"=="等于；"!="不等于；"&&"和；"||"或。

b. 优先原则　使用标准优先原则，依次为：括号外分配操作优先；括号内优先；乘除比加减优先；关系操作先（>，>=，<，<=）后（==和!=）；逻辑操作按顺序（&&，||）进行；最后，所有条件按表达式（?:）进行；（一般数学表达式中的空格忽略不计，使用括弧可以将表达式括起来，大括弧和方括弧具有其他的特殊意义）。

⑤ 列号 i 的使用　在设置列值和提取工作表格对话框中，列可用 Col () 函数或 Worksheet Name Column Name 标记，行值指定用变量"i"表示。如果表达式中没有使用"i"，Origin 默认在给定的表达式中使用相同的"i"，表达式对指定范围的所有行重复运算如："Col(C)=Col(A)−Col(B)"被视为"Col(C)[i]=Col(A)[i]−Col(B)[i]"；"Col(C)[i]"

表示"Column C"第"i"行的值。如果指定"i",则默认取消。如"Col(C)=Col(B)[i+1]Col(B)[i]"表示将在"Column B"的行增加值赋值给"Column C"。

⑥ 函数　Origin 内置的函数有三类:公用函数、统计函数和数学函数,见表 5-3。关于一些具体函数的使用可参考 Origin 的 LabTalk 帮助文件。

表 5-3　Origin 内置的函数

公用函数	基本工作表格函数	Col(colname);Col(colname)[row#];Col(colname)[row#]$;wcol(columnvariable);wcol(columnvariable)[row#]S
	数据集产生函数	ata(x1,x2,inc);{v1,v2,…,vn};Fit(Xdataset);Table(Dataset1,Dataset2,Dataset3)
	数据集操作函数	sort(dataset);diff(dataset);peaks(dataset,width,minheight);Corr(datasetl,dataset2,k[N])
	数据集信息函数	IsMasked(index,dataset);FindMasks(dataset);hasx(dataset);xof(dataset);errof(dataset);xvalue(I,dataset); xindex(x,dataset);xindex1(x,dataset);list(value,dataset)
	其他函数	column(colname);color(name);date(MM/DD/YY:HH:MM);exist(name);exist(name,n);hex(string);asc(character);font(name)
统计函数	基于数据集的统计函数	histogram(dataset,inc,min,max);sum(dataset);ave(dataset,size);percentile(datasetl,dataset2);ss(dataset,ref);ss(dataset);ss(dataset,4);ss(dataset1,dataset2);cov(dataset1,dataset2,ave1,ave2)
	基于分布的统计函数	Ttable(x,n):自由度为 n 的 t 分布;invt(value,n):自由度 n 的反 t 分布;Ftable(x,m,n):自由度为 m 和 n 的 F 分布;invf(Value,m,n):自由度 m 和 n 的反 F 分布;erf(x):正规误差积分;inverf(x):反误差函数;prob(x):正态分布的概率密度;invprob(x):正态分布的反概率密度函数;Qcd2(n);Qcd3(n);Qcd4(n)
数学函数	基础数学函数	rec(x,p):精度函数,返回"x"的"p"位有效数字。如 prec(1234567,3)=1.23E6 round(x,p):设定小数位数 abs(x):绝对值 angle(x,y):原点(0,0)到"(x,y)"连线与正"x"轴夹角 exp(x):指数函数 sqrt(x):开方函数 ln(x):自然对数函数 log(x):以 10 为底的对数函数 mod(x,y):"x/y"的整数模 mind(x,y):"x/y"的实数模 int(x):取整函数;如 int(7.9)=7 nint(x):同 round(x,0);四舍五入取整;如 nint(-0.5)=-1 sin(x),cos(x),tan(x):三角函数(默认为弧度值) asin(x),acos(x),atan(x):反三角函数(默认为弧度值) sinh(x),cosh(x),tanh(x):双曲函数
	多参数函数	Gauss;Lorentz;Logistic;ExpDecay;ExpGrow;ExpAssoc;Boltzmann;Hyperbl;Dhyperbl;Pulse;Poly
	特殊函数	Jn(x,n);J0(x);J1(x);Yn(x,n);Y0(x);Y1(x);gammaln(x);incbeta(x,a,b);incgamma(x,a)
	随机数生成函数	Md(seed);ran(seed);gmd(seed);normal(npts,seed);poisson(npts,mean,seed);uniform(npts,seed)

5.4.2 统计

选择列/行或单元格范围，选择 Analysis：Statistics on Columns（ROW）命令，将打开一个新的工作表格显示平均值、标准误差、标准偏差的平均值、最小值、最大值、数值范围、总和和点数。

5.5 数据绘图

5.5.1 基本知识

① 鼠标右击以下位置可以打开快捷菜单：绘图窗口的标题条；层图标；页；层；任何标记，包括轴标记、图例等；任何在绘图窗口的标记对象；数据图；轴或轴单位标记。

② 绘图术语

页（Page）：每个绘图窗口包含一个单一的可编辑页，页作为组成用户图形的各种图形元素（如层、轴、文本和数据图）的背景，绘图窗口的每一个页必须包含至少一个层，如果所有的层都被删除，则该绘图窗口也将被删除。注意：打印图形时，仅在页内的图形才能被打印，所以注意不要将要打印的图形元素放到页外。

层（Layer）：一个典型的图形一般包括至少 3 个元素：一套"XYZ"坐标轴（3D）；一套或多套数据图和相应的文字和图标。Origin 将这三个元素组成一个可移动、可改变大小的单位，叫层，一页最多可放 50 层。要移动层或改变层的大小，可在坐标轴上单击，产生一个红色边界，鼠标拖动可在页上移动或更改层的大小。活动层（The Active Layer）：当一页包含多个层时，操作是对应于活动层的。将一个层变为活动层有以下几种方法：在所要的层的"X""Y"或"Z"轴上或方框内任意位置单击鼠标；单击绘图窗口左上角的层图标；单击与相应层有关的对象。

边框（Frame）：边框是在层上的"XY"轴围成的矩形区域（2D 图），3D 图的边框是在"XYZ"轴外的矩形区域。边框独立于坐标轴，选择 View：Show：Frame 可以显示边框。

图（Graph）：单层图包括一组"XYZ"坐标轴（3D 图）、一个或更多的数据图以及相应的文字和图形元素，一个图可包含许多层。

数据图（Data Plot）：数据图是一个或多个数据集在绘图窗口的形象显示，Origin 可以用以下方法产生数据图。

◆ 一个数据图可以从两个或更多的数据集产生，例如在工作表格中的"X"和"Y"列。

◆ 当工作表格中不包括"X"列时，一个数据图可以从一个数据集和相应的行号产生。

◆ 一个数据图可以从一个数据集和一个增加的"X"值产生。"X"增加值由 Select Columns for Plotting 对话框或 Format：Set Worksheet X 命令设定。

◆ 一个数据图可以从一个包含"Z"值和"XY"映射关系的矩阵产生。

绘图窗口活动层中的数据图所包含的数据列在 Data 菜单的底部。标有√的数据为首选数据（Primary Dataset），首选数据决定数学和编辑操作的对象，如果再次选择该数据可打开 Plot Details 对话框。

工作表格数据集（Worksheet Dataset）：工作表格数据集是一个包含一维（数字或文字）数组的对象，因此，每个工作表格的列组成一个数据集，每个数据集有一个唯一的名字

（由工作表格名称和列名以及"_"组成，Worksheet Name _ ColumnName）。

矩阵（Matrix）：矩阵表现为包含"Z"值的单一数据集，它采用特殊维数的行和列表现数据。

5.5.2 数据绘图

从工作表格中的数据绘图，数据图与工作表格中的数据就保持相关性。当改变工作表格中的数据时，数据图也会相应变化。一般来说，数据被选中更新时，该相关性可以使数据图中对应于工作表格中的数据迅速更新。

（1）从工作表格数据建立一个新的绘图窗口

方法一：激活包含绘图所需数据的工作表格；选择要绘图的行、列或单元格范围。在Plot 菜单中选择绘图的类型（右击鼠标选择 Plot 命令）或用鼠标点击绘图工具栏中相应的按钮／╱┈╱┋┋╩┻┻╱○⊗┡╲╱，Origin 打开一个绘图窗口，选择的值将自动对"X"列绘图（如果没有选"X"列，则对行值绘图）；当工作表格中包含多重"X"列时，Origin 自动进行多重相关，Origin 定义最左边的"X"列为"X1"，"X1"右侧第一列为"Y1"；第二个"X"为"X2"，"X2"右侧第一列为"Y2"……当选中"Y1"绘图，自动选用"X1"为"X"坐标。

方法二：不选择数据，选择 Plot 菜单中的数据图类型，打开 Select Columns for Plotting 对话框，在对话框中选择相应的"XY"数据绘图，见图 5-5。数据图的类型见表 5-4。

打开 Select Columns for Plotting 对话框的其他方法：在绘图窗口中双击层图标打开 Layer n 对话框，单击 Plot Associations 按钮；按 Alt 键双击层图标；将所需层激活，选择 Graph：Add Plot to Layer：Graph Type 命令，右击层图标快捷菜单选择 Plot Associations 命令。

（2）向已有的图形中增加数据

① 从工作表格向页面加数据

a. 激活包含绘图所需数据的工作表格，选择要绘图的行、列或单元格范围；

b. 选择要增加数据的绘图窗口，如果该窗口有多页图，选择要增加数据的页；

c. Graph 菜单中选择 Add Plot to Layer 命令，然后选择绘图类型，选择的值将自动对"X"列绘图（如果没有选"X"列，则对行值绘图）。如果选择两列或更多的列绘图，则数据将作为组绘数据图。

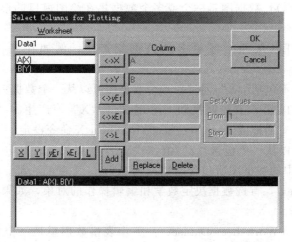

图 5-5 Select Columns for Plotting 对话框

表 5-4　数据图的类型

类型	图标
二维线、散点和线＋点图常用： Line Graph Scatter Graph Line＋Symbol Graph	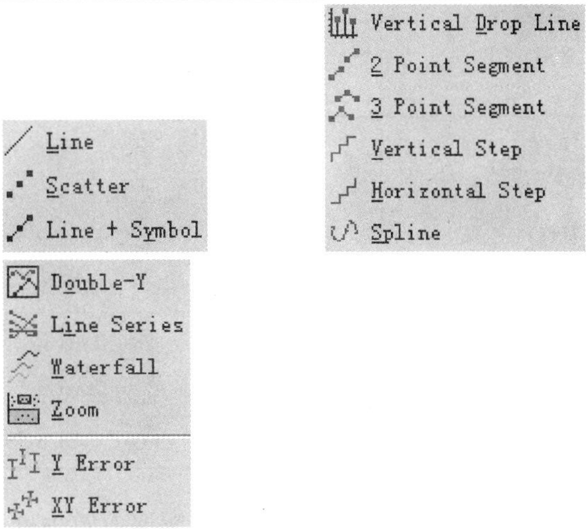 Line, Scatter, Line + Symbol, Double-Y, Line Series, Waterfall, Zoom, Y Error, XY Error, Vertical Drop Line, 2 Point Segment, 3 Point Segment, Vertical Step, Horizontal Step, Spline
二维棒状图和柱状图常用： Bar Graph Column Graph	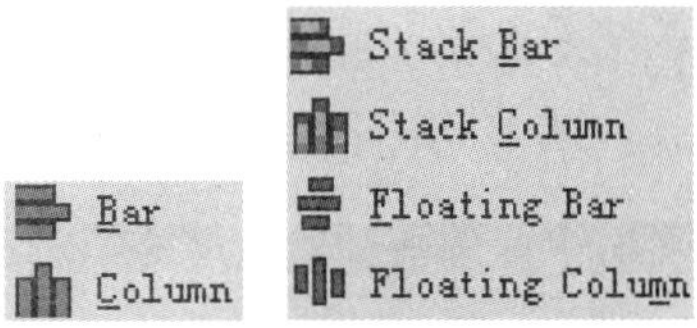 Bar, Column, Stack Bar, Stack Column, Floating Bar, Floating Column
面积图、极坐标图	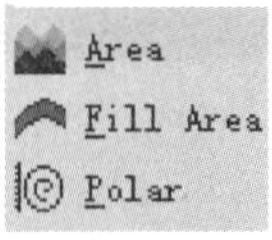 Area, Fill Area, Polar
饼图	 Pie
向量图	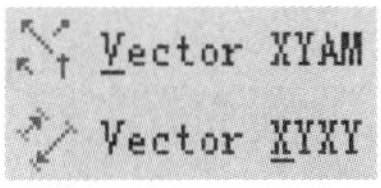 Vector XYAM, Vector XYXY
High-Low-Close 图	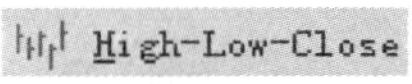 High-Low-Close
三元图	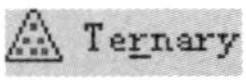 Ternary
多层图	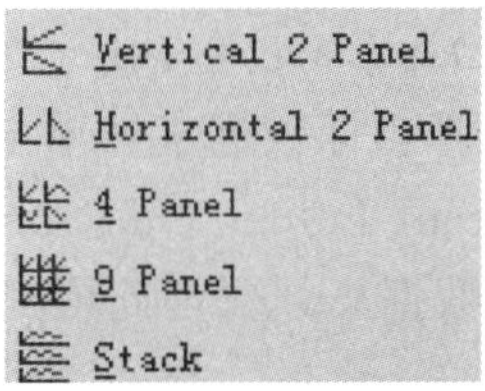 Vertical 2 Panel, Horizontal 2 Panel, 4 Panel, 9 Panel, Stack
泡沫图和彩色映射图	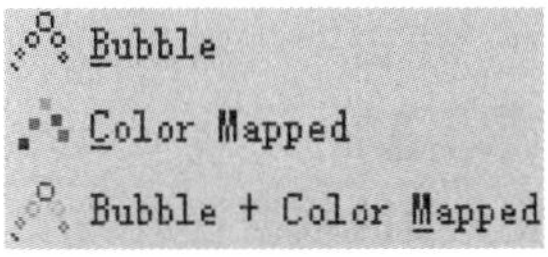 Bubble, Color Mapped, Bubble + Color Mapped
三维 XYY 图	 3D Bars, 3D Ribbons, 3D Walls, 3D Waterfall

5　科学绘图及数据分析软件 Origin　　121

三维 XYZ 图（常用）	
三维表面图 （需要 Matrix 数据）	
等高图 （需要 Matrix 数据）	

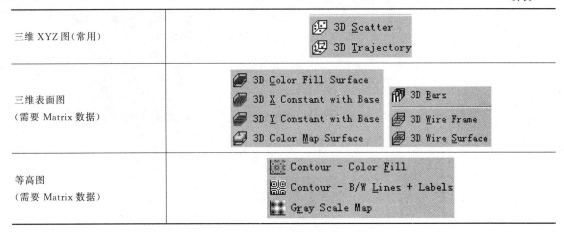

② 从 Layer Control 对话框向页面加数据　双击绘图窗口的左上角的层标 1 打开页面控制对话框；如图 5-6 所示，从 Available Datalist 选择数据；单击＝＞按钮，所选数据出现在 Layer Contents；单击 OK 绘图。

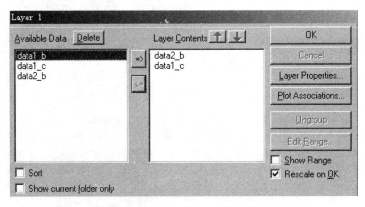

图 5-6　Layer Control 对话框

Layer n 对话框中各命令如下所述。

◆ The Available DataList：包括所有可以用于绘图的数据集，要在层中显示数据集的数据图，可在此窗口选择目标数据集，单击＝＞按钮将数据集加到 Layer Contents List。

◆ The Show Current Folder Only Check Box：选择此项可显示放在当前 Project Explorer 文件夹中的所有数据集，取消此项则只显示此项目中的数据集（可参考 Help）。

◆ The Layer Contents List：包括当前层中所有数据图的数据集，要将层中的数据集去除，可在此窗口中选中，单击＜＝按钮。

◆ 上下按钮　（Layer Contents）：可以调整层上数据的顺序，该顺序决定在层上的绘图顺序，最上面的数据在最底层，然后依次向上。

◆ Delete 按钮：删除选中的数据集，同时也将删除与之相关的所有工作表格的列和数据图。

◆ Layer Properties 按钮：单击按钮打开 Plot Details 对话框。

◆ Plot Associations 按钮：单击按钮打开 Select Columns for Plotting 对话框。

◆ Group/Ungroup 按钮：单击按钮可将选中的数据集组成组或解除数据组。

◆ Edit Range 按钮：单击按钮可改变选择数据集的显示范围。
◆ Show Range 选项：选中后在 Layer Contents 中显示图中数据显示的范围，如 data1_b［1∶50］。
◆ Rescale on OK 选项：选中后自动重新设置层的轴以显示所有数据，欲保持当前状态，不要选中此项。

③ 将工作表格的数据直接拖到 Graph 中绘图（drag-and-drop method） 先在工作表格中选择数据集，然后将鼠标移到所选数据单元格的右侧，直到鼠标的指针变为 ，将数据拖动到绘图窗口，松开鼠标完成。

欲选择 drag-and-drop method 中图形的类型，可在 Tools：Options 打开 Option 对话框，Graph 标签下 drag-and-drop plot 选择图形方式（Line，Scatter，Line＋Symbol 或当前状态）。

④ 用 Draw Data Tool 产生数据图 单击工具栏上的 按钮，鼠标点到绘图窗口中的位置，层上显示红色"＋"，在 Data Display 窗口显示所点位置的 XY 值。双击鼠标则产生数据点，该数据集被命名为 Draw1，Draw2…按任意其他工具按钮停止绘图功能。

(3) 绘制用户自定义函数

Origin 允许用户绘制任意 $y=f(x)$ 类型的自定义函数。

① 在 Function 窗口绘制函数图 可以在 File 菜单选择 New 中的 Function 命令，打开 Plot Detail 对话框：输入数学表达式（可以使用任何 Origin 认可的函数）；单击 OK 即可将函数在新的窗口绘图（分别命名为 Function1，Function2，Function3…）；

用户可以单击按钮增加新函数、改变函数窗口的名称、重新调整比例、变为极坐标。也可以将函数图转成数据，具体步骤：右击函数图形快捷菜单选择 Make Dataset Copy of Fn，出现对话框，输入数据名称，按 OK 按钮产生由函数计算的数据，并且将数据绘制到命名为 Func Copy 窗口，双击图形上的点可以从 Plot Details 对话框中打开数据文件。

② 在图形窗口绘制函数图 激活图形窗口，选择 Graph：Add Function Graph 命令，打开 Plot Detail 对话框，在函数定义窗口输入函数形式单击 OK 即可。图 5-7 中 3 个函数函数分别是 $F1(x)=|x\ \sin(x)/\log(x)|$，$F2(x)=x^2\cos(x)$，$F3(x)=50\ \sin(x)$，$x$ 从 1 至 10。

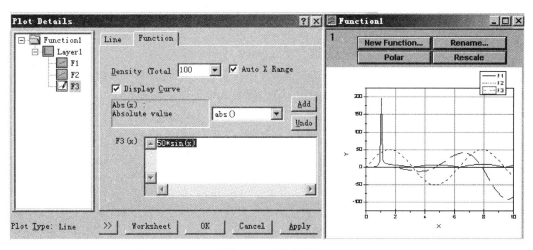

图 5-7 函数作图

(4) 多套数据绘图

当同时将数据表格两个或两个以上列中的数据绘图时,将产生一个数据图组。组中自动设置依次增加的颜色、连线类型、符号标记等。其他选项可用 Plot Details 对话框更改。

例 5-4 设置工作表格数值 (i=1~91),绘制如图 5-8 所示图形。
Col(A)=(i−1)*360/90   Col(B)=sin(Col(A)*2*pi/360)
Col(C)=cos(Col(A)*2*pi/360)   Col(D)=sin((Col(A)−30)*2*pi/360)

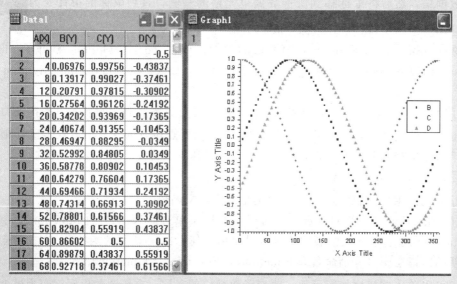

图 5-8 多套数据作图

解题步骤如下所示。

利用 Add New Column 按钮 ,使工作表格达到四列。

选择一列;选择 Column:Set Column Values 命令或按 按钮,也可右击鼠标选择 Set Column Values 命令打开相应对话框。在 From Row…to…输入设置列值的行号范围,i=1~91。Col(A)、Col(B)、Col(C)、Col(D) 的公式分别为 (i−1)*360/90、sin(Col(A)*2*pi/360)、cos(Col(A)*2*pi/360) 和 sin((Col(A)−30)*2*pi/360),单击 OK 即可产生图 5-8 所示工作表。

选择 ABCD 四列,Plot 菜单中选择 Line 命令,Plot 窗口将 B、C、D 三组数据以组的形式绘出。颜色分别为 Black、Red、Green。如果将图形类型改为 Scatter,绘出的三组数据除颜色不同外,数据点的表示也分别为■●▲,如图 5-9 所示。

使用 Layer 对话框可以将数据组成组或解除数据组。

① 解除数据组 双击页面标记打开 Layer 对话框;Layer Contents 中选择单击 Ungroup 按钮(也可以变为 Group 按钮);单击 OK。

② 将数据组成组 双击页面标记打开 Layer 对话框;选择 Layer Contents 中的要组成组的数据,多次选择可按 Shift 键单击,不连续的选择可以按 Ctrl 键单击;单击 Group 按钮(也可以变为 Ungroup 按钮);选择 OK。所选数据将按一个组绘图,按 Layer Control 对话框中 Data List 的顺序,每个组有统一的标号。

(5) 改变数据图类型、数据点格式、数据图组的格式

① 改变数据图类型　打开 Plot Details 对话框（在数据图上双击；或选择 Data List 选择数据名称，如该数据没有被预先激活，第一次选择激活该数据，需选择第二次；也可以在 Legend 相应数据表示点上双击）；在 PlotType 菜单上选择新图形类型。

② 改变数据点格式　如欲改变一组数据或数据组的格式，可以打开 Plot Details 对话框改变线和点的格式。如对单个数据点设置特殊格式，可以按 Ctrl 键，双击数据图上的某点打开 Plot Details（单点）对话框，通过改变对话框中的选项改变对应点的颜色、符号性质或加垂线（对于柱条状图可改变边线或填充性质）；欲删除特殊格式，单击特殊格式点（柱或条）将其选中，按 Delete 键删除特殊格式。

③ 改变数据图组的格式　当同时将数据表格两个或两个以上列中的数据绘图时，将产生一个数据图组。组中的数据图相互关联；如均为线图或均为柱形图等。为明确区分它们，组中的成员自动用不同的颜色、连线类型、符号标记等区别。双击组中的数据图上一点，打开 Plot Details 对话框，在对话框相应菜单中选择增加选项，单击 OK，数据组将按新格式重新绘图。如图 5-9 所示，数据图组的格式包括颜色、连线类型、符号（对于 Line/Symbol 图）、内部颜色或式样（对于 Column 图）。也可在 Group 标签下选择 Independence 取消组对这些选择的限制。

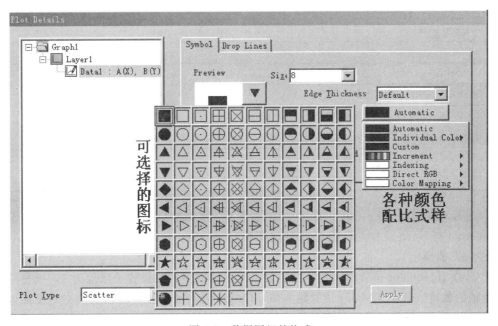

图 5-9　数据图组的格式

5.5.3　坐标轴的调整

双击 "X" 或 "Y" 轴，打开 X(Y)Axes-Layer n 对话框。可在左侧的 Selection 中选择合适的图标，以确定所更改的坐标轴。

Horizontal/Bottom/Top：默认为 "X" 轴；Vertical/Left/Right：默认为 "Y" 轴；Z Axes/Front/Back：默认为 "Z" 轴。

(1) 坐标刻度（Scale）

① 取值范围　在 From 和 To 栏内输入数值，设置坐标轴的数值范围，如图 5-10 所示。

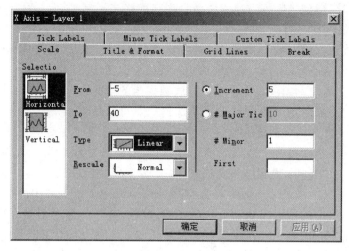

图 5-10 Scale

② 刻度类型　刻度类型如表 5-5 所示。

表 5-5　坐标刻度类型

Linear scale	标准线性刻度 X′=X
Log10 scale	基于 10 为底的对数刻度 X′=log$_{10}$(X)
Probability scale	
Probit scale	
Reciprocal scale	倒数刻度 X′=1/X
Offset Reciprocal scale	偏移倒数 X′=1/X+offset，Offset=273.14（0℃的绝对温度）
Logit scale	logit=Ln(Y/100-Y)
Ln scale	自然对数刻度
Log2 scale	以 2 为底的对数刻度

③ 坐标重新调整（Rescale）方式　Manual（不能调整）、Normal（可以用放大工具调整）、Auto（与 Normal 相同，但可以自动调整）、Fixed From（"From"值固定）、Fixed To（"To"值固定）。

④ 若在 Increment 位置输入值，决定轴上显示的数值，如设置递增值为 3，则每隔 3 显示一个轴的数值。若在♯Major 位置输入值，Origin 将自动设置与之相近的主刻度标记的数量。在♯Minor 位置输入值，设置两个主刻度之间的次级刻度标记的数量（注：注意刻度的合理性，如 increment 为 5，则♯Minor 处输入 1 比较合适，这样每个次级刻度代表 1）。

(2) 标题及格式（Title & Format，见图 5-11）

① Show Axis & Ticks 选项　选择该选项显示所选坐标轴的轴和刻度。

② Title　可输入轴标题。

③ Color　选择轴和刻度颜色。

④ Thickness(pts)　设置轴和刻度线的宽度。

⑤ Major Tick　设置主刻度线长度。

⑥ Major　控制主刻度的显示。

⑦ Minor　控制次级刻度的显示。

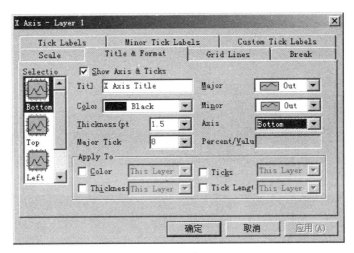

图 5-11 Title & Format

⑧ Axis 改变当前轴的显示位置。
- Bottom(X), Top(X), Left(Y), Right(Y), Front(Z), Back(Z): 默认位置。
- from Bottom (Top, etc.): 从默认位置偏移。
- At Position=: 移动到指定的 X 或 Y value 处。

⑨ Apply To 设置在某范围（本层、本窗口、所有窗口）采用上面设置好的颜色、线宽、刻度位置和刻度线长度。

(3) 网格线 (Grid Lines)

如图 5-12 所示，Major Grids 和 Minor Grids 组可以设置线颜色和类型以及宽度。Apply To 选择应用范围，Additional Lines 设置是否在相反和 X(Y)=0 处画线。

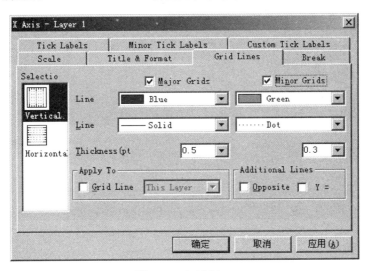

图 5-12 Grid Lines

(4) 轴断点 (Break)

设置坐标轴断点。

(5) 主刻度标记 (Tick Labels)

如图 5-13 所示，可设置主刻度标记的类型（Origin 提供 6 种类型：Numeric, Text, Time, Date, Month, Day of Week, Column Headings 和 Tick Indexed Dataset）；设置刻

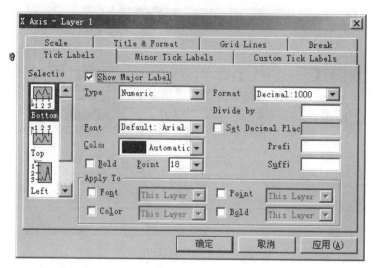

图 5-13　Tick Labels

度标记的字体、颜色、大小；设置刻度标记的数值选项；设置比例因子（在 Divide 框中输入数值，Origin 自动将每个标记的数值除以输入的值，从而显示结果）；设置显示固定的小数点后的位数；设置前（后）缀内容。

（6）次级刻度标记（Minor Tick Labels）

（7）设置刻度标记（Custom Tick Labels）

设置主刻度的旋转角度、与刻度线之间的位置以及隐藏性质，如图 5-14 所示。

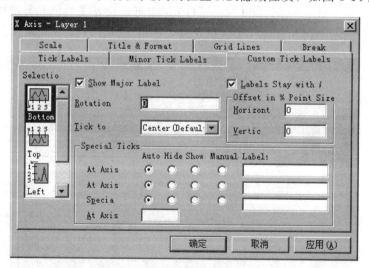

图 5-14　Custom Tick Labels

5.5.4　文字及图例说明

Origin 的工具栏为 ，

（1）添加文本

使用文本工具，向页面添加文本：选择要加文字的页面，在工具栏选择文字工具按钮 T，在页面欲加文字的位置编辑文本或改变文本格式。

（2）使用直线、箭头或弯箭头工具，向页面添加或移动直线、直箭头或弯箭头

加直线——选择要加直线的页面，工具栏选择直线工具 ╱，在页面上直线起始点单击，拖动鼠标产生直线，松开鼠标。加直箭头——选择要加箭头的页面，工具栏选择箭头工具 ↗，在页面上箭头起始点单击鼠标，拖动鼠标产生箭头，松开鼠标。加弯箭头——选择要加弯箭头的页面，工具栏选择弯箭头工具 ⤴，在页面上弯箭头起始点单击，拖动鼠标在页面上单击 3 次，最后一次的位置为弯箭头终止位置，产生弯箭头。

移动箭头或直线：选择指针工具，单击箭头或直线，出现矩形边框，说明箭头或直线已被选中；在边框内任一点拖动鼠标可移动箭头或直线。选择指针工具，双击箭头或直线打开 Object Control/Arrow 对话框，可以编辑箭头或直线的颜色、粗细、线型及箭头位置。

（3）使用矩形工具或圆形工具添加或移动图形

矩形工具和圆形工具用来在页面上绘制矩形或圆，可以将文字或数据框起来以增加图形的可读性和视觉重要性。绘制矩形：选择要加矩形的页面，工具栏选择矩形工具 ▣，在页面上任一点单击，拖动鼠标产生矩形，产生合适的矩形时松开鼠标。绘制圆形：选择要加圆形的页面，工具栏选择圆形工具 ●，在页面上任一点单击，拖动鼠标产生圆形，直至产生合适的圆形时松开鼠标。

移动矩（圆）形：选择指针工具，在矩（圆）形上单击，出现边框，说明矩（圆）形已被选中；在边框内任一点拖动鼠标可在页面内移动矩（圆）形，单击拖动方框的右下角，可以改变矩（圆）形大小。改变矩（圆）形：选择指针工具，在矩（圆）形上双击，打开 Shape Control 对话框，选择选项可以编辑矩（圆）形边界的类型、颜色和填充形式。

（4）给页面加说明

绘图窗口 Graph 菜单选择 New Legend…命令：该活动页面出现一个说明，表示页面中绘图数据的名称和图形类型，如果页面已有说明，则此操作重绘页面说明以反映页面内容的变化。

Legend 被表示为 2 组控制符，如：\L(1)%(1)，当前绘图的图标和名称由这 2 组控制符控制；\L 组表示绘图图标类型，%组代表数据名称；括号内数字表示在数据表中的位置。%组所代表的数据名称为工具栏中相应数据的名称，如果想标记真实名称，可以将%（1）等更改为数据真实名称，如"Methanol"等。

（5）文字格式

可使用 Text Format 工具 ，来改变轴标、文字说明、页面说明等的格式中文本的字体、字号和上下标。

5.5.5 页面设置和层设置

① 页面　选择绘图窗口，Format 菜单中选择 Page 命令（或在绘图窗口的层外双击），打开 Plot Detail 对话框的页面部分；使用对话框设置页面的显示选项。可以设置页的大小、显示模式及参数、页的颜色等。设置页面大小时，因为大多数绘图都是将所绘图形经剪贴板拷贝到 Word 或其他编辑工具中，拷贝图片的大小与页面设置有关，在绘图时就调整好图形的大小比例，使绘出的图形更加合适。

② 层　打开 Plot Detail 对话框的层部分，可以设置层的大小、边距、颜色、背景颜色、显示信息等。通过调整层在页面所占比例以及四边空位的大小，可使拷贝到 Word 中的图形四周的边距更为合理。

5.5.6 绘制多层图形

图层是 Origin 中的一个很重要的概念,一个绘图窗口中可以有多个图层,从而可以方便地创建和管理多个曲线或图形对象。

(1) Origin 的多图层模板

Origin 自带了几个多图层模板,这些模板允许用户在取得数据以后,只需单击"2D Graphs Extended"工具栏上相应的命令按钮,就可以在一个绘图窗口把数据绘制为多层图。

在 Files\Tutorial\Tutorial_3.opj 中四个绘图窗口即为四个图形模板。它们分别为双"Y"轴(Double Y Axis)、水平双屏(Horizontal 2 Panel)、垂直双屏(Vertical 2 Panel)和四屏(4 Panel)图形模板。

打开 Files \ Tutorial \ Tutorial _ 3.opj,如图 5-15 所示。

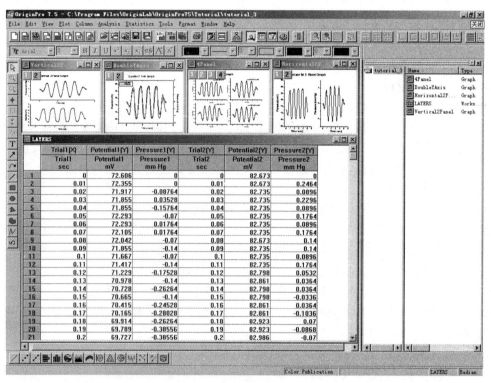

图 5-15 四个图形模板

双"Y"轴图形模板(Double Y Axis):如果数据中有两个因变量数列,它们的自变量数列相同,那么可以使用此模板。

水平双屏图形模板(Horizontal 2 Panel):如果数据中包含两组相关数列,但是两组之间没有公用的数列,那么使用水平双屏形模板。

垂直双屏图形模板(Vertical 2 Panel):与水平双屏图形模板的前提类似,只不过是两图的排列方向不同。

四屏图形模板(4 Panel):如果数据中包含四组相关数列,而且它们之间没有公用的数列,那么使用四屏图形模板。

上述四种模板再加上九屏图形模板(9 Panel)以及垂直三屏图形模板(Stack)

就是 Origin 所提供的自带多图形模板。

(2) 在工作表中指定多个"X"列

产生如图 5-16 (a) 所示六列工作表，对准 D (Y) 点右键选择 Set As X 设为"X"列 [如图 5-16 (b) 所示]，得到如图 5-16 (c) 所示工作表。说明：默认"Y"轴与左侧最近的"X"轴关联，也就是 B、C 两列与 A 列关联，E、F 两列与 D 列关联。

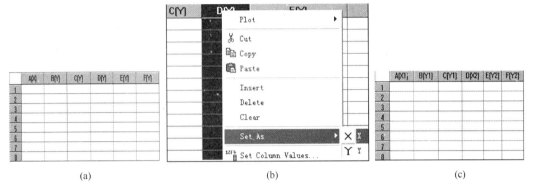

图 5-16 在工作表中指定多个"X"列

(3) 创建多层图形

Origin 允许用户自己定制图形模板。如果你已经创建了一个绘图窗口，并将它存为模板，以后就可以直接基于此模板绘图，而不必每次都一步步创建并定制同样的绘图窗口。

例 5-5 创建双层图，步骤如下所示。

(1) 激活"Layer"的工作表窗口；

(2) 单击"sinx"列的标题栏，使其高亮，表示该列被选中；

(3) 作出单层图；

(4) 在激活 Layer 窗口的前提下，Tools \ Layer，如图 5-17 所示，这个工具包含两类：Add 图层 [图 5-17 (a)] 和 Arrange 图层 [图 5-17 (b)]。

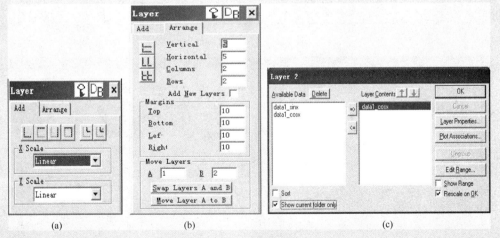

图 5-17 创建多层图形

在图 5-17 (a) 中，选 ，双击图层 2 如图 5-17 (c) 所示，然后点击 OK，得到如图 5-18 所示双层图。

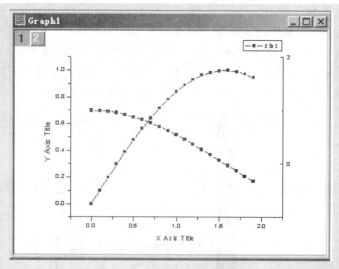

图 5-18　x-sin(x)-cos(x)双层图

关联坐标轴：Origin 可以在各图层之间的坐标轴建立关联，如果改变某一图层的坐标轴比例，那么其他图层的坐标轴比例也相应改变。

做法：双击 Layer 上的 2 图标，在调出的 Layer 对话框中点 Layer Properties，如图 5-19 所示，然后选择 Link Axes Scales，如图 5-20 所示。

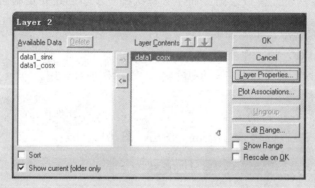

图 5-19　Layer 对话框

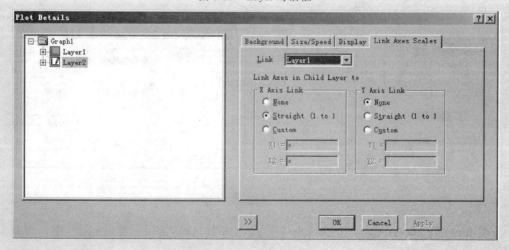

图 5-20　关联坐标轴

(4) 保存为模板

利用菜单 File（文件）\ Save Template As（保存模板为），以后就可以用此模版。调用模板用 ▨▨▨▨▨▨▨▨▨▨▨▨ 上的最后一个 ▨。

5.5.7 绘制三维图形

Origin 支持三种数据类型的三维绘图功能：XYY 工作表数据、XYZ 工作表数据、矩阵数据，但是三维表面图只能由矩阵数据创建。

在工作表中输入如图 5-21 所示数据，并把最后一列"C(Y)"设置为"C(Z)"。选择表中所有数据，运行 Plot（绘图）菜单：3D XYZ(Z)：3D Scatter Plot，点击数据点，在 Plot Details 对话框的 Line 中，将 Connect Symbols 选中，得到如图 5-21 所示三维图形。

点击工具栏的 New Matrix ▨ 图表，产生如图 5-22 所示矩阵窗口，在矩阵窗口填入有关数据。通过矩阵菜单可对矩阵设置属性，进行转置、旋转 90°、水平翻转、垂直翻转、收缩等各项操作。

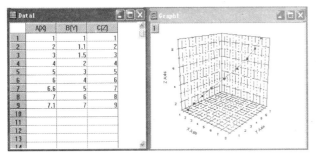
图 5-21 三维曲线图

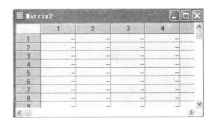
图 5-22 新建矩阵窗口

激活矩阵窗口，选择 Plot 3D 中的相应命令，就可以绘制出想要的图。三维表面图和等高线图见表 5-6。

表 5-6 三维表面图和等高线图

菜单命令	含义	模板文件
3D Color Fill Surface	三维彩色填充表面图	MESH.OTP
3D X Constant with Base	三维 X 恒定、有基底表面图	XCONST.OTP
3D Y Constant with Base	三维 Y 恒定、有基底表面图	YCONST.OTP
3D Color Map Surface	三维彩色映射表面图	CMAP.OTP
3D Bars	三维条形表面图	3DBARS.OTP
3D Wire Frame	三维线框架面图	WIREFRM.OTP
3D Wire Surface	三维线条表面图	WIREFACE.OTP
Contour-Color Fill	彩色填充等高线图	CONTOUR.OTP
Contour-B/W Lines+Labels	黑白线条、具有数字标记的等高线图	CONTLINE.OTP
Gray Scale Map	灰度映射等高线图	CONTOUR.OTP

例 5-6 矩阵文件见图 5-23，点击 \ samples \ Graphing \ 3D Plots \ 3D Surface & Contour. OPJ，打开的三维表面图和等高线图例见图 5-24，图形的绘制方法如下所述。

	1	2	3	4	5	6
1	1026	1026	1030	1018	1029	1028
2	1004	1026	1015	1014	1015	1018
3	1001	1024	1022	1019	1024	1041
4	1024	1010	1018	1036	1020	1016
5	1038	1028	1027	1050	1042	1021
6	1025	1026	1014	1024	1020	1018
7	1013	1026	1029	1035	1029	1040

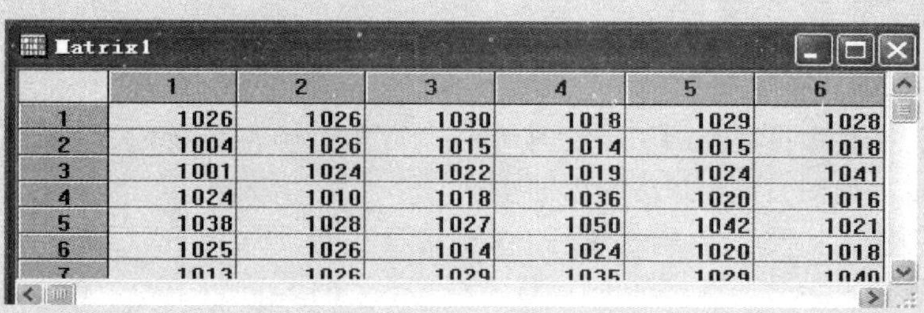

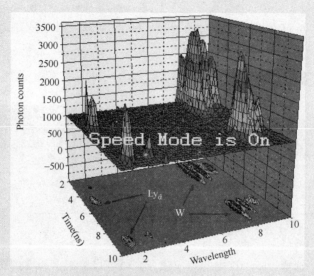

图 5-23 矩阵文件 Matrix1 窗口

图 5-24 三维表面图和等高线图

(1) 点亮 Matrix1 窗口，绘制 3D Color Map Surface graph；

(2) 设置“Z”轴刻度从－999 到 3600；

(3) 出现 Plot Details 对话框；

(4) 在 Surface/Projections 表中，为 Bottom Contour 检查 Fill Color 和 Contour Line 对话框；

(5) 设置 Surface 和 Bottom Contour 的 Line Color 为黑色；

(6) 单击 Layer1 图标，选择 Size/Speed 表，设置矩阵数据，X 和 Y 轴最大点数分别为 80 和 40；

(7) 选择 Axis 表并设置“X”“Y”和“Z”轴分别旋转 7°、－15°和－64°；

(8) 选择 Planes 表，设置“YZ”和“ZX”平面的相应颜色为 LT Yellow 和 Dark Yellow，单击 OK 键；

(9) 更改轴标，增加箭头，对底部等高线进行标注。

激活图形窗口后，在 Format/Plot 里设置图形的各个参数，随着图形的不同，这个选项也不同。当激活 3D 图形窗口后，会出现控制图形透射的控制按钮：。

3D 绘图功能非常强大，选项也很多，在用到的时候仔细思考，可以把图做得清楚好看。

同样，选用矩阵文件 Matrix1，可绘制其他三维表面图和等高线图。点击 \ samples \ Graphing \ 3D Plots \ 3D Pie Chart.OPJ，可以绘制三维饼图，更多有关三维图形的绘制可参考软件的说明书或帮助文件自己学习。

与 Matlab、Grapher 或 Surfer 相比，Origin 的三维作图功能显得有些粗糙，一般科学论文绘图：2D 绘图用 Origin，3D 绘图用 Surfer 或 Matlab。普通报告绘图：2D 绘图用 Origin、Grapher，3D 绘图用 Excel。

5.5.8 创建版面页

版面页（Layout）用于创建图形外观，绘图窗口和工作表窗口的图片都在页面中显示和排序，另外也可以向版面页中加入图形目标和文本，以加强外观的表现效果。

利用 File→New→Layout 或者工具栏上的 新建版面页。

添加的方法为在 Layout 上点右键→Add……或者点击 Layout 菜单执行。

如图 5-25 所示，在 Layout1 中添加 Graph 1 和 Data1。

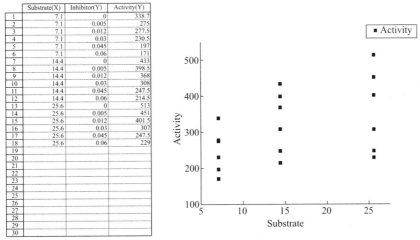

图 5-25　版面页示例

5.5.9 更多实例

点击 \ Samples \ Graphing \ 2D Plots \ Polar.OPJ 可以绘制极坐标图，点击 \ Samples \ Graphing \ 2D Plots \ Ternary.OPJ 可以绘制萃取三元相图，有关更多二维图形的绘制例子可参考软件的说明书或帮助文件自己学习。

例 5-7　三元相图的绘制方法

以点击 \ Samples \ Graphing \ 2D Plots \ Ternary.OPJ 绘制三元相图（图 5-26）为例进行说明。

有四个工作表，分别是 PF1、PF2、PF3 和 PF4。每个工作表均有"X、Y、Z"三列数据，其中"X"列、"Y"列、"Z"列分别是 Medium、Fine 和 Coarse 的质量百分数。

解：(1) 选择工作表 PF1 的 A、B、C 列，从菜单 Plot 中选 Ternary 生成一个三元相图；

(2) 按下 Alt 键双击 Layer1 图标，并选择数据列 pf2_c、pf3_c 和 pf4_c 加入图层内容，单击 OK；

(3) 在图上右键单击打开 Plot Details 对话框，进行各条线的线宽、颜色和图例的设置；

5　科学绘图及数据分析软件 Origin

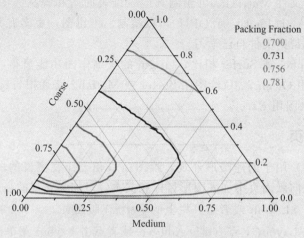

图 5-26 三元相平衡图

(4) 右键单击 "Z" 轴选择 Properties…Context Menu，在 Text Control 对话框中写 "Coarse"；

(5) 双击 "X" 轴标题写 "Medium"；

(6) 单击 "Y" 轴标题点击 Delete 键。

例 5-8 作图法求精馏塔理论级数：一个连续精馏塔，分离苯和甲苯的混合液，其相对挥发度为 2.46。若料液中含苯 0.45，而要求塔顶产品中含苯不低于 0.95，塔底产品中含苯不高于 0.05（以上均为摩尔分数）。作业时，液体进料 $q=1.9$，回流比控制为 2，试用作图法求该精馏塔的精馏段、提馏段理论级数以及全塔的理论级数（如图 5-27 所示）。

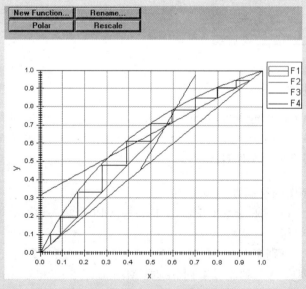

图 5-27 精馏塔作图法求理论板数

解：求理论级数的顺序是：先建立直角坐标系，画出辅助对角线，再绘出相平衡线、操作线，然后画梯级，得到结果。

理想溶液体系可用相平衡关系相对挥发度 α 表示，即：$y=\dfrac{\alpha x}{1+(\alpha-1)x}=\dfrac{2.46x}{1+1.46x}$

式中　y——气相中易挥发组分的摩尔分数；

　　　x——液相中易挥发组分的摩尔分数。

精馏的操作线有两条，一条是精馏段的操作线，在恒摩尔流时其方程式为：

$$y_{n+1}=\dfrac{R}{R+1}x_n+\dfrac{x_D}{R+1}=\dfrac{2x_n}{3}+\dfrac{0.95}{3}=0.6667x_n+0.3167$$

式中　y_{n+1}——第 $n+1$ 块理论塔板上气相中易挥发组分的摩尔分数；

　　　x_n——第 n 块理论塔板上液相中易挥发组分的摩尔分数；

　　　x_D——塔顶产品中易挥发组分的摩尔分数；

　　　R——回流比。

另一条是提馏段的操作线，它是精馏段操作线与进料方程的交点和塔釜产品浓度的坐标点的连线。进料方程又称 q 线方程，即：

$$y=\dfrac{q}{q-1}x-\dfrac{x_F}{q-1}=2.111x-0.5$$

式中　q——进料热状态参数；

　　　x_F——原料中易挥发组分的摩尔分数。

应用 Origin 软件作梯级求精馏塔理论级数的步骤如下所述。

(1) 从文件菜单新建 Function，"F1(x)=x"，范围从 0 到 1，横坐标标签改为"x"，对"x"轴的 Scale，Increment 取 0.1，minor 取 9；纵坐标标签改为"y"，对"y"轴的 Scale，Increment 取 0.1，minor 取 9。

(2) 点 New Function，定义"F2(x)=2.46*x/(1+1.46*x)"，作相平衡线，范围从 0 到 1。

(3) 点 New Function，定义"F3(x)=2.111*x−0.5"，作 q 线，范围从 0.45 到 0.7。

(4) 用 Line Tools 连 (0.05, 0.05) 和精馏段操作线与 q 线的交点得到提馏段操作线。

(5) 在操作线和相平衡线间用 Line Tools 作阶梯（可借助 🔍、🔍 进行局部放大、缩小辅助作图），得到精馏段理论板数为 4 块，提馏段理论板数为 6 块（包括塔釜），全塔总理论板数为 10 块，如图 5-27 所示。将本题存为模板，稍修改，可用于求精馏塔类似问题。

例 5-9　作图法求吸收塔理论级数：用洗油吸收焦炉中的芳烃。吸收塔内的温度为 27℃、压强为 106.656kPa。焦炉气流量为 850m³/h，其中所含芳烃的摩尔分率为 0.02，要求芳烃回收率不低于 95%。进入塔顶的煤油中所含芳烃的摩尔分率为 0.005。若取溶剂用量为 6.06kmol/h，试求：①塔底流出液的浓度；②该塔所需的理论板数。已知操作条件下的平衡关系可用下式表示：$Y^*=\dfrac{0.125X}{1+0.875X}$

解：① 进入吸收塔的惰性气体摩尔流量为：

$$V=\dfrac{850}{22.4}\times\dfrac{273}{273+27}\times\dfrac{106.656}{101.325}\times(1-0.02)=35.62\text{kmol/h}$$

又知溶剂用量 $L=6.06$ kmol/h，故 $L/V=0.1701$

而进塔气体芳烃的浓度为：$Y_1=0.02/(1-0.02)=0.0204$

出塔气体中芳烃的浓度为：$Y_2=0.0204\times(1-0.95)=0.00102$

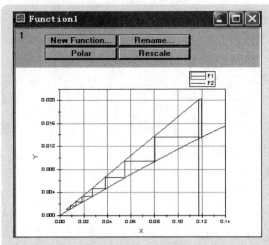

图 5-28 吸收塔作图法求理论板数

进塔洗油中芳烃浓度为：$X_2 = 0.005/(1-0.005) = 0.00503$

由物料衡算可得塔底流出液的浓度 $X_1 = X_2 + (Y_1 - Y_2)/(L/V) = 0.1189$

操作线方程为 $Y = 0.17013(X - X_2) + Y_2 = 0.17013X + 0.0001642$

② 应用 Origin 软件作梯级求吸收塔理论级数的步骤如下所述。

a. 从文件菜单新建 Function，"F1(x) = 0.17013 * x + 0.0001642"，范围从 0.00503 到 0.1189。横坐标标签改为"x"，对"x"轴的 Scale，范围从 0 到 0.14，Increment 取 0.02，minor 取 1；纵坐标标签改为"y"；对"y"轴的 Scale，范围从 0 到 0.022，Increment 取 0.004，♯minor 取 1。

b. 点 New Function，定义"F2(x) = 0.125 * x/(1 + 0.875 * x)"，作相平衡线，范围从 0 到 0.14。

c. 从 (0.00503, 0.00102) 开始在相平衡线和操作线间作阶梯，直到"x">0.1189 为止，从图 5-28 知理论板数为 7.88 块，取 8 块。

注意：在作图时，Origin 提供用来读取图形窗口上的数据和坐标的几个工具，分别为：屏幕读取工具 ✢、数据读取工具 ⊞ 和数据选择工具 ✥。利用这些工具可以精确地读取数据等。在 Origin 中，可以对图形进行寻峰、放大、缩小、读取数点坐标、读取屏幕上任意点的坐标等操作。如可以单击"Tools"工具栏中的按钮"🔍"，然后拖动选择所需区域将其放大，然后可以使用"⊞"或"✢"读取曲线中的数据点或屏幕中的任意点的坐标，这时将显示一个"数据显示"窗口，其中包含该点的"X"和"Y"坐标值。

5.6 曲线拟合

Origin 提供了多种可以进行数据拟合的函数，除线性回归、多项式回归等常用的拟合形式外，还提供了自定义函数，可以进行非线性拟合，对于 $Y = F(A, X)$ 类型（A 为参数）的函数，可以方便地拟合出参数值。并且，由于 Origin 提供了图形窗口，拟合得到的结果可以直观显示，因此如使用得当，还可大大减少试验拟合的次数，及时获得最佳的拟合结果，对大多数情况，使用 Origin 进行 $Y = F(A, X)$ 类型（A 为参数）函数的参数拟合要比使用专有程序方便得多。

当在绘图窗口进行线性或非线性拟合时，首先将要拟合的数据激活，方法是在 Data 菜单下的数据列表中选中要进行拟合的数据，被激活的数据前有√号。而拟合后的结果都保存在 Results Log 窗口中，可以方便地拷贝粘贴到其他应用程序中。

5.6.1 线性拟合

Origin 的线性和多项式拟合的菜单命令都在 Analysis 菜单中。当选择了拟合的命令后，参数的初始化以及线性最小二乘拟合都是自动进行的。拟合结束后产生一个工作表格放拟合数据，在绘图窗口中显示拟合曲线，拟合参数和统计结果记录在 Results Log 窗口中。

(1) 线性回归

欲对被激活的数据进行直线拟合，选择 Analysis：Fit Linear 命令，对 X（自变量）和 Y（因变量），线性回归方程是 $Y_i = A + BX_i$，参数 A（截距）和 B（斜率）由最小二乘法计算。拟合后，Origin 产生一个新的（隐藏的）包含拟合数据的工作表格，并将拟合出的数据在绘图窗口绘出，同时将下列参数显示在 Results Log 窗口中。

A 截距及其标准偏差　　B 斜率及其标准偏差　　R 相关系数　　N 数据点数
P $R=0$ 的概率　　SD 拟合的标准偏差

$$R = 1 - \frac{\sum_{i=1}^{N}(Y_i - Y_i^*)^2}{\sum_{i=1}^{N}(Y_i - \overline{Y})^2} \quad Y_i, Y_i^*, \overline{Y} \text{ 分别为实验值、拟合值和平均值}$$

线性相关的检验系数取值范围是 $0 \leqslant R \leqslant 1$，当 $R \approx 1$ 时，拟合得到的方程才能被使用。

例 5-10 已知 20℃ 下 SO_2 在水中的平衡数据见表 5-7，求出该状态下的平衡方程。

表 5-7　20℃ 下 SO_2 在水中的平衡数据

$10^3 x$	0.141	0.281	0.562	0.843	1.40	1.96	2.80	4.20
$10^2 y$	0.158	0.421	1.12	1.86	3.42	5.13	7.76	12.10

y 与 x 可用 $y = ax^b$ 来表示。令 $Y = \lg y$，$A = \lg a$，$B = b$，$X = \lg x$，原函数变为 $Y = A + BX$，见下表。

X	-3.851	-3.551	-3.250	-3.074	-2.854	-2.708	-2.553	-2.377
Y	-2.801	-2.376	-1.951	-1.730	-1.466	-1.290	-1.110	-0.917

数据经线性拟合，得到的结果（Results Log）及图形如图 5-29 所示。$A = 2.15965$，$B = 1.27669$，相关系数 $R = 0.9988$，再换算为 $a = 144.4275$，$b = 1.27669$。

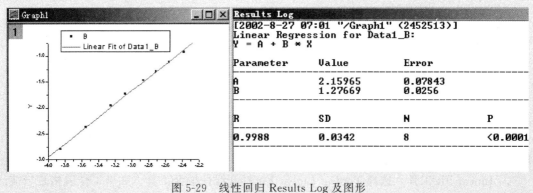

图 5-29　线性回归 Results Log 及图形

(2) 多项式回归

对被激活的数据组用 $Y=A+B_1X+B_2X^2+B_3X^3+\cdots+B_kX^k$ 进行拟合，选用 Analysis：Fit Polynomial 命令，Origin 打开一个 Polynomial Fit to Dataset 对话框，在对话框中可以设置级数（1~9），拟合曲线的点数，拟合曲线的最大最小 x 值，如果欲在绘图窗口显示公式，可选择 Show Formula on Graph 选项。单击 OK 按钮完成拟合。拟合结束后，Origin 产生一个新的（隐藏的）包含拟合数据的工作表格，并将拟合出的数据在绘图窗口绘出，同时将参数结果显示在 Results Log 窗口中。

(3) 多元线性回归

多元线性回归在工作表格上进行。Origin 默认工作表格的第一列为自变量（X），所选择的列为因变量（Y），多元线性回归模型如下：$Y=A+B_1X_1+B_2X_2+\cdots+B_kX_k$。

欲在工作表格进行多元线性回归，先选择自变量的列，然后选择 Statistics/Analysis（6.0 版本）：Multiple Regression 命令，该菜单命令打开一个 Attention 对话框确认数据的选择和自动指认正确，单击 OK 按钮完成回归。回归结果显示在 Results Log 窗口。

例 5-11 某种水泥在凝固时放出的热量 Y 与水泥中 2 种组成有关：X_1：$CaO \cdot Al_2O_3$ 的质量含量，X_2：$CaO \cdot SiO_2$ 的质量含量，表 5-8 中的数据经多元线性回归，可以得到的结果（Results Log）。

表 5-8 组分含量关系

X_1	X_2	$Y/(J/g)$	X_1	X_2	$Y/(J/g)$
328.13	0.07	0.26	303.05	0.01	0.31
310.57	0.01	0.29	389.16	0.02	0.54
435.97	0.11	0.56	484.46	0.21	0.47
366.17	0.11	0.31	350.28	0.01	0.4
400.86	0.07	0.52	473.49	0.11	0.66
456.46	0.11	0.55	457.29	0.1	0.68
429.29	0.03	0.71			

Multiple Regression on Data1：
Independent：Column（B）＞Column（C）
Dependent：Column（A）
Parameter：Value　Error　t－Value　Prob＞|t|
Y－Intercept　219.79532　9.55294　23.00813＜0.0001
B　　　　　　613.6959　50.68646　12.10769＜0.0001
Y=219.79532+613.6959X1+276.7661X2

(4) 用工具进行线性拟合

Origin 提供了 2 个工具来简化线性拟合和多项式拟合：Linear Fit 和 Polynomial Fit 工具，这些工具可以比菜单命令使用更多的控制。

① Linear Fit 工具　选择 Tools：Linear Fit 打开线性拟合工具。如果工作表格是当前活动窗口，必须选择"Y"列才能完成线性回归，如果使用权重拟合，Error Bar 列也必须和"Y"列一起被选中；如果当前活动窗口是绘图窗口，将处于活动的数据图进行回归，如果

使用权重拟合，Error Bars 也必须被绘出。

② Linear Fit 工具框（见图 5-30）　Settings 标签：可以设置拟合曲线选项，包括：可设置点数（Points，拟合曲线工作表格中的数据集点数）；边缘大小（Range Margin，设置拟合曲线的"X"范围比原数据点"X"范围超出的百分比）；设置置信度（Confidence，为计算置信度和预测界限）；设置固定的斜率（要使用这项，必须在 Option 标签中选择 Fix Slope 选项）；选择 Apparent Fit 选项使用当前坐标范围内的点拟合；选择 Span X Axis 选项将计算扩展到整个"X"轴范围的拟合曲线；选择 Residual Data 选项可以在相关的工作表格中产生 2 列，Fit（Y）列包含拟合数值，Residual（Y）列包含残差（Residual）值。选择 Fit All Curves 可拟合当前绘图窗口中所有数据。Statistics Output 选择 Simple 按钮在 Results Log 输出简单的拟合统计，包括截距、斜率值、相关系数 R、标准偏差输出、原始数据点数和 P（the P value for the t-test of the slope=0）。选择 Advanced 按钮将除输出上述项目外还包括 t-检验值和 ANOVA 表。

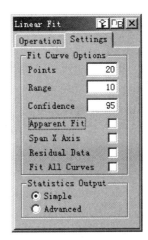

图 5-30　Linear Fit 工具框

Operation 标签：可以设置操作选项，选择 Through Zero 选项限定通过原点的直线回归，取消此设置则为一般线性回归；选择 Fix Slope 选项可将斜率值固定为一固定值（在 Settings 标签中），取消此设置则为一般线性回归；选择 Error as Weight 选项则使用 Error Bars 作为权重（1/error^2）；选择 Confidence Bands 选项将绘出拟合曲线的可信区；选择 Prediction Bands 选项将与拟合曲线同时绘出上下预测区。

单击 Fit 按钮按设定方式执行线性回归操作。

③ Polynomial Fit 工具　与线性拟合工具使用方法类似可参照使用。Polynomial Fit 工具框见图 5-31。

5.6.2　非线性曲线拟合

（1）从菜单命令拟合

拟合曲线的目的是根据已知数据找出相应函数的系数。在绘图窗口，Analysis 菜单中选择相应的命令可以完成非线性拟合，拟合参数和统计结果显示在 Results 窗口。此类拟合包括以下几种。

Exponential Decay：First Order（一阶指数衰减拟合）："$y=y0+A1\exp(-x/t1)$"；

Exponential Decay：Second Order（二阶指数衰减拟合）："$y=y0+A1\exp(-x/t1)+$

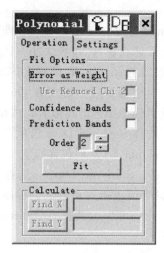

图 5-31 Polynomial Fit 工具框

A2exp(−x/t2)";

Exponential Decay：Third Order（三阶指数衰减拟合）："y＝y0＋A1exp(−x/t1)＋A2exp(−x/t2)＋A3exp(−x/t3)"；

Exponential Growth（指数增长拟合）："y＝y0＋A1exp(x/t1)"；

Gaussian（Gaussion 拟合）："(A/w * sqrt(PI/2)) * exp(−2 * (x−x0)^2/w^2)＋y0"；

Lorentzian（Lorentzian 拟合）："(2 * A * w/PI)/(w^2＋4 * (x−x0)^2)"；

Sigmoidal（S 拟合）："(A1−A2)/{1＋exp((x-x0)/dx)}＋A2"；

Multiple Gaussian；Multiple Lorentzian（多峰值拟合，按照峰值分段拟和，每一段采用 Gaussion 或者 Lorentzian 方法）。

(2) 非线性曲线拟合（Nonlinear Curve Fit）

非线性最小二乘拟合（NLSF）是 Origin 提供的功能最强大、使用也最复杂的拟合工具。可以将自己的数据对一个（或一套）函数，基于一个（或多个）自变量进行最高可达到 200 个参数的拟合。具体方法是 Analysis \ Non Linear Curve Fit \ Advanced Fitting Tools 或者 NLSF Wizad（见图 5-32）。

Origin 提供了近 200 个内置的函数可供选择，如果这些函数还无法适应实际的需要，用户还可以自己定义函数进行拟合。Origin 的非线性拟合方法基于非线性最小二乘拟合中最普遍使用的 Levenberg-Marquardt（LM，阻尼最小二乘法）算法，其拟合过程非常灵活，用户几乎可以对拟合过程进行完全控制，其主要体现在以下几个方面。

◆ 正式拟合前选择最佳的参数初始值（将所绘数据图与原始数据进行比较）。

◆ 对参数值可以进行线性约束。

◆ 可以监视迭代过程中的一些相关的量。

◆ 选择权重方法。

◆ 方便设置拟合数据范围等。

但尽管 LM 算法是解决此类问题的最有力算法，当数据和拟合出的曲线在外形上明显不同时，它还需要用户介入。

① 打开非线性最小二乘拟合程序　无论当前活动窗口是工作表格还是绘图窗口，选择 Analysis：Non Linear Curve Fit 命令都可以打开非线性最小二乘拟合程序。在拟合程序中

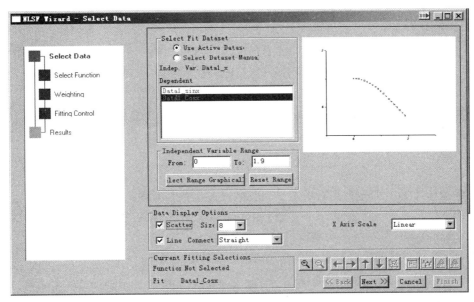

图 5-32 非线性曲线拟合

用户所需的一切均可在拟合窗口完成。NLSF 有两种模式——基础和高级（Basic and Advanced）可供选择，两种模式均可用来拟合数据，所不同的是提供的选项的多少和使用复杂程度的高低。

基础模式比较简单，容易使用和理解，使用这种模式可以达到以下效果。

◆ 从简化的内置函数中选择一函数形式。

◆ 选择要进行拟合的数据集。

◆ 进行一个迭代的拟合过程。

◆ 在图上显示结果。

高级模式包括更多的选项，使用这种模式可以达到以下效果。

◆ 定义一个脚本（Script，相当于一段小程序）来初始化参数。

◆ 加以线性约束。

◆ 定义自己的拟合函数。

◆ 指定权重方法和终止标准。

◆ 显示可信区（Confidence）和预测区（Prediction）、残差图（Residue Plot）、参数工作表格和方差-协方差矩阵。

◆ 用选定的共享参数拟合多组数据集。

◆ 改变参数名称。

例 5-12 使用基础模式拟合一个一级指数衰减函数的实例。

解：标准工具栏中单击 Open 按钮打开 Open 对话框，在文件类型选 Project(＊.OPJ)，在 Origin TUTORIAL 文件夹中，双击 FITEXMP1.OPJ 文件，打开该文件并显示一个简单的数据图。现在开始使用 NLSF 的基础模式。

在绘图窗口被激活时，选择 Analysis：Non Linear Curve Fit 命令打开 NLSF 的 Select

Function 对话框如下（如显示的是高级模式，选择 Options：Basic Mode 或按 Basic Mode 按钮将其变为基础模式）。

选择函数：如果 Select Function 对话框没有显示，单击 Select Function 按钮令其显示，在 Functions 列表框中，在 ExpDecl 上单击选择 First Order Exponential Decay 函数。

开始拟合：单击 Start Fitting 按钮，一个 Attention 信息提醒用户尚未选择欲拟合的数据集，用户可以选择当前的活动数据集（Active Dataset）或选择其他数据集（Another Dataset），选择 Active Dataset，Fitting Session 对话框取代 Select Function 对话框。

◆ 设定参数：假定要拟合的数据对指数衰减函数具有固定的垂直偏差"y0"＝4，在"y0"参数的文字框中输入 4，去掉该参数的 Vary 选项；在"A1"参数的文字框中输入 8，在"t1"参数的文字框中输入 1，确认"A1"和"t1"参数的 Vary 选项均被选中（迭代中这两个参数会变化），如图 5-33 所示。

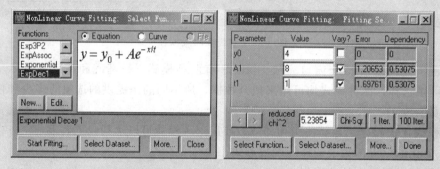

图 5-33 非线性曲线拟合界面

◆ 开始迭代：单击 1 Iter. 执行一次迭代，"A1"和"t1"的新值以及 Chi-Square 都显示新数值，注意我们前面设置为固定的参数"y0"保持不变，对应于当前参数的理论曲线显示在 Graph1 窗口。单击 10 Iter. 执行 10 次迭代，拟合结果明显改善，如图 5-34 所示。

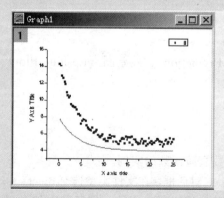 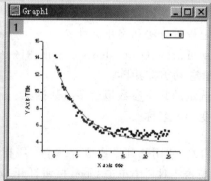

图 5-34 非线性曲线拟合 1 次迭代和 10 次迭代图形

◆ 结束拟合：单击 Done 按钮，fitter's 对话框关闭，参数值显示在图上和 Results Log 窗口，如图 5-35 所示。

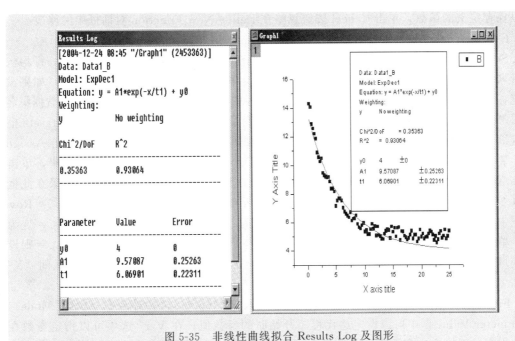

图 5-35　非线性曲线拟合 Results Log 及图形

② 基础模式的对话栏　包括 5 个对话栏、Select Function、Define New Function、Edit Function、Select Dataset 和 Fitting Session。单击相应的按钮可打开相应的对话栏。

a. Select Function 对话栏　默认调用曲线拟合时打开此对话栏，在该对话栏中，可以在 Functions 列表中选择要用的函数（如列表中没有，可按 More 按钮打开高级模式选择其他函数集）；如果选用了内置函数，可在 View 栏中显示函数的曲线外形或函数代数形式，单击 Start Fitting 或 Select Dataset 按钮可打开相应对话栏；单击 More 按钮可打开高级模式；单击 New 按钮可打开 Define New Function 对话栏，单击 Edit 按钮可打开 Edit Function 对话栏。

b. Define New Function 对话栏　Name 文本框中输入新函数的名称，如果保存该函数，则此名称出现的函数列表中；Type 下拉列表中可选择用户定义或外部动态链接库；参数数目 Number of Parameters 下拉列表中可选择参数的数目；如选中 User Defined Parameters Names 选项，可在 Parameter Names 文字框中设置函数参数的名称，否则 Origin 默认使用 P1、P2…为参数名称。在 Independent Var 文字框中输入自变量的名称，在 Dependent Var 文字框中输入因变量名称，如有多个，用逗号分隔。在 Defintions 文字框中可以定义函数，函数可以用三种形式定义，可在 Form 下拉列表中选择所用的形式，这三种形式分别为 Expression、Y-Script 和 Equations。

Expression 形式为 "a * x + b * x^2 + exp(C * X)"，不能定义多个因变量的函数。

Y-Script 形式：用 LabTalk 脚本定义，可以使用循环、中间变量等，这是最灵活的定义函数的方法，每个因变量要使用一行以 "y=…" 的形式定义。

Equations 形式：如果有一个或多个因变量而没有循环、条件设置等，可选用此形式。形式为 "y_1=…" "y_2=…" 其中 "y_1" "y_2" 是因变量名称，每一行均为此形式，可以包括中间变量。

单击 File/Form 按钮（高级模式）可以显示和编辑函数定义文件的内容，单击 Save 按钮可以保存定义的函数，单击 Cancel 按钮忽略在 Define New Function 对话框中的修改。

c. Editing Function 对话框　与 Define New Function 相同，可参考使用。

d. Select Dataset（Basic Mode）对话框　在 Variables：Datasets 列表栏中，每一行均包括变量名称、自变量或因变量、指定对应的数据集名称和数据集中所选范围等信息，如果没有指定，相应部分显示？。Available Datasets 列表栏中显示当前文件中所包含的所有数据集名称；用户必须将所有变量均指定数据集，要指定因变量的数据集，在 Variables：Datasets 框中选定欲指定的因变量，然后在 Available Datasets 框中选定所指定的数据集，单击 Assign 按钮；要指定自变量的数据集，直接在 Available Datasets 框中选定所指定的数据集，单击 Assign X 按钮：在 Fitting Step Size 框中可以设置在拟合中是否要忽略一些点，如果在此框中输入 2，则拟合时只使用间隔的点，输入 1 使用所有的点；如果选中因变量，在＜＝Row＜＝框中可以设置因变量数据集用于拟合的数据期间；如选择了自变量，＜＝Row＜＝变为按钮，单击变为＜＝X＜＝按钮，选择前者意味着与因变量相同，如果选择＜＝X＜＝则设置自变量用于拟合的数据期间，如"3.1＜＝X＜＝9.7"表示用于拟合的自变量区间"X"介于 3.1 和 9.7 之间。

e. Fitting Session　单击 Start Fitting 按钮进入 Fitting Session 对话框（Basic Mode），在 Parameter Value 框中可以设定迭代程序开始时的参数值；在 Vary 选项可以指定参数在迭代过程中是否改变；在至少一次迭代完成后，将在 Error 列表框中列出标准偏差；在 Dependency 列表框中，显示参数的相关性，接近 1 为强相关；单击 Chi-Sqr 按钮显示当前参数下的 Chi-Square 值，每次迭代后自动更新；单击 1 Iter. 按钮完成一次迭代；按 n Iter. 按钮可完成 n 次迭代，n 的数值可在高级模式中更改，按 ESC 键中断迭代；用＜和＞按钮可以重新得到执行迭代以前的参数值。

③ 高级模式　在基础模式中按 More 按钮进入高级模式。拟合菜单条包括 4 个菜单 Function、Action、Options 和 Scripts，每个菜单下包含有多条命令；下面的拟合工具条包括 12 个按钮，每个按钮对应一条命令，可选择 Options：Toolbar 命令决定是否显示工具按钮条；执行命令或单击按钮会打开相应的对话框；使用过程可参照基础模式的使用。

5.6.3　Origin 自定义公式拟合技巧

Origin 虽然提供了强大的拟合曲线库，但在实际使用中，你可能会发觉在所提供的曲线库中没有你想要拟合的公式，这时你就可以使用用户自定义公式进行拟合。过程如下所述。

① 打开主工具栏中 Analysis 的 Non Linear Curve Fit…，会出现一个选择公式界面。

② 选择编辑公式，需要提供公式名称以供系统保存；还要提供参数的个数及主变量和因变量符号。

③ 将公式写在编辑框内，注意千万别写错了。写完后按 Save 进行保存。

④ 现在开始拟合：在 Action 中选 Dataset，提供主变量和因变量的一些相关参数。

⑤ 在 Action 中选 Simulate，在参数中填上你根据数据及其他一些条件确定的粗略的初始参数以及拟合起始点的位置及拟合点数，然后按下 Create Curve 就会在图上出现一条拟合曲线，但这往往与期望值差距较大，因此接下来需要进行参数优化。

⑥ 参数优化采用试错法，根据曲线形状逐渐改变参数，注意多参数时改变任何一个参数都会改变曲线形状，因此可以一次变一个参数，直到达到满意的形状。

⑦ 在 Action 中选 Fit，按下 Chi-Sqr 和 10-Lit。

⑧ 在 Action 中选 Results，按下 Param Worksheet 生成拟合曲线及数据。此时可以关闭拟合界面。

⑨ 在图左上角右键点 1，选 Add/Remove Plot，将多余的曲线删除，将 NLSF 系列曲线留下。拟合数据可在 Param Worksheet 中看到。这样就完成了一次自定义曲线拟合。

例 5-13 在高级模式中使用用户自定义的双变量函数拟合的实例。

所使用的函数形式："act=vm * substr/(km+(1+inhib/k) * substr)"；

◆ 打开文件：单击 Open 按钮打开 Open 对话框，在 Origin 的 TUTORIAL 文件夹双击 FITEXMP3.OPJ 文件，打开该文件并显示一个简单的数据图。

◆ 开始拟合过程：选择 Analysis：Non Linear Curve Fit 打开 NLSF 窗口；如果是基础模式，单击 More 按钮变成高级模式。

◆ 定义函数：选择 Function：New 命令打开 Define New Function 对话框；在 Name 框中输入 Tutorial，在 Form 下拉选项中选择 Y-Script；选择 User Denfined Param 选项，在 Parameter Names 栏中输入 "ki"、"km"、"vm"，在拟合中使用这些参数名；在 Independent Var 文字框中输入 Substr、inhib，在 DependentVar 文字框中输入 act，在函数定义中必须使用这几个名字作为自变量和因变量的名称；在 Denfintion 编辑框中输入定义函数的 2 个命令：单击 Save 保存函数。

"mix=inhib/ki"；

"act=vm * Substr=(km+(1+mix) * Substr)"。

◆ 指定变量对应的数据集：选择 Action：Dataset 命令，打开 Select Dataset 对话框；单击选中 Act 因变量，在 Available Datasets 列表框中选择 Data1_Activity，单击 Assign 按钮将因变量 Act 指定为数据集 Data1_Activty；在 Variables：Datasets 列表框中选中 Substr 自变量，在 Available Datasets 列表框中选择 Data1_Substrate，单击 Assign 按钮将自变量 Substr 指定为数据集 Data1_Substrate；同样将自变量 inhib 指定为数据集 data1_inhibitor。

◆ 进入拟合过程：选择 Action：Fit 打开 Fitting Session 对话框；首先初始化参数，在参数 "ki" 的 Value 文字框中输入 0.01、"km" 输入 1、"vm" 输入 100 并将三个参数均设为拟合中可变（均选中 Vary 选项）；然后开始拟合数据，单击 100 Iter. 按钮，实际迭代数少于 100（在 10 次迭代以内得到了满意的拟合结果，如想确认可按 1 Iter. 按钮，可以看出 Chi^2 值几乎不变）。

◆ 结束拟合：单击 Done 按钮对话框关闭，参数值显示在图上和 Results Log 窗口。

例 5-14 在精馏塔优化设计中，可以利用吉利兰曲线计算塔板数，已知吉利兰曲线形状与函数 "y=a+bxc" 相似，其横坐标为自变量 $x=\dfrac{R-R_{min}}{R+1}$，纵坐标为因变量 $y=\dfrac{N-N_{min}}{N+1}$，x、y 数据见表 5-9，在曲线上取若干点，试求出待定系数 "a"、"b"、"c" 并采用双对数坐标绘出吉利兰图。

表 5-9 x、y 数据

x	0.01	0.02	0.04	0.1	0.2	0.3	0.4	0.5	0.6	0.8	0.9	1.0
y	0.69	0.66	0.63	0.54	0.45	0.37	0.30	0.24	0.19	0.09	0.05	0.0

拟合步骤如下所述。

◆ 在工作表 Data1 中输入 x、y 数据,在绘图窗口被激活时,选择 Analysis:Non Linear Curve Fit 命令打开 NLSF 的 Select Function 对话框如下(高级模式)。

◆ 选择函数:如果 Select Function 对话框没有显示,单击 Select Function 按钮令其显示,在 Functions 列表框中,在 Power 上单击选择 Allomtric 函数。

◆ 指定变量对应的数据集:选择 Action:Dataset 命令,打开 Select Dataset 对话框;单击选中"y"因变量,在 Available Datasets 列表框中选择 Data 1＿b,单击 Assign 按钮将因变量"y"指定为数据集 Data1＿b;在 Variables:Datasets 列表框中选中"x"为自变量,在 Available Datasets 列表框中选择 Data1＿a,单击 Assign 按钮将自变量"x"指定为数据集 Data1＿a。

◆ 进入拟合过程:选择 Action:Fit 打开 Fitting Session 对话框;首先初始化参数,在参数"a"的 Value 文字框中输入 1、"b"输入 1、"c"输入 1 并将三个参数均设为拟合中可变(Vary 选项),然后开始拟合数据,单击 100 Iter. 按钮,实际迭代数少于 100(已在 100 次迭代以内得到了满意的拟合结果,如想确认可按 1 Iter. 按钮,可以看出 Chi^2 值几乎不变)。拟合结果"a"＝0.74474,"b"＝－0.7423,"c"＝0.56594。

◆ 结束拟合:单击 Done 按钮对话框关闭,参数值显示在图上和 Results Log 窗口。

◆ 采用双对数坐标绘吉利兰图(见图 5-36)。

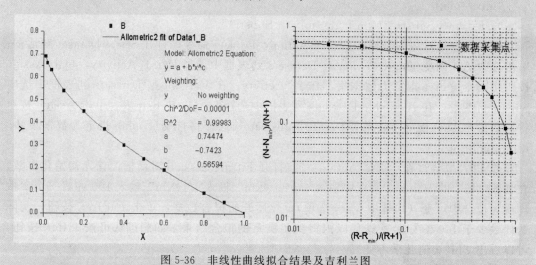

图 5-36 非线性曲线拟合结果及吉利兰图

6

Visual Basic使用与介绍

6.1 Visual Basic 简介

6.1.1 主窗口的组成

主窗口包括标题栏、菜单栏、(标准)工具栏(可浮动)、工具箱(即控件工具栏)、窗体设计窗口、工程资源管理窗口、属性窗口、窗体布局窗口。

6.1.2 对象、属性、事件和方法

Visual Basic (VB) 采用面向对象的程序设计技术,利用对象的属性、事件和方法编程,以完成应用程序的特定任务。其特点是:程序启动后,由开发者编制的若干程序代码并不立即运行,直到对象捕捉到某个事件的发生时,才被激活执行。

(1) 对象(Object)——应用程序的基本运行实体

窗体及窗体上的各种控件。常用的标准控件如下所述。

Picture Box (图片框):可显示视为图形的图片或文本,也可作为能容纳其他控件的父控件。

Lable (标签):用于输出文本信息,不能输入文本。

Text Box (文本框):可用于输入输出文本并能编辑。

Frame (框架):把相关控件组合在一起,可组合的常用控件如单选钮、多选钮、命令按钮等。

Command Button (命令按钮):单击此钮执行规定操作。

Option Button (单选按钮):用于实现单项互斥选择。

Check Box (复选框):用于实现多个选择。

Combo Box (文本和列表框组合):既可选择又可编辑。

Timer (定时器):定时发生某一事件。

Line (直线):在窗体中绘制直线。

(2) 属性(Property)——描述对象特征的数据

常见的属性有以下几种。

Name（名称）：窗体或控件的名称。
Caption（标题）：窗体或控件上可见的文字说明标题。
Back Color（背景颜色）：窗体或控件的底色。
Fore Color（前景颜色）：字符或形状的颜色。
Enabled（可用否）：指定对象可否使用。
Height（高度）：对象的高度。
Width（宽度）：对象的宽度。
Value（值）：对象的取值。
Visible（可见）：显示或隐藏对象。
Scale Mode（度量单位）：设置窗体的度量单位，它将影响该窗体中的子控件的度量单位，其取值如表6-1所示。

表 6-1 对应坐标的度量单位

属性值	对应坐标的度量单位	属性值	对应坐标的度量单位
0—User	自定义	4—Character	字符(宽×高＝120缇×240缇)
1—Twip	缇(每英寸1440缇,每厘米567缇)	5—Inch	in(英寸)
2—Point	磅(每英寸72磅,每磅20缇)	6—Millimeter	mm(毫米)
3—Pixel	像素	7—Centimeter	cm(厘米)

Tool Tip Text：设置当鼠标在控件上暂停时要显示的文本。
Tab Index（Tab键激活顺序）：设置[Tab]键在程序运行时对控件的激活顺序。VB会自动给每个控件分配 Tab Index 值，用户也可直接对其进行修改而无须顾虑某值是否已分配给其他控件。

不同的对象，其属性项是不同的。如窗体有51个属性项；命令按钮有33个属性项，而文本框则有44个属性项。属性值在设计阶段可以在属性窗口中直接设定，在程序运行阶段则可通过语句进行动态设定，一般格式为：[Let]对象名.属性名＝设定值。

```
如： CmdShowHide.Caption="隐藏"
     CmdShowHide.Enabled=False
     Text1.Font="楷体_GB2312"
     Text1.FontSize=32
     TxtTitle.Left=TxtTitle.Left+50
     TxtTitle.Width=2100
     TxtTitle.Text="结果输出"
```

系统还提供了大量可选控件，其中有些控件功能较强。如 Mcriosoft Common Dialog Control，用于文件系统，其功能相当于标准控件中的驱动器列表框控件（Drive List Box）、目录列表框控件（Dir List Box）和文件列表框控件（File List Box）等三个已经存在关联的控件，但其对话框是独立的，而后三个标准控件则可作出个性化的界面。要使用该对话框，可在已打开指定工程后，选中主菜单中"工程"项下的"部件"，在出现的对话框中选中"Mcriosoft Common Dialog Control"，确认在左侧工具箱中出现"Common Dialog"控件。

（3）事件（Event）——能被对象识别的固定动作

对象所谓的"事件"是指由VB事先设置好的、能够被对象识别的动作。

特点：① 仅仅是一个动作；② 对象会自动识别事件是否发生；③ 能识别的事件都是预先设计安排好的。

VB 的使用者不必关心如何捕捉事件的发生，应该把精力集中到事件发生后要完成的任务上，因为这些任务要用 VB 编写的特定程序来完成。这样的程序被称为"事件过程代码"。

一个对象可识别多个事件，最典型和常用的事件如下所述。

Click（单击鼠标）：在窗体或控件上单击鼠标时发生。
Dbl Click（双击鼠标）：在窗体或控件上双击鼠标时发生。
Mouse Down（按下鼠标）：按下鼠标左键时发生。
Mouse Up（抬起鼠标）：放开鼠标按键时发生。
Mouse Move（移动鼠标）：移动鼠标时发生。
Key Press（按一下按键）：按下并抬起某一按键时发生。
Key Down（按下按键）：按下某一按键时发生。
Key Up（抬起按键）：放开按下的键时发生。
Load（加载事件）：窗体装入内存时产生。
Unload（卸载事件）：把窗体从内存中卸载时产生。
Change（变更）：对象的内容或状态发生变化时产生。

```
VB 的事件过程的一般形式为：Private Sub 对象名_事件名()
                …（响应事件时执行的程序代码）…
                End Sub
如：Private Sub CmdShowHide_Click()
    …（响应事件时执行的程序代码）…
    End Sub
```

（4）方法——可在对象上操作的过程

对象的"方法"是一些可由对象调用的特殊过程，以完成规定的操作。

最典型、最常用的对象方法有以下几种。

a. Line：在指定窗体或图片框上画直线或矩形。格式如下：

```
object. Line [[Step](x1,y1)]-[[Step](x2,y2),color][B][F]
```

式中　x1, y1——直线的起点坐标，缺省时为上次绘图的终点坐标（即 CurrentX 和 CurrentY 的值），但其"-"号不可省；

　　　x2, y2——直线的终点坐标；

　　　Step——可省略的关键。若有 Step，则为相对前一点的坐标值，否则为绝对位值；

　　　B——若有参数 B，则以（x1, y1）和（x2, y2）为对角坐标画矩形，否则画直线；

　　　F——可选的，以矩形边框的颜色填充（可有 B 无 F，但不可无 B 有 F）。

　　　color——指定画线的颜色，可是 RGB 颜色函数，也可是颜色符号常数（共 8 种），还可是简单颜色函数 QBColor (n)（共 16 种）。

颜色函数 RGB (Rn, Gn, Bn) 中的参数 Rn, Gn, Bn 的取值范围均为 0~255。常见颜色符号常数与颜色函数关系对应如表 6-2 所示。

表 6-2　常见颜色符号常数与颜色函数关系

颜色	QBColor 色值 n	RGB 函数 Rn,Gn,Bn	符号常数	颜色	QBColor 色值 n	RGB 函数 Rn,Gn,Bn	符号常数
黑	0	0,0,0	VbBlack	灰	8	64,64,64	—
深蓝	1	0,0,191	—	蓝	9	0,0,255	VbBlue
深绿	2	0,191,0	—	绿	10	0,255,0	VbGreen
深青	3	0,191,191	—	浅蓝	11	0,255,255	VbCyan
深红	4	191,0,0	—	红	12	255,0,0	VbRed
品红	5	191,0,191	—	粉红	13	255,0,255	VbMagenta
深黄	6	191,191,0	—	黄	14	255,255,0	VbYellow
纸白	7	191,191,191	—	白	15	255,255,255	VbWhite

b. Pset：在指定窗体或图片框上画个点。格式如下：

$$object.Pset\ [Step](x,y)[color]$$

其中，x，y 为待画点的坐标；Step、(x，y) 和 color 均与 Line 的参数含义相同。

6.1.3　程序代码窗口

只有在编写事件过程代码时，才会用到 VB 的程序代码窗口。故启动 VB 后，该窗口是不可见的，可通过下列三种方法进入。

① 用鼠标双击窗体或窗体上的控件。
② 通过菜单，选"视图/代码窗口"。
③ 用鼠标单击工程资源管理窗口中的"查看代码"按钮。

程序代码窗口由两个横向排列的组合框和一个纵向排列的编辑区组成。左侧组合框为**对象框**，右侧为与事件名对应的**过程框**，过程框中列出了各对象能识别的所有事件名。

注意事项如下所述。

（1）对象框下拉列表中，所有控件均用其 Name 属性值标识，唯有窗体这一对象用"From"标识。

（2）对象框下拉列表中有个"通用"项，这是用来编写公用过程的地方，选中后，过程框中仅有"声明"一项。

选好对象及过程后，系统将自动生成事件过程的开头和结尾，并以"对象名_事件名"为事件过程名。若事件过程已经存在，则光标自动跳到该过程。

如：
Private Sub From_Click()
…
End Sub
Private Sub CommandClose_Click()
…
End Sub

在程序编辑区里编写程序代码时，VB 提供了很多便利，其一是"自动列出成员"功能；其二是"自动显示快速信息"功能。在输入程序代码的过程中，前者自动给出适当的选择值、属性、类型说明等信息供选择,所列项目可双击鼠标或按"Tab"键选中;后者是在输入合法语句或函数时给出有关语法提示。

6.2 计算方法及应用

6.2.1 计算方法

在达到指定计算目标的前提下,计算量应尽可能小,以提高计算速度,减少机时。

一般情况下,有指数类运算而又能提取公因子的,应尽可能提取公因子,能分解因式的,要尽可能分解因式。

例 6-1 $ab+ac=a(b+c)$
左边 2 次乘法 1 次加法,而右边只有加法乘法各 1 次,减少 1 次乘法。

例 6-2 $x^2-y^2-2y-1=x^2-(y^2+2y+1)=x^2-(y+1)^2=(x+y+1)(x-y-1)$
上式左边有 3 次乘法,3 次减法。右边变为 1 次乘法和 4 次加减法。因加减法比乘除法运算速度快得多,故变换后的式子运算速度较快。

例 6-3
$$S=a_n x^n+a_{n-1}x^{n-1}+\cdots+a_2 x^2+a_1 x+a_0$$
$$=(a_n x+a_{n-1})x^{n-1}+a_{n-1}x^{n-2}+\cdots+a_1 x+a_0$$
$$\cdots$$
$$=(((a_n x+a_{n-1})x+a_{n-2})x+\cdots+a_1)x+a_0$$

可见,原式共有 n 次加法,$n(n+1)/2$ 次乘法;而变换后仅 n 次加法和 n 次乘法。如当 $n=6$,原式共有 6 次加法,21 次乘法;而变换后仅 6 次加法,6 次乘法,运算量大为减少。

先将各系数赋值,然后给变量赋值并进行循环,即可得到结果,程序如下:

```
S=a(n)
For j=n-1 To 0 Step-1
 S=S*X+a(j)
Next
```

另一个要注意的问题是:不要将与循环变量无关的运算过程放到循环之中,以避免重复计算增加机时。如下列运算程序:

```
A=0:B=180
For j=A To B Step 2
 S=(B-A)*3.1415926/2+Sin(j*3.1415926/2)
Next
```

若改成下列形式,虽增加了两条语句,运算速度反而大大加快了:

```
A=0:B=180:C=3.1415926/2:D=(B-A)*C
For j=A To B Step 2
 S=D+Sin(j*C)
Next
```

6.2.2 计算误差

计算机运算都是数字化的，计算精度和计算量之间互相制约，在一定条件下难免会存在计算误差，主要表现在以下几方面。

(1) 计算机在计算过程中的舍入误差

① 二进制数据表示与十进制数据表示之间的差异。

> **例 6-4** $(2.15)_D = (10.0010011001100110011 00\cdots\cdots)_B$
> 其表示精度受计算机字长的限制。

② 十进制数据自动进行四舍五入时引入的误差。

> **例 6-5** $254.5507123 \approx 254.6$ 而 $254.5985784 \approx 254.6$
> 此二数据间的相对偏差为：
> $$\frac{254.5507123 - 254.5985784}{254.5985784} \approx 0.0188\%$$
> 舍入后，两数据的偏差已为0，不能准确反映数据原貌。

(2) 实验数据的测量误差在计算中的传递

如燃烧热测定实验：$\frac{W}{M}Q_V + gl = K\Delta T$，其中，$W$、$l$、$K$、$\Delta T$ 都存在测量误差，则等容热的相对误差为：

$$\frac{\Delta Q_V}{Q_V} = \frac{K\Delta(\Delta T) + \Delta T \Delta K + g\Delta l}{K\Delta T - gl} + \frac{\Delta W}{W}$$

则由误差传递所得等容热的计算值为：$Q_V \pm \Delta Q_V$

(3) 计算公式的近似误差（截断误差）

如常见的克-克方程 $\ln p = \frac{-\Delta H_m}{RT} + I$，适用于 g-l 或 g-s 两相平衡体系。但该式只是近似公式，因为在推导过程中，引入了理想气体状态方程。对于含气相的两相平衡体系，更准确的是三常数公式（Antoine 方程）：$\ln p = \frac{-A}{R(B+t)} + C$。

6.2.3 程序设计的一般方法

6.2.3.1 程序设计的一般步骤

程序是用来完成一定数据处理任务的。为便于交流和使用，编程应该遵循一定规范。程序设计通常要经历下列步骤。

① 归纳需要完成的任务及必要的输入、输出量。
② 选择合适的编程语言。主要考虑需要完成的工作性质及编程人员对语言的掌握情况。
③ 依据任务列出实用方程，确定编程算法。这是决定程序运行效率的关键。
④ 画框图，框图又可分为粗框图（算法框图）和细框图（程序框图），画框图是编程的重要工序。
⑤ 根据任务及框图，编制具体程序。

6.2.3.2 程序调试

（1）静态检查

① 按框图检查程序中各变量的关系和程序执行路线是否相符。

② 对照计算公式，核对程序的计算表达式是否正确。

③ 检查数据类型及输入顺序是否与要求一致。

④ 语法检查，检查条件语句和循环语句的成套（配套）性，注意区分数学表达式与程序表达式之间的区别。

（2）动态调试

① 整体运行，按计算公式设计出几套已知结果且互相间差别较大的原始数据运行，比较输出结果与理论的一致性。

② 分段调试，在某些有中间计算结果的地方，将其打印出来并与理论计算的中间结果比较，以确定出错的段落，然后在出错的段落内仔细查找错误的根源。

③ 单步跟踪调试，若出错的地方较多，特别是编程新手，一时难以查找出错点，对于集成环境的语言，一般具有单步执行和跟踪等功能，可采用单步执行方式进行跟踪调试。这对于大型程序的调试难以奏效。

（3）容错性及出错处理检查

实验数据难免出现误差，尤其是那些偶然出现的不正常数据；程序在运行过程中也难免会出现按键错误或失误等，程序编制过程中应给予充分考虑。

6.2.3.3 框图的基本元素

框图的基本元素如下所述。

首尾框：☐或〇表示程序的开始或结束。

功能框：☐完成某种功能。

判断框：◇据条件决定执行程序的方向。

循环框：⬡设置循环条件和步长。

方向线：→和↑表示程序执行的方向，自上而下执行时，通常可直接用线段表示。

6.2.4 程序结构

减少计算量、降低存储空间占用、提高计算精度、优化程序结构是程序设计的几个重要目标。

在满足或不过分影响前列几点的前提下，程序结构应尽可能精练紧凑，使功能模块化。

如 CASE 语句比多个 IF 语句要紧凑地多，注意使用循环语句，对多次用到的语句，应尽量使用子程序、过程函数或函数，比重复书写这些语句显得精练。如何把程序写得精练紧凑是一个具有很强技巧性的问题，不是一下就能讲清楚的，应在实际工作中多加体会。

如数字序列的排序方法常见的就有遴选法、遴选互换法、互换法和下沉（冒泡）法、希尔排序和快速排序等，有二三十种之多，常见方法介绍如下。

（1）遴选法

以第一个数为基础，与其后各数比较，找出最小数，将该最小数赋值给新的同维同元的数组的第一个变量，并将原数组中的该最小数赋成计算机能表示的最大数，再以第一个数为基准，重复在其后各数中找出次小数，将该次小数赋给同维同元的新数组的第二个变量，亦将原次小数变量赋为计算机能表示的最大数……如此重复 N 遍,共比较 $N*(N-1)$ 次,即可将 N 个无序数按从小到大排列成有序数组。程序如下所示。

```
Dim B(N) As Double
Wmax=1.0D100
For i=1 To N
  T=A(1):K=1
    For j=2 To N
  If A(j)<T Then
    T=A(j):K=j
  End If
    Next j
  B(i)=T:A(K)=Wmax
Next i
```

(2) 遴选互换法

遴选法需要两个数组,且需要一个人为的最大数作为标志,当待排序数据很多时,占用内存较多。本法旨在不增加计算量的前提下,减少数组的用量,使程序优化。本法要点如下所述。

以第一个数为基准,与其后各数比较,将所得最小数与第一个数组元素互换位置,则此时数组的第一个数即为最小数,故第二次比较时,只需将第二个数与其后各数比较,比较后再将最小数与第二个数交换位置……如此进行 $N-1$ 次后,最后一个数即为最大数,不用再比较,所以总共只需要交换 $N-1$ 次。比较过程框图如图 6-1 所示,程序实现如下。

```
For I=1 To N-1
  T=A(I):K=I
  For J=I+1 To N
    IF A(J)<T Then
      T=A(J):K=J
    End If
  Next J
  If K<>I Then
    A(K)=A(I):A(I)=T
  End If
Next I
```

(3) 互换法

遴选互换法是将每一轮所得最小数先遴选出来,再进行交换。而本法则是直接取 $A(I)$ 与 $A(I+1) \sim A(N)$ 比较,一旦发现较小者,立即对换,程序显得更精练,如下所示。过程框图如图 6-2 所示。

```
For I=1 To N-1
  For J=I+1 To N
    If A(J)<A(I)Then
    T=A(I):A(I)=A(J):A(J)=T
    End If
  Next
Next
```

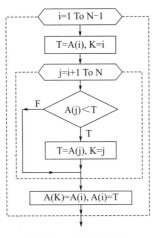
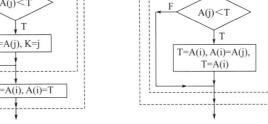

图 6-1　遴选互换法　　　　图 6-2　互换法

(4) 下沉（冒泡）法

前述各法比较的次数都是固定的。即便原数组中各元素已按次序排列好或基本排列好，也要进行同样多次数的比较。

本法比较的次数是随数据的排列情况而变化的，原始数据排列得越好，比较的次数就越少。本法是互换法的进一步演变，其要点是依次比较相邻元素，比较后如需要就立即互换。

若大数依次后移则称为下沉法，反之，大数依次前移，则为冒泡法。

若在某一轮比较中未发生数据的交换，则表示各数据已经按序排列好，无需进一步排序。

下沉法过程框图如图 6-3 所示，程序实现如下。

```
L=0:K=N
Do While L=0
  For I=1 To K-1
  If A(I+1)<A(I) Then
  T=A(I):A(I)=A(I+1)
  A(I+1)=T:L=1
   End If
  Next I
  If L=1 Then
  K=K-1: L=0
    Else
     Exit Do
    End If
Loop
```

冒泡法过程框图如图 6-4 所示，程序实现如下。

```
L=0:K=N
Do While L=0
  For i=N To N-K+2 Step-1
    If A(i-1)<A(i)Then
    T=A(i):A(i)=A(i-1)
```

```
    A(i-1)=T:L=1
  End If
Next
If L=1 Then
  K=K-1:L=0
Else
  Exit Do
End If
Loop
```

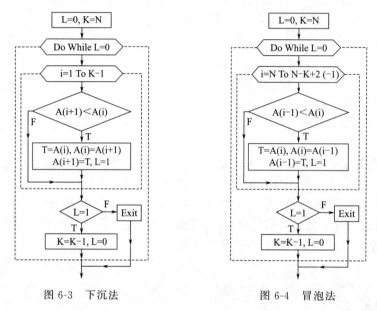

图 6-3 下沉法　　　　　　图 6-4 冒泡法

6.3 方程求根

在科技领域内,很多问题常可归纳为求方程的根。这类方程既有可能是代数方程,也可能是超越方程。

简单函数诸如一元二次函数、三角函数等,可用公式法求解。如三角函数方程 $\sin x=0$ 解为: $x=k\pi(k=0,\pm1,\pm2,\cdots)$。

这种求解方法称为"数学分析法"。更多的实际函数常常难以得到精确解。如范氏方程:
$$\left(p+\frac{a}{V_m^2}\right)(V_m-b)=RT \text{ 或改写为: } f(V_m)=V_m^3-\left(b+\frac{RT}{p}\right)V_m^2+\frac{a}{p}V_m-\frac{ab}{p}=0$$

又如浓度为 c 的二元弱酸水溶液的 H^+ 的浓度满足下式:
$$[H^+]^4+K_{a1}[H^+]^3+(K_{a1}K_{a2}-K_{a1}c-K_W)[H^+]^2$$
$$-(K_{a1}K_W+2K_{a1}K_{a2}c)[H^+]-K_{a1}K_{a2}K_W=0$$

更复杂的如下列函数:
$$f(x)=x-\ln 5x+0.4=0$$

$$f(x) = \lg x - 0.509\sqrt{x} - \frac{1}{2}\lg K_{sp} = 0$$

$$f(x) = 2x + \ln x - 5\sin x = 0$$

上列三个函数都不能简单地给出精确的数学分析解,这时我们就只能借助计算机,利用"数值分析法"求得其数值解。

利用"数值分析法"求根,其求解过程往往要分成两步进行。即:①求根的初值或根的存在范围;②根据所得的根的初值或存在范围,进一步求根的更精确值。

6.3.1 根的初值或存在范围

(1) 根据方程的数学性质判断

在实根范围内,通常应满足下列性质。

① 根号内的数必大于等于 0。
② 分母不等于 0。
③ 负数和 0 不能取对数。
④ 一元二次方程应满足:$\Delta \geqslant 0$。
⑤ 几个平方项的和等于 0,必定每项均等于 0。

(2) 根据方程的物理意义估计

化学化工领域的方程大多较复杂,由其数学性质判断其根的初值或存在范围是困难的。但这些方程通常是有特定的物理意义的,利用这些物理意义,常可用来估计根的初值或范围。

① 混合体系的摩尔分数是归一化的,即:$\sum x_j = 1$ 或 $0 \leqslant x_j \leqslant 1$;
② 电离度总是小于 1 的,亦即:$0 < \alpha < 1$;
③ 实际气体状态方程的解,可从 $pV = nRT$ 得到初值;
④ 气体的实际吸附,可从 $\theta = \dfrac{ap}{1+ap}$ 得到初值;
⑤ 与活度有关的体系,可以 $\gamma_j = 1$ 作为初值开始求解。

6.3.2 求方程的根

(1) 图解法(绘图法、作图法)

对方程 $f(x) = 0$ 作图,其与 x 轴的交点即为解(如图 6-5 所示);或将方程变形为 $f_1(x) = f_2(x)$,令 $\varphi_1 = f_1(x)$,$\varphi_2 = f_2(x)$,然后在同一坐标中,分别作出 $\varphi_1 \sim x$ 图和 $\varphi_2 \sim x$ 图,两线之交点即为其解。如将函数 $f(x) = x - \ln 5x + 0.4 = 0$ 变为:$f_1(x) = x + 0.4$ 和 $f_2(x) = \ln 5x$,作图如图 6-6 所示,两交点即解。

(2) 扫描法(迈步法)

在指定区间内,若函数 $f(x) = 0$ 有解,则函数的值在其解前后必反号。

在指定区间内,选择恰当的步长,再按步长迈步,一步步地计算出各函数值,并及时判断相邻函数的符号,即:$f[x+(k-1)h] * f(x+kh) \leqslant 0$,则所求之根必定在 $x+(k-1)h$ 和 $x+kh$ 之间。用此法时特别注意:步长 h 不能太长(大),以免发生漏根现象。

用定步长扫描法所得解的精度有限,通常还要用其他方法求出根的大致位置或区间后,再进一步求根的精确解。使根逐步精确化的方法很多,如:变步长扫描(迈步)法、二分法、优选(黄金分割)法、迭代法、牛顿法等。

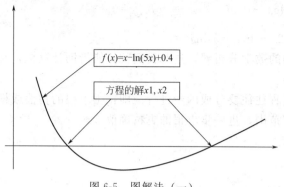

图 6-5 图解法(一)

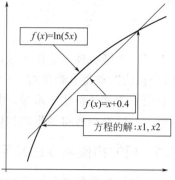

图 6-6 图解法(二)

程序如下所示。

```
Option Explicit            '放在窗体<通用>.<声明>中
Dim A() As Double,B() As Double,X As Double
Dim Aa As Double,Bb As Double,R As Double
Dim p As Double,Tt As Double
Dim Ax As Double,Bs As Double,h As Double
Dim j As Integer,N As Integer
Dim Ep As Double,Y0 As Double,Y As Double

Private Sub QG()           '求方程根的子程序
N=3
ReDim A(N),B(N)
Aa=0.365:Bb=4.28E-5:R=8.314:p=5.066E6:Tt=313.2
```

$'f(V_m) = V_m^3 - \left(b + \dfrac{RT}{p}\right)V_m^2 + \dfrac{a}{p}V_m - \dfrac{ab}{p} = 0$

```
A(0)=-Aa*Bb/p:A(1)=Aa/p:A(2)=-(Bb+R*Tt/p):A(3)=1#
Ax=1.0E-4:Bs=2#:Ep=1E-15
M=100:h=(Bs-Ax)/M
X=Ax
k=0                        '记录根的个数
Y0=Fx(X,N)
For j=0 To M
X=Ax+j*h:Y=Fx(X,N)
If Abs(Y)<Ep Then
    k=k+1:B(k)=X
End If
If Y0*Y<0 Then
    'X1=X-h
'X2=X
    'Call Reqg(X1,X2,10,1E-15)
    k=k+1:B(k)=X-0.5*h
End If
```

```
    Y0 = Y
  Next
  For j=1 To k
    Print"B(";j;")=";B(j)
  Next
End Sub

Private Function Fx(XX As Double, NN As Integer) As Double
Dim j As Integer
Fx = A(NN)
For j = NN-1 To 0 Step -1
  Fx = Fx * XX + A(j)
Next
End Function
```

(3) 变步长扫描法（变步长迈步法）

该法是扫描法的改进。当在迈步法中发现函数变向（或称过零）时，即当：$f[A_0+(k-1)h]*f(A_0+kh)<0$ 时，取新上、下限：$A=A_0+(k-1)h, B=B_0+kh$，新步长：$h=(B-A)/n=h/n$[注：n 为区间段数]，然后在新的区间，按新步长迈步计算，直至：$|f(x)|<\varepsilon 1$ 或：$f[A+(k-1)h]*f(A+kh)<0$ 且 $h<\varepsilon 2$ 为止。此时，解即为：$x-0.5h[A+(k-0.5)h]$。

由于变步长扫描法速率较慢，一般较少单独使用。

(4) 二分法

二分法一般都是在用迈步法找到变值点时，亦即：$f[A+(k-1)h]*f(A+kh)<0$ 时，以 $x1=A+(k-1)h, x2=A+kh$ 为区间，将其平分，即令 $x=(x1+x2)/2$，再求 $f(x)$，然后将其与 $f(x1)$ 和 $f(x2)$ 比较，若 $f(x)$ 与 $f(x1)$ 异号，则令：$x2=x$，否则，令：$x1=x$，再取新的中点：$x=(x1+x2)/2$…如此重复，直至：$|f(x)|<\varepsilon 1$ 或：$|x2-x1|<\varepsilon 2$，从而得到解：$x=(x1+x2)/2$。

程序如下所示。

```
Option Explicit
Dim A() As Double, B() As Double, N As Integer
Dim Aa As Double, Bb As Double, R As Double
Dim p As Double, TT As Double, k As Integer, Md As Byte

Private Sub Command1_Click()
  mS = Time: Print mS          '计算开始时间(毫秒)
  Call ScanQG
  mS = Time: Print mS          '计算截止时间(毫秒)
End Sub


Private Sub ScanQG()           '扫描法_二分法求方程根的子程序
Dim X As Double, Y As Double, Y0 As Double, AX As Double, Bs As Double, h As Double
Dim j As Long, M As Long, Ep As Double
```

```
N=3
Md=2
ReDim A(N),B(N)
Select Case Md
Case 1
    Aa=0.365:Bb=0.0000428:R=8.3145:p=5066000#
    TT=313.2
    A(0)=-Aa*Bb/p:A(1)=Aa/p:A(2)=-(Bb+R*TT/p):A(3)=1#
    AX=0.0001:Bs=2#
Case 2
    A(0)=0.4:A(1)=1#:A(2)=-1#
    AX=0.1:Bs=4#
End Select
Ep=0.000000000000001
M=100:h=(Bs-AX)/M
X=AX
k=0                     '记录根的个数
Y0=Fx(X)
If Abs(Y0)<Ep Then
k=k+1:B(k)=X
End If
For j=1 To M
    X=AX+j*h:Y=Fx(X)
    If Abs(Y)<Ep Then
        k=k+1:B(k)=X:AX=X+h/2
        Exit For
ElseIf Y0*Y<0 Then
    'k=k+1:B(k)=x-0.5*h
    Call CmdBiLi(X-h,X,0.5,0.000000000000001,0.00000001)
End If
    Y0=Y
Next
For j=1 To k
    Text1.Text=Text1.Text & Chr(13)& Chr(10)& "B("& j &")="& B(j)
Next
End Sub
Private Sub CmdBiLi(X1 As Double,X2 As Double,BiLiNum As Single,Ep1 As Double,Ep2 As Double)'
```

(5) 比例法（二分法，优选法）

```
Dim Xsub As Double,Ysub As Double,Y1 As Double,Y2 As Double
Static JT As Integer
Y1=Fx(X1)
Y2=Fx(X2)
Xsub=X1+BiLiNum *(X2-X1)    '比例法(BiLiNum=0.618优选 0.5二分)
Ysub=Fx(Xsub)
```

```
        If Abs(Ysub)<Ep1 Or Abs((Y2-Y1)/Y2)<Ep2 Then
            k=k+1
            B(k)=Xsub
            Exit Sub
      End If
      If Y1 * Ysub<0 Then
          Call CmdBiLi(X1,Xsub,BiLiNum,Ep1,Ep2)
      ElseIf Ysub * Y2<0 Then
          Call CmdBiLi(Xsub,X2,BiLiNum,Ep1,Ep2)
      End If
    End Sub

    Public Function Fx(Xx As Double)As Double
      Dim j As Integer
      Select Case Md
      Case 1
          Fx=A(N)
          For j=N-1 To 0 Step-1:Fx=Fx * Xx+A(j):Next
      Case 2
          Fx=A(0)+A(1) * Xx+A(2) * Log(5# * Xx)
      End Select
    End Function
```

（6）优选法

优选法即 0.618 法或称黄金分割法，该法与二分法基本相同，只是前者取两近似根的一半为新近似根，而后者则以两近似根的黄金分割点（即 0.618 处）为新近似根。两法统称比例法。

（7）迭代法

若待求实根方程为：$f(x)=0$，现将其化为等价方程：$x=\phi(x)$，即称为原方程的迭代式（或称迭代方程），将初值 x_0 代入，可得第一次更新值：$x_1=\phi(x_0)$…余类推，可得通式：$x_{k+1}=\phi(x_k)$。

当 k 足够大时，就可写为：$X=\phi(X)$。这就是方程的实根。

据理论推导，当 $|\phi'(x)|<1$ 时，迭代收敛，否则就发散。

程序如下所示，过程（子程序）式见图 6-7。

```
Private Sub Calculat()
    Dim Ep As Double,x0 As Double,x As Double
    Ep=1E-15:x0='初值':x=Fx(x0)
Do While Abs(x-x0)<=Ep
x0=x:x=Fx(x0)
Loop
Print "x=";x
    End Sub
    Public Function Fx(xf0 As Double)As Double
      Fx=φ(xf0)              '计算原函数的值
End Function
```

若将迭代过程编制成函数形式，则程序的应用范围更广，其框图如图 6-8 所示，程序如下所示。

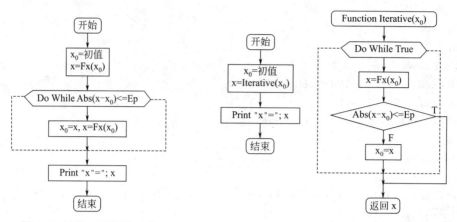

图 6-7　过程（子程序）式　　　　图 6-8　迭代过程编制成函数形式

```
Private Sub Calculat()
Dim Ep As Double,x As Double
x='初值'
x=DDF(x)
Print "x=";x
End Sub


Public Function DDF(xf0 As Double)As Double
Do While True
    DDF=ϕ(xf0)           '计算原函数的值
    If Abs(DDF-xf0)<Ep Then Exit Do
xf0=DDF
Loop
End Function
```

迭代的好坏与变形后的函数有关。

(8) 牛顿 (Newton)（迭代）法

当 $f(x)$ 的导数比较容易求解时，牛顿法是一种较好的求解方程 $f(x)=0$ 根的方法。

设上述方程的初值为 x_0，在 x_0 附近对上式左方按泰勒级数展开：$f(x)=f(x_0)+f'(x_0)(x-x_0)+\dfrac{f''(x_0)}{2!}(x-x_0)^2+\cdots=0$

若 x_0 与 x 相差不大，则可略去高次项，得：

$$f(x)=f(x_0)+f'(x_0)(x-x_0)=0$$

该式整理即为：$x=x_0-f(x_0)/f'(x_0)$

据此计算得到第一次更新值：$x_1=x_0-f(x_0)/f'(x_0)$

以 x_1 代替 x_0 得第二次更新值：$x_2=x_1-f(x_1)/f'(x_1)$

如此类推，可得：$x_{k+1}=x_k-f(x_k)/f'(x_k)$

正像迭代法一样，当 $|x_{k+1} - x_k| < \varepsilon$ 时，可取 x_{k+1} 作为方程的近似根。程序如下所示。

```
x='初值'
x=NewTon(x)
Public Function NewTon(x0 As Doublic)As Double
        Dim yy As double
Do While True
        yy=Fx(x0):yp=Fxp(x0):NewTon=x0－yy/yp
If Abs(NewTon－x0)<Ep Then Exit Do
        x0=NewTon
Loop
End Function
Public Function Fx(xx As Double)As Double
    Fx=f(x)                '原函数值计算
End Function
Public Function Fxp(xx As Double)As Double
    Fxp=f'(x)              '一阶导数函数值计算
End Function
```

若令：$\phi(x) = x_k - f(x_k)/f'(x_k)$，则牛顿法与迭代法相同。可见牛顿法也是迭代法，只是迭代函数不是自原方程简单改写得到，而必须按牛顿法的规定进行计算。

当迭代收敛时，牛顿法较普通迭代法的收敛速率要快得多，但与普通迭代法一样，其初值的选择仍是一个重要问题。它涉及计算能否顺利进行和收敛。

如一阶导数不能为 0，否则计算无法进行。某些特殊函数在使用本法时会出现振荡而不收敛，例如函数：$f(x) = \sqrt{x-a}$，其迭代式为：$x_{k+1} = 2a - x_k$，除初值恰好取其根 $x_0 = a$ 这一特殊情况外，其迭代根总在 $2a - x_0$ 和 x_0 之间振荡。

6.4 线性方程组求解

6.4.1 简单消去法

对于任意线性方程组：

$$\left.\begin{matrix} a_{11}x_1 + a_{12}x_2 + \cdots + a_{1n}x_n = b_1 \\ a_{21}x_1 + a_{22}x_2 + \cdots + a_{2n}x_n = b_2 \\ \cdots \\ a_{n1}x_1 + a_{n2}x_2 + \cdots + a_{nn}x_n = b_n \end{matrix}\right\}$$

可写成下列矩阵形式：

$$\begin{pmatrix} a_{11} & a_{12} & \cdots & a_{14} \\ a_{21} & a_{22} & \cdots & a_{24} \\ \cdots & \cdots & \cdots & \cdots \\ a_{n1} & a_{n2} & \cdots & a_{nn} \end{pmatrix} \begin{pmatrix} x_1 \\ x_2 \\ \cdots \\ x_n \end{pmatrix} = \begin{pmatrix} b_1 \\ b_2 \\ \cdots \\ b_n \end{pmatrix}$$

令：
$$A=\begin{pmatrix}a_{11}&a_{12}&a_{13}&a_{14}\\a_{21}&a_{22}&a_{23}&a_{24}\\a_{31}&a_{32}&a_{33}&a_{34}\\a_{41}&a_{42}&a_{43}&a_{44}\end{pmatrix},X=\begin{pmatrix}x_1\\x_2\\x_3\\x_4\end{pmatrix},B=\begin{pmatrix}b_1\\b_2\\b_3\\b_4\end{pmatrix}$$

则上列方程又可写成：$AX=B$，由矩阵的性质可得上列组的解可表示成：$X=A^{-1}B$。

一般说来，可用消元法求方程组的解。根据消元过程的不同，可分为一般消去法与主元消去法。

下面是一个 4 元线性方程组的普通消元过程：

$$\begin{pmatrix}a_{11}&a_{12}&a_{13}&a_{14}\\a_{21}&a_{22}&a_{23}&a_{24}\\a_{31}&a_{32}&a_{33}&a_{34}\\a_{41}&a_{42}&a_{43}&a_{44}\end{pmatrix}\begin{pmatrix}b_1\\b_2\\b_3\\b_4\end{pmatrix}\xrightarrow{消元}$$

$$\begin{pmatrix}a_{11}^{(1)}&a_{12}^{(1)}&a_{13}^{(1)}&a_{14}^{(1)}\\0&a_{22}^{(2)}&a_{23}^{(2)}&a_{24}^{(2)}\\0&a_{32}^{(2)}&a_{33}^{(2)}&a_{34}^{(2)}\\0&a_{42}^{(2)}&a_{43}^{(2)}&a_{44}^{(2)}\end{pmatrix}\begin{pmatrix}b_1^{(1)}\\b_2^{(2)}\\b_3^{(2)}\\b_4^{(2)}\end{pmatrix}\xrightarrow{消元}$$

$$\begin{pmatrix}a_{11}^{(1)}&a_{12}^{(1)}&a_{13}^{(1)}&a_{14}^{(1)}\\0&a_{22}^{(2)}&a_{23}^{(2)}&a_{24}^{(2)}\\0&0&a_{33}^{(3)}&a_{34}^{(3)}\\0&0&a_{43}^{(3)}&a_{44}^{(3)}\end{pmatrix}\begin{pmatrix}b_1^{(1)}\\b_2^{(2)}\\b_3^{(3)}\\b_4^{(3)}\end{pmatrix}\xrightarrow{消元}$$

$$\begin{pmatrix}a_{11}^{(1)}&a_{12}^{(1)}&a_{13}^{(1)}&a_{14}^{(1)}\\0&a_{22}^{(2)}&a_{23}^{(2)}&a_{24}^{(2)}\\0&0&a_{33}^{(3)}&a_{34}^{(3)}\\0&0&0&a_{44}^{(4)}\end{pmatrix}\begin{pmatrix}b_1^{(1)}\\b_2^{(2)}\\b_3^{(3)}\\b_4^{(4)}\end{pmatrix}$$

上述消元过程中，采用将常数矩阵 B 与系数矩阵 A 并列同时处理的方法，也可将常数矩阵放入系数矩阵 A 的最后一列中形成增广矩阵，此时 $b(1)$ 变为 $a(1,n+1)$，$b(2)$ 变为 $a(2,n+1)$，$b(3)$ 为 $a(3,n+1)$，…，$b(n)$ 为 $a(n,n+1)$，其消元过程与上列 4 元线性方程组的消元过程类似，对于任意 n 元的线性方程组，其并列消元程序如下。

```
    For k=1 To N-1        '消元
  For i=k+1 To N      '对第 k 行以后的各行消元
    D=A(i,k)/A(k,k)
    For j=k+1 To N    '对第 k+1 行 k 列以后各元素处理
A(i,j)=A(i,j)-A(k,j)* D
    Next
    B(i)=B(i)-B(k)* D
  Next
Next
```

```
    D=A(N,N)
  If Abs(D)+1#=1# Then
     MsgBox "求解失败！",48,"警告"
     GoTo goend
End If
B(N)=B(N)/D              '回代,并将各根放在 B 数组中
For i=N-1 To 1 Step-1
  D=0#
  For j=i+1 To N
  D=D+A(i,j)* B(j)
    Next
    B(i)=B(i)-D
Next
```

增广矩阵消元程序如下：

```
For k=1 To N-1            '消元
For i=k+1 To N+1          '对第 k 行以后的各行消元
     D=A(i,k)/A(k,k)
     For j=k+1 To N+1     '对第 k+1 行 k 列以后各元素处理
A(i,j)=A(i,j)-A(k,j)* D
     Next
Next
Next
D=A(N,N)
If Abs(D)+1#=1# Then
    MsgBox"求解失败！",48,"警告"
    GoTo goend
End If
  A(N,N+1)=A(N,N+1)/D     '回代,并将各根放在 B 数组中
  For i=N-1 To 1 Step-1
D=0#
  For j=i+1 To N
  D=D+A(i,j)* A(j,N+1)
Next
A(i,N+1)=A(i,N+1)-D
  Next
```

用增广矩阵消元时，方程组的解放在 A 数组的第 $N+1$ 列，即：$x_1=a(1,n+1)$，$x_2=a(2,n+1)$，$\cdots$，$x_n=a(n,n+1)$。

6.4.2 主元消去法

如有下列方程：

$$10^{-19}x_1 + x_2 = 1$$
$$x_1 + x_2 = 2$$

其数学分析解为：

$$x_1 = \frac{10,000,000,000,000,000,000}{9,999,999,999,999,999,999}$$

$$x_2 = \frac{9,999,999,999,999,999,998}{9,999,999,999,999,999,999}$$

如若用简单消元法求解，可得：

$$\begin{pmatrix} 10^{-19} & 1 \\ 0 & 1-1/10^{-19} \end{pmatrix} \begin{pmatrix} x_1 \\ x_2 \end{pmatrix} = \begin{pmatrix} 1 \\ 2-1/10^{-19} \end{pmatrix}$$

因系统中精度最高的双精度数也仅有 16 位 10 进制数，故上列数据在计算机中亦即：

$$\begin{pmatrix} 10^{-19} & 1 \\ 0 & -10^{19} \end{pmatrix} \begin{pmatrix} x_1 \\ x_2 \end{pmatrix} \approx \begin{pmatrix} 1 \\ -10^{19} \end{pmatrix}$$

可得解：$x_1 \approx 0$，$x_2 = 1$。显然这与真实解相去甚远。但若将方程作下列简单变换：

$$x_1 + x_2 = 2$$
$$10^{-19} x_1 + x_2 = 1$$

同法可得：$\begin{pmatrix} 1 & 1 \\ 0 & 1-10^{-19} \end{pmatrix} \begin{pmatrix} x_1 \\ x_2 \end{pmatrix} = \begin{pmatrix} 2 \\ 1-2\times 10^{-19} \end{pmatrix}$

亦即：$\begin{pmatrix} 1 & 1 \\ 0 & 1 \end{pmatrix} \begin{pmatrix} x_1 \\ x_2 \end{pmatrix} \approx \begin{pmatrix} 2 \\ 1 \end{pmatrix}$

可得解：$x_1 = 1$，$x_2 \approx 1$，这与准确解就比较接近了。

这是由在消元的过程中，用一个小数（1×10^{-19}）作除数经计算机进行舍入运算后造成的。

在消元过程中，若不管主元的大小直接消元，则可能因主元的值太小，被计算机视为零并作为除数，从而发生溢出，使计算过程不能继续。或虽未溢出，但因作除数的主元值太小而产生较大的近似误差。

为减少计算误差，就必须找出绝对值最大者来进行消元，称为主元消去法。据主元选择方式的不同可分为：列主元、行主元和全主元三种消去方法。

(1) 列主元消去法

比较同一列中各行的系数的大小，找出系数最大者，并将其对应的行（方程）交换后，再进行消元。如此遍查各列以选取主元的方法，称列主元消去法。

列主元消去法的解题精度与下述的行主元消去法相同，但其运算相对较简单，运算量小，得到广泛使用。

(2) 行主元消去法

比较同一行（方程）的各个系数大小，找出系数最大者，并将其对应的列交换后，再进行消元。如此遍查各行以选取主元的方法，称行主元消去法。

此法在消去过程中，因可能有列的交换，从而出现解与原变量不对应的情况，故需要记录发生交换的原数据的列数。

(3) 全主元消去法

消元过程中，每次都遍查方程组中各行和列，找出最大的元素进行消元，称全主元消去法。全主元消去法精度最高。

与行主元消去法一样，此法在消去过程中，同样可能有列的交换，从而出现解与原变量不对应的情况，故需要记录发生交换的原数据的列数。

例 6-6 设有一混合物由硝基苯、苯胺、氨基丙酮和乙醇组成,对此混合物进行元素分析的结果(以质量百分数计)如下:C-57.78%,H-7.92%,N-11.23%,O-23.09%。请确定上述 4 种化合物在该混合物中的质量百分数。(已知:$M_C=12.011$ g/mol,$M_H=1.0079$ g/mol,$M_N=14.01$ g/mol,$M_O=15.999$ g/mol),据题可得表 6-3。

表 6-3　4 种化合物信息

化合物名称及含量	分子式	分子中原子个数 C_i	H_i	N_i	O_i	分子量 M_i
硝基苯 x_1	$C_6H_5NO_2$	6	5	1	2	123.1
苯　胺 x_2	$C_6H_5NH_2$	6	7	1	0	93.13
氨基丙酮 x_3	$CH_3COCH_2NH_2$	3	7	1	1	73.10
乙　醇 x_4	CH_3CH_2OH	2	6	0	1	46.07

据表 6-3 可得下列指定元素的物质的量的等量方程组(亦即质量为 m 的混合物中,任一指定元素在混合物的各化合物中所含该元素的物质的量之和与该元素在混合物中的物质的量相等)。

$$\frac{C_1}{M_1}x_1+\frac{C_2}{M_2}x_2+\frac{C_3}{M_3}x_3+\frac{C_4}{M_4}x_4=\frac{x_C}{M_C}$$

$$\frac{H_1}{M_1}x_1+\frac{H_2}{M_2}x_2+\frac{H_3}{M_3}x_3+\frac{H_4}{M_4}x_4=\frac{x_H}{M_H}$$

$$\frac{N_1}{M_1}x_1+\frac{N_2}{M_2}x_2+\frac{N_3}{M_3}x_3+\frac{N_4}{M_4}x_4=\frac{x_N}{M_N}$$

$$\frac{O_1}{M_1}x_1+\frac{O_2}{M_2}x_2+\frac{O_3}{M_3}x_3+\frac{O_4}{M_4}x_4=\frac{x_O}{M_O}$$

因 x_C,x_H,x_N,x_O,M_C,M_H,M_N,M_O,C_i,H_i,N_i,O_i,M_1,M_2,M_3,M_4 等均已知,故各物含量 x_1,x_2,x_3,x_4 可求。

程序如下所示。

```
Option Explicit
Public N As Integer,AA() As Double,BB() As Double
'以上放在标准模块 Module 中;以下放在窗体中
Dim JS() As Integer,D As Double

Private Sub Computting_Click()
N=4                     '混合物中混合的物质种数
ReDim AA(N,N),BB(N)
Dim M(4) As Double,Cc(4) As Double,Hh(4) As Double
Dim Nn(4) As Double,Oo(4) As Double
Dim i As Integer,j As Integer,k As Integer
M(1)=123.1     'C6H5NO2 硝基苯分子量
M(2)=93.13     'C6H5NH2 苯胺分子量
M(3)=73.1      'CH3COCH2NH2 氨基丙酮分子量
M(4)=46.07     'C2H5OH 乙醇分子量
Cc(1)=6                 '硝基苯分子中碳 C 的个数
```

```
Cc(2)=6              '苯胺分子中碳 C 的个数
Cc(3)=3              '氨基丙酮分子中碳 C 的个数
Cc(4)=2              '乙醇分子中碳 C 的个数
Hh(1)=5              '硝基苯分子中氢 H 的个数
Hh(2)=7              '苯胺分子中氢 H 的个数
Hh(3)=7              '氨基丙酮分子中氢 H 的个数
Hh(4)=6              '乙醇分子中氢 H 的个数
Nn(1)=1              '硝基苯分子中氮 N 的个数
Nn(2)=1              '苯胺分子中氮 N 的个数
Nn(3)=1              '氨基丙酮分子中氮 N 的个数
Nn(4)=0              '乙醇分子中氮 N 的个数
Oo(1)=2              '硝基苯分子中氧 O 的个数
Oo(2)=0              '苯胺分子中氧 O 的个数
Oo(3)=1              '氨基丙酮分子中氧 O 的个数
Oo(4)=1              '乙醇分子中氧 O 的个数
For j=1 To N
    AA(1,j)=Cc(j)/M(j):AA(2,j)=Hh(j)/M(j)
    AA(3,j)=Nn(j)/M(j):AA(4,j)=Oo(j)/M(j)
Next j
Dim Xc As Double,Xh As Double,Xn As Double,Xo As Double
Dim Mc As Double,Mh As Double,Mn As Double,Mo As Double
Xc=0.5778:Xh=0.0792:Xn=0.1123:Xo=0.2309
    '混合物中碳,氢,氮,氧的含量/100
Mc=12.011:Mh=1.0079:Mn=14.01:Mo=15.999
    '碳,氢,氮,氧的原子量
BB(1)=Xc/Mc:BB(2)=Xh/Mh:BB(3)=Xn/Mn:BB(4)=Xo/Mo
Call Gauss          '调用高斯全主元消去法
D=0
For j=1 To N
    Print "X(";j;")=";BB(j):D=D+Round(BB(j),6)
Next j
Print D
End Sub


Public Sub Gauss()     '全主元消去法子程序
Dim L As Integer,D As Double,T As Double
ReDim JS(N)
Dim ISS As Integer
Dim i As Integer,j As Integer,k As Integer
L=1                    '全主元消去法开始
For k=1 To N-1
  D=0#
  For i=k To N         '在各行各列中找最大系数项
  For j=k To N
```

```
      T=Abs(AA(i,j))
     If T>D Then
        D=T
        JS(k)=j           '记录需进行列交换的列数
        ISS=i             '记录需进行行交换的行数
     End If
    Next j
Next i
If D+1#=1# Then
   L=0
Else
  If JS(k)<>k Then        '进行列交换
  For i=1 To N
T=AA(i,k):AA(i,k)=AA(i,JS(k)):AA(i,JS(k))=T
     Next i
     End If
If (ISS<>k)Then           '进行行交换
    For j=k To N
     T=AA(k,j):AA(k,j)=AA(ISS,j):AA(ISS,j)=T
Next j
T=BB(k):BB(k)=BB(ISS):BB(ISS)=T
  End If
End If
If L=0 Then MsgBox "fail !",48,"警告":GoTo goend
D=AA(k,k)                 '消元
For j=k+1 To N:AA(k,j)=AA(k,j)/D:Next j
BB(k)=BB(k)/D
For i=k+1 To N
 For j=k+1 To N
AA(i,j)=AA(i,j)-AA(i,k)* AA(k,j)
    Next j
      BB(i)=BB(i)-AA(i,k)* BB(k)
Next i
Next k
D=AA(N,N)
If Abs(D)+1#=1# Then
   MsgBox "fail !",48,"警告"
    GoTo goend
End If
BB(N)=BB(N)/D             '回代,并将各根放在BB数组中
For i=N-1 To 1 Step-1
  T=0#
 For j=i+1 To N:T=T+AA(i,j)* BB(j):Next j
  BB(i)=BB(i)-T
```

```
 Next i
JS(N)=N
For k=N To 1 Step−1     将发生列交换的变量还原
 If (JS(k)<>k)Then
   T=BB(k):BB(k)=BB(JS(k)):BB(JS(k))=T
 End If
 Next k
goend:
End Sub
```

6.5 插　值

化学化工文献或手册查到的数据以及实验测定的数据，通常都是离散的非连续数据。将这些数据绘制在坐标图中，则为"节点"。而实际使用的数据不一定恰好在节点上，这时就需要对原始数据进行"加密"，即所谓"插值"问题。

要依据已知节点数据绘制一条光滑曲线，就需要构造某种逼近函数：$y=f(x)$。

根据对逼近函数的不同要求，需要采用不同的方法。

若要求构造函数严格通过各节点，即为插值问题，此时所得函数称插值函数。

若只要求构造函数在总体上与各节点相符，曲线不一定严格通过各节点，即为拟合问题，此时所得函数称拟合函数。拟合多用特定的已知函数来逼近。

6.5.1 拉格朗日一元全节点插值

一般说来，若一条曲线内含有 m 个可调参数，则该曲线必定严格通过 m 个节点，从而可以用于插值。如：

$$y=a_0+a_1x+a_2x^2+\cdots+a_nx^n$$

其中：a_0，a_1，a_2，…，a_n 为 $n+1$ 个可调参数，该曲线必定能严格通过 $n+1$ 个节点 $(x_0,y_0),(x_1,y_1),\cdots,(x_n,y_n)$，若将这些节点数据全部代入上列函数，即可得到 $n+1$ 个联立的方程组：

$$y_0=a_0+a_1x_0+a_2x_0^2+\cdots+a_nx_0^n$$
$$y_1=a_0+a_1x_1+a_2x_1^2+\cdots+a_nx_1^n$$
$$y_n=a_0+a_1x_n+a_2x_n^2+\cdots+a_nx_n^n$$

解之可得参数 a_0，a_1，…，a_n，然后即可据此求未知节点的值。

但这类方程组求解复杂，为此，拉格朗日设计了一种特殊的函数，只需经过简单变换，无须求解方程，就可将其全部参数用节点坐标表示出来，再代回原函数，即得到插值公式。其插值函数形式如下：

$$y=a_0(x-x_1)(x-x_2)\cdots(x-x_n)+a_1(x-x_0)(x-x_2)\cdots(x-x_n)$$
$$+\cdots+a_n(x-x_0)(x-x_1)\cdots(x-x_{n-1})$$

即：$y=\sum_{i=0}^{n}\left[a_i\prod_{\substack{j=0\\j\neq i}}^{n}(x-x_j)\right]$

将各个节点 (x_0, y_0)，(x_1, y_1)，…，(x_n, y_n) 分别代入上式，即可得到下列方程：

$$y_0 = a_0(x_0-x_1)(x_0-x_2)\cdots(x_0-x_n)$$
$$y_1 = a_0(x_1-x_0)(x_1-x_2)\cdots(x_1-x_n)$$
$$y_i = a_i(x_i-x_0)\cdots(x_i-x_{i-1})(x_i-x_{i+1})\cdots(x_i-x_n)$$
$$= a_i\prod_{\substack{j=0\\j\neq i}}^{n}(x_i-x_j)$$

于是可得：$a_i = \dfrac{y_i}{\prod\limits_{\substack{j=0\\j\neq i}}^{n}(x_i-x_j)}$

将其代回原式即得：

$$y = \sum_{i=0}^{n}\left[\frac{y_i}{\prod\limits_{\substack{j=0\\j\neq i}}^{n}(x_i-x_j)}\prod_{\substack{j=0\\j\neq i}}^{n}(x-x_j)\right] = \sum_{i=0}^{n}\left[y_i\prod_{\substack{j=0\\j\neq i}}^{n}\frac{x-x_j}{x_i-x_j}\right]$$

依据上列公式，设置如下程序：

```
YY=0
For ii=0 To N
 LL=1
 For jj=0 To N
If jj<>ii Then LL=LL*(XX-XX(jj))/(XX(ii)-XX(jj))
  Next jj
  YY=YY+LL*YY(II)
Next ii
```

可以看出，上列公式体现的是两个变量之间的关系，任何一个变量都可以作为自变量。若取 y 为自变量，并按上述相同的方法推导，即可得到：$x = \sum\limits_{i=0}^{n}\left[x_i\prod\limits_{\substack{j=0\\j\neq i}}^{n}\dfrac{y-y_j}{y_i-y_j}\right]$。

从该式可指定 y 求 x 的值，这种插值称为"反插"。

6.5.2 拉格朗日一元部分节点插值

在实际工作中，当原始节点数据较多时，远离被插值点的数据对插值的影响较小，而且随着节点数的增加，全节点插值的计算量显著增加。理论和实践都证明，只使用靠近被插值点的部分数据即可得到较好的插值结果，故实际插值时多使用部分节点插值法。

部分节点插值法的关键，首先是找到大于等于被插值点的数据的最小编号 k；再判断插值点在 x_{k-1} 和 x_k 间更靠近哪一个数据，并依据选定的插值节点的数目自动进行插值区间的计算。

若被插值点更靠近 x_k，则插值起点数据编号公式为：

$$N_1 = k - Int(M/2)$$

若被插值点更靠近 x_{k-1}，则插值起点数据编号如下：

$$N_1 = k - Int\left(\frac{M+1}{2}\right)$$

若 N_1 小于节点数据的起始编号，则令 N_1 等于该起始编号，而上列各条件下的终止编号按下式计算：$N_2 = N_1 + M - 1$。

如终止编号大于节点数据的最大编号，则令终止编号等于节点数据的最大编号，而起始编号为：$N_1 = N - M + 1$。

找到插值的节点区间后，将前述全节点插值程序进行适当调整即可得到部分节点插值程序（当实际使用节点数与原始节点数相同时，即为全节点插值）。

其程序如下所示。

```
    Option Explicit
Dim X(N)As Double,Y(N)As Double

    Private Sub BFJDCZ_Click()      拉格朗日部分节点插值
N=10
ReDim X(N),Y(N)
Dim k As Integer,YCZ As Double
    X(1)=0; X(2)=25; X(3)=100;X(4)=200
    X(5)=300;X(6)=400;X(7)=500;X(8)=700
    X(9)=900;X(10)=1127
    Y(1)=42.92;Y(2)=44.8; Y(3)=49.45
    Y(4)=53.93;Y(5)=57.49;Y(6)=60.25
    Y(7)=62.84;Y(8)=67.16;Y(9)=70.76
    Y(10)=73.81
    For k =2 To N
        YCZ=Largere(350,X(),Y(),1,10,k)
        Print "Ycz(";k;")=";YCZ
Next
    End Sub
Function Largere(XX As Double,XF()As Double,
        YF()As Double,Ns As Integer,Ne As Integer,M As Integer)
    '待求点自变量 x,已知量 x 数组,已知量 y 数组,
    '首节点号,尾节点号,使用节点数
Dim F As Integer,LL As Double,i As Integer,j As Integer
Dim N1 As Double,N2 As Double,MM As Integer,YY As Double
If M>Ne－Ns+1 Then M=Ne－Ns+1
F=0
For N1=Ns To Ne
If XX<=XF(N1)Then F=1:Exit For
Next
    If F=1 Then          '插值点在已知数据中间或左侧
        If N1<>Ns Then
            If Abs(XX－XF(N1－1))<Abs(XX－XF(N1))Then
                MM=M+1
        Else
```

```
        MM=M
    End If
  N1=N1-Int(MM/2)
    If N1<Ns Then N1=Ns    '插值点在已知数据外(左前)
    End If
  N2=N1+M-1
    If N2>Ne Then N2=Ne:N1=Ne-M+1
  Else
    N2=Ne                  '插值点在已知数据以外(右或后边)
  N1=Ne-M+1
    End If
  YY=0
  For i=N1 To N2
      LL=1#
      For j=N1 To N2
          If i<>j Then    LL=LL*(XX-XF(j))/(XF(i)-XF(j))
      Next
      YY=YY+LL*YF(i)
  Next
  Largere=YY
End Function
```

6.6 拟　　合

6.6.1 一元线性最小二乘法

若已知某些物理量间有如下一元线性函数关系：
$$y=kx+b$$

将一组实验数据 $(x_i,y_i)(i=1,2,3,\cdots,m)$ 进行恰当的处理，以便求出上式中的常数 k,b，即可建立对应的拟合函数。

满足"残差平方和最小"的拟合方法就称为"最小二乘法"。

所谓残差即：$\delta_i=y_i-\hat{y}_i=y_i-(kx_i+b)$

残差平方和即：$Q=\sum_{i=1}^{m}\delta_i^2=\sum_{i=1}^{m}(y_i-\hat{y}_i)^2=\sum_{i=1}^{m}[y_i-(kx_i+b)]^2$

按最小二乘法原理有：$\dfrac{\partial Q(k,b)}{\partial k}=0,\dfrac{\partial Q(k,b)}{\partial b}=0$

将预定拟合函数代入可得：

$$\frac{\partial Q(k,b)}{\partial b}=\frac{\partial}{\partial b}\sum_{i=1}^{m}[y_i-(kx_i+b)]^2=\sum_{i=1}^{m}(-2)[y_i-(kx_i+b)]=0$$

$$\frac{\partial Q(k,b)}{\partial k}=\frac{\partial}{\partial k}\sum_{i=1}^{m}[y_i-(kx_i+b)]^2=\sum_{i=1}^{m}(-2x_i)[y_i-(kx_i+b)]=0$$

将上两式整理即：$mb + k\sum_{i=1}^{m} x_i = \sum_{i=1}^{m} y_i$

$$b\sum_{i=1}^{m} x_i + k\sum_{i=1}^{m} x_i^2 = \sum_{i=1}^{m} y_i^2$$

解之可得：

$$k = \frac{m\sum_{i=1}^{m} x_i y_i - \sum_{i=1}^{m} x_i \sum_{i=1}^{m} y_i}{m\sum_{i=1}^{m} x_i^2 - (\sum_{i=1}^{m} x_i)^2} = \frac{\sum_{i=1}^{m} x_i y_i - \frac{1}{m}\sum_{i=1}^{m} x_i \sum_{i=1}^{m} y_i}{\sum_{i=1}^{m} x_i^2 - \frac{1}{m}(\sum_{i=1}^{m} x_i)^2}$$

$$b = \frac{1}{m}\left(\sum_{i=1}^{m} y_i - k\sum_{i=1}^{m} x_i\right) = \frac{1}{m}\sum_{i=1}^{m} y_i - k\frac{1}{m}\sum_{i=1}^{m} x_i$$

若令：$\overline{x} = \frac{1}{m}\sum_{i=1}^{m} x_i, \overline{y} = \frac{1}{m}\sum_{i=1}^{m} y_i$

则：$Lxx = \sum_{i=1}^{m}(x_i - \overline{x})^2 = \sum_{i=1}^{m} x_i^2 - \frac{1}{m}(\sum_{i=1}^{m} x_i)^2$

$$Lyy = \sum_{i=1}^{m}(y_i - \overline{y})^2 = \sum_{i=1}^{m} y_i^2 - \frac{1}{m}(\sum_{i=1}^{m} y_i)^2$$

$$Lxy = \sum_{i=1}^{m}(x_i - \overline{x})(y_i - \overline{y})$$

$$= \sum_{i=1}^{m} x_i y_i - \frac{1}{m}(\sum_{i=1}^{m} x_i)(\sum_{i=1}^{m} y_i)$$

$$= \sum_{i=1}^{m} x_i y_i - m\overline{x}\,\overline{y}$$

从而可得：$k = \dfrac{Lxy}{Lxx}$ 及 $b = \overline{y} - k\overline{x}$

为了衡量回归函数的可靠性，引入相关系数概念：

$$r = \sqrt{\frac{\text{回归平方和 } Sr}{y \text{ 的离差平方和 } Lyy}} = \sqrt{\frac{Sr}{Lyy}}$$

因：

$$Lyy = \sum_{i=1}^{m}(y_i - \overline{y})^2 = \sum_{i=1}^{m}[(y_i - \hat{y}_i) + (\hat{y}_i - \overline{y})]^2$$

$$= \sum_{i=1}^{m}(y_i - \hat{y}_i)^2 + 2\sum_{i=1}^{m}(y_i - \hat{y}_i)(\hat{y}_i - \overline{y}) + \sum_{i=1}^{m}(\hat{y}_i - \overline{y})^2$$

据最小二乘法的原理知：

$$2\sum_{i=1}^{m}(y_i - \hat{y}_i)(\hat{y}_i - \overline{y}) = 2\sum_{i=1}^{m}[y_i - (kx_i + b)](kx_i + b - \overline{y})$$

$$= 2(b - \overline{y})\sum_{i=1}^{m}[y_i - (kx_i + b)] + 2k\sum_{i=1}^{m}\{x_i[y_i - (kx_i + b)]\} = 0$$

所以：$Lyy = \sum_{i=1}^{m}(y_i - \hat{y}_i)^2 + \sum_{i=1}^{m}(\hat{y}_i - \overline{y})^2 = Q + Sr$

而：$Sr = \sum_{j=1}^{m}(\hat{y}_j - \overline{y})^2 = \sum_{j=1}^{m}[(kx_j + b) - (k\overline{x} - b)]^2$

$= k^2 \sum_{j=1}^{m}(x_j - \overline{x})^2 = k^2 Lxx = \left(\dfrac{Lxy}{Lxx}\right)^2 Lxx = \dfrac{Lxy^2}{Lxx}$

可见，残差平方和 Q 越小，回归平方和 Sr 就越接近离差平方和 Lyy，相关性也就越显著。当 $Q=0$ 时，$Sr=Lyy$，所有实验点均落在线上。

据上列定义又有：$r = \dfrac{Lxy}{\sqrt{Lxx \cdot Lyy}}$

按此式，相关系数 r 可有正负之分，其符号决定于 Lxy，据此，可编程如下所示。

```
    Dim MiddX() As Double, MiddY() As Double
Public Slope As Double          '最小二乘法回归所得斜率
Public Intercept As Double      '最小二乘法回归所得截距
Sub HG()
For j=1 To N
    MiddX(j)='f[x(j)]
    MiddY(j)='F[y(j)]
 Next j
    R=Zxecf(MiddY(),MiddX(),N)
    k=Slope
    b=Intercept
End Sub

Function Zxecf(Yf() As Double, Xf() As Double, _
        Mf As Integer) As Double
Dim j As Integer, Xa As Double, Ya As Double
Dim Lxx As Double, Lxy As Double, Lyy As Double
Xa=0:Ya=0
For j=1 To Mf
   Xa=Xa+Xf(j)
   Ya=Ya+Yf(j)
Next
Xa=Xa/Mf:Ya=Ya/Mf
Lxx=0:Lyy=0:Lxy=0
For j=1 To Mf
Lxx=Lxx+(Xf(j)-Xa)*(Xf(j)-Xa)
Lxy=Lxy+(Xf(j)-Xa)*(Yf(j)-Xa)
Lyy=Lyy+(Yf(j)-Ya)*(Yf(j)-Ya)
Next
Slope=Lxy/Lxx                    '斜率
Intercept=Ya-Slope * Xa           '截距
Zxecf=Lxy/Sqr(Lxx * Lyy)          '相关系数
End Function
```

6.6.2 多元线性最小二乘法及其加权

(1) 多元线性最小二乘法

若因变量与多个自变量 $x_1, x_2, x_3, \cdots, x_n$ 有关，且呈线性关系，则其拟合函数可表示为：

$$y = a_0 x_0 + a_1 x_1 + a_2 x_2 + \cdots + a_j x_j + \cdots + a_n x_n$$

此式即称多元线性回归方程，据最小二乘法原理，所得回归系数应使得残差平方和最小，即使：$Q = \sum_{k=1}^{m} \delta_k^2$

因：$\delta_k = y_k - \hat{y}_k = y_k - (a_0 x_0 + a_1 x_1 + \cdots + a_j x_j + \cdots + a_n x_n)$

故可得下列方程组：

$$\frac{\partial Q}{\partial a_i} = \frac{\partial}{\partial a_i} \sum_{k=1}^{m} (y_k - \sum_0^n a_j x_{k,j}) \quad (i = 0, 1, 2, \cdots, n)$$

上式经整理即：

$$a_0 \sum_{k=1}^{m} x_{k,0} x_{k,0} + a_1 \sum_{k=1}^{m} x_{k,0} x_{k,1} + \cdots + a_n \sum_{k=1}^{m} x_{k,0} x_{k,n} = \sum_{k=1}^{m} x_{k,0} y_k$$

$$a_0 \sum_{k=1}^{m} x_{k,1} x_{k,0} + a_1 \sum_{k=1}^{m} x_{k,1} x_{k,1} + \cdots + a_n \sum_{k=1}^{m} x_{k,1} x_{k,n} = \sum_{k=1}^{m} x_{k,1} y_k$$

$$\cdots$$

$$a_0 \sum_{k=1}^{m} x_{k,n} x_{k,0} + a_1 \sum_{k=1}^{m} x_{k,n} x_{k,1} + \cdots + a_n \sum_{k=1}^{m} x_{k,n} x_{k,n} = \sum_{k=1}^{m} x_{k,n} y_k$$

上列方程组又可写成下列通式：

$$\sum_{j=0}^{n} a_j \sum_{k=1}^{m} x_{k,i} x_{k,j} = \sum_{k=1}^{m} x_{k,i} y_k \quad (i = 0, 1, 2, \cdots, n)$$

解上列方程组，即可得到回归方程中的各个系数。

(2) 加权多元线性最小二乘法

若各原始数据的可靠性不同，在确定回归系数时，其所起的作用也应该不同。考虑各实测数据对回归方程影响的差异性，引入一个新的量"权"。

"权"是表征各原始数据在建立回归方程中重要性的系数，测量精度越高，"权"越大，在确定回归方程系数中所起的作用也越大，常用标准误差 σ_{yk} 来定义权的大小：$w_k = C/\sigma_{yk}^2$

式中，C 是比例系数，可以是任意指定的常数。

引入"权"的概念后，残差平方和的定义变为：

$$Q = \sum_{k=1}^{m} w_k \delta_k^2$$

与此对应的方程组变为：

$$a_0 \sum_{k=1}^{m} w_k x_{k,0} x_{k,0} + a_1 \sum_{k=1}^{m} w_k x_{k,0} x_{k,1} + \cdots + a_n \sum_{k=1}^{m} w_k x_{k,0} x_{k,n} = \sum_{k=1}^{m} w_k x_{k,0} y_k$$

$$a_0 \sum_{k=1}^{m} w_k x_{k,1} x_{k,0} + a_1 \sum_{k=1}^{m} w_k x_{k,1} x_{k,1} + \cdots + a_n \sum_{k=1}^{m} w_k x_{k,1} x_{k,n} = \sum_{k=1}^{m} w_k x_{k,1} y_k$$

$$\cdots$$

$$a_0 \sum_{k=1}^m w_k x_{k,n} x_{k,0} + a_1 \sum_{k=1}^m w_k x_{k,n} x_{k,1} + \cdots + a_n \sum_{k=1}^m w_k x_{k,n} x_{k,n} = \sum_{k=1}^m w_k x_{k,n} y_k$$

上列方程组又可写成下列通式：

$$\sum_{j=0}^n \left(a_j \sum_{k=1}^m w_k x_{k,i} x_{k,j} \right) = \sum_{k=1}^m w_k x_{k,i} y_k \quad (i=0,1,2,\cdots,n)$$

解上列方程组，即可得到回归方程中的各个系数。

式中，j 为自变量 x 的下标；i 为系数 a 的下标；k 是数据测量点数。

考虑到权重对回归方程影响的这种处理方法，称为加权多元线性最小二乘法。

若各权 w_k 皆为 1，即单位加权，上列方程就化为普通"多元线性最小二乘法"。当 $n=1$ 时，即为"一元线性最小二乘法"。

为了衡量线性方程组的回归效果，可利用所谓复相关系数（亦称全相关系数）R 来表示：

$$R = \sqrt{\frac{Sr}{Lyy}} = \sqrt{1 - \frac{Q}{Lyy}} = \sqrt{1 - \frac{\sum_{k=1}^m w_k (y_k - \hat{y}_k)^2}{\sum_{k=1}^m w_k (y_k - \overline{y})^2}}$$

在实际工作中，为考查各变量的相关性，常常用偏相关系数来衡量数据的精度，第 j 个自变量 x_j 的偏相关系数定义为：

$$R_j = \sqrt{1 - \frac{Q}{Q_j}} = \sqrt{1 - \frac{\sum_{k=1}^m w_k (y_k - \hat{y}_k)^2}{\sum_{k=1}^m w_k \left(y_k - \sum_{i=1, i \neq j}^n a_i x_{k,i} \right)^2}}$$

> **例 6-7** 常见的气相化学反应动力学速率方程：
> $$r = k p_A^\alpha p_B^\beta p_D^\delta$$
> 两边取对数得：
> $$\ln r = \ln k + \alpha \ln p_A + \beta \ln p_B + \delta \ln p_D$$
> 若令：$y = \ln r, x_1 = \ln p_A, x_2 = \ln p_B, x_3 = \ln p_D$
> 则有：$y = \ln k + \alpha x_1 + \beta x_2 + \delta x_3$
> 若每次测定反应速率 r 都具有相同的可靠性，即：
> $$\sigma_1 = \sigma_2 = \sigma_3 = \cdots = \sigma_m = \sigma_{rk} = \sigma$$
> 据误差传递规则，有：$\sigma_{yk} = \left(\frac{\partial \ln r_k}{\partial r_k} \right) \times \sigma_{rk} = \frac{\sigma}{r_k}$
>
> 可见，即便反应速率 r 测定有相同的误差，其各 y_k 并不具有相同的可靠性。则各测定点 y_k 的权为：
> $$w_k = \frac{C}{\sigma_{y,k}^2} = \frac{C \cdot r_k^2}{\sigma^2} = r_k^2 \quad (令: C = \sigma^2)$$
>
> **解**：程序示例如下所示。
> （下列语句写在标准模块中）

```
Public CorrCoef As Double,Rj() As Double,Qj() As Double
Public YC() As Double,AA() As Double,BB() As Double
    (下列语句写在窗体模块中)
Sub Conputting()
N=3:M=25
ReDim YC(M):ReDim Rj(N):ReDim Qj(N)
Redim AA(N,M),Redim BB(M)
Dim X(N,M) As Double,Y(M) As Double,R As Double
For k=0 To M-1
    w(k)=Y(k)* Y(k);Y(k)=log(Y(k))
    For j=1 To N
        X(j,k)=Log(X(j,k))
Next j
  Next k
  R=dyxxZXECF(X(),Y(),N,M)
  α=BB(1):β=BB(2):δ=BB(3)
End Sub
Public Function dyxxZXECF(xZx() As Double,
yZy() As Double,NN As Integer,MM As Double)
Dim ATX As Double,YA As Double,Lyy As Double
Dim Q2 As Double,Sr As Double,Sn_1 As Double
Dim k As Integer,p As Integer,yt As Double


For i=0 To NN
 For j=0 To NN
    AA(i,j)=0
    For k=0 To MM-1
       AA(i,j)=AA(i,j)+X(i,k)* X(j,k)* w(k)
       Next k
Next j
BB(i)=0
For k=0 To MM-1
   BB(i)=BB(i)+X(i,k)* Y(k)* w(k)
   Next k
Next i
Call GAUSS            '调用全主元高斯消去法
YA=0
For k=0 To MM-1; YA=YA+Y(k): Next k
YA=YA/MM:Lyy=0:Q2=0:Sr=0
For k=0 To MM-1
   YC(k)=0
   For j=0 To NN
       YC(k)=YC(k)+BB(j)* X(j,k)
Next j
```

```
            Lyy=Lyy+(Y(k)-YA)*(Y(k)-YA)*w(k)
            Q2=Q2+(Y(k)-YC(k))*(Y(k)-YC(k))*w(k)
            Sr=Sr+(YC(i)-YA)*(YC(i)-YA)*w(i)
    Next k
    Sn=Sqr(Q2/(MM-1))              '标准偏差 σ_{n-1}
    CorrCoef=Sqr(1-Q2/Lyy)         'Lyy=Q2+Sr
    For j=1 To NN
       Qj(j)=0:Rj(j)=0
       For k=0 To MM-1
         ATX=0
         For i=0 To NN
           If i<>j Then ATX=ATX+BB(i)*X(i,k)
         Next i
         Qj(j)=Qj(j)+(Y(k)-ATX)*(Y(k)-ATX)*w(k)
       Next k
       Rj(j)=Sqr(1-Q2/Qj(j))
    Next j
    For j=0 To NN
       Print Format(BB(j),"0.0###E-##")
    Next j
    DyxxZXECF=CorrCoef
End Function
```

6.7 数值积分

6.7.1 数值积分

(1) 一般原理

对于指定函数的积分求解,过去习惯用数学分析法。如下列积分: $S=\int_a^b f(x)\mathrm{d}x$。

总是先求出其原函数的具体表达式,再代入积分上下限求解。如被积函数为下列二次多项式: $f(x)=Ax^2+Bx+C$。

则其积分为:

$$S=\int_a^b (Ax^2+Bx+C)\mathrm{d}x = \frac{1}{3}A(b^3-a^3)+\frac{1}{2}B(b^2-a^2)+C(b-a)$$

可见,只要知道了二次多项式的系数 A、B、C 及积分上下限 a、b,代入上式即可求出定积分 S。

用计算机求解积分不采用求原函数的方法。

由于求 $f(x)$ 的积分,实际上就是求由曲线 $y=f(x)$ 及三条直线 $y=0$、$x=a$ 和 $x=b$ 所包围的面积。只要用数值法能求出其值,定积分 S 也就求出来了。计算机采用的就是这种"数值解法"。

为求此面积，常将 a 至 b 区间分成若干小段，每小段的宽度称为步长，用 h 表示。整个面积也就分为若干块小面积元（称为元面积），再将各元面积相加，即可得到整个定积分的值。

(2) 梯形法求积

若步长足够小，则函数曲线 $f(x)$ 被分成许多足够短的线段，每段都可粗略地视为直线，而每一小块面积都可视为一个小梯形面积，由于每个小梯形面积皆可求，故整个面积也就可求了。这种处理方法就称为"梯形法"。

若用 x_j 代表曲线 $f(x)$ 上任意一点的横坐标，整个面积被分为 n 块，则：$x_0=a$，$x_n=b$，$h=(b-a)/n$。

则其中任意一块的面积为：$S_j = \dfrac{f(x_{j-1})+f(x_j)}{2} \times h$

总面积则为：
$$S_j = \int_a^b f(x)\mathrm{d}x = \sum_{j=1}^n \frac{f(x_{j-1})+f(x_j)}{2} \times h$$
$$= \frac{h}{2}[f(x_0)+f(x_1)+f(x_1)+f(x_2)+f(x_2)+\cdots+f(x_{n-1})$$
$$+f(x_{n-1})+f(x_n)]$$
$$= h\left[\frac{f(x_0)+f(x_n)}{2} + \sum_{j=1}^{n-1} f(x_j)\right]$$

据此式即可用编程的方法用计算机进行计算。程序如下所示。

```
Function TXJF(A As Double,B As Double,N As Integer)
Dim h As double,S As Double,j As Integer
h=(B-A)/N
S=(FX(A)+FX(B))/2
For j=1 To N-1
    S=S+FX(A+j*h)
Next j
TXJF=S*h
  End Function
    Function FX(XX As Double) As Double
FX='F(XX)
  End Function
```

6.7.2 辛普森法积分

辛普森法与梯形法的区别在于它将整个积分区间分割成偶数个单元，并将函数曲线分割成的每两个相邻的小线段共同组成一个二次曲线，即相邻两小块面积之和为：

$$S_j + S_{j+1} = \int_{x_{j-1}}^{x_{j-1}+2h} f(x)\mathrm{d}x = \int_{x_{j-1}}^{x_{j-1}+2h} (A_j + B_j x + C_j x^2)\mathrm{d}x$$

$$(j=1,3,5,\cdots,n-1)$$

而总面积应为：

$$S = \int_{x_0}^{x_n} f(x)\mathrm{d}x = \sum_{j=1}^n S_j = (S_1+S_2)+(S_3+S_4)+\cdots+(S_{n-1}+S_n)$$

其中，$x_0=a$，$x_n=b$，且 n 必为偶数。

原则上，由上列两式即可求出总积分值。但因其中含有待定参数 A_j、B_j 和 C_j，无法直接使用。考虑到被积函数 $f(x)$ 已知，且 $x_j = x_0 + (j-1)*h = a + (j-1)*h$，每两个相邻小块中，有三个 x 值，即：x_{j-1}、$x_{j-1}+h$ 和 $x_{j-1}+2h$，代入假设的二次函数中即得下列方程组：

$$f(x_{j-1}) = A_j + B_j x_{j-1} + C_j x_{j-1}^2$$
$$f(x_{j-1}+h) = A_j + B_j(x_{j-1}+h) + C_j(x_{j-1}+h)^2$$
$$f(x_{j-1}+2h) = A_j + B_j(x_{j-1}+2h) + C_j(x_{j-1}+2h)^2$$

解此方程组，即可得到待定参数 A_j、B_j 和 C_j 的值。下面采取较为简捷的方法进行代换，不必直接求解这些待定参数。因为：

$$\begin{aligned}
S_j + S_{j+1} &= \int_{x_{j-1}}^{x_{j-1}+2h} f(x)\mathrm{d}x = \int_{x_{j-1}}^{x_{j-1}+2h}(A_j + B_j x + C_j x^2)\mathrm{d}x \\
&= A_j x + \frac{1}{2}B_j x^2 + \frac{1}{3}C_j x^3 \Big|_{x_{j-1}}^{x_{j-1}+2h} \\
&= 2hA_j + \frac{1}{2}B_j[(x_{j-1}+2h)^2 - x_{j-1}^2] + \frac{1}{3}C_j[(x_{j-1}+2h)^3 - x_{j-1}^3] \\
&= \frac{h}{3}(6A_j + 6B_j x_{j-1} + 6B_j h + 6C_j x_{j-1}^2 + 12C_j h x_{j-1} + 8C_j h^2) \\
&= \frac{h}{3}[f(x_{j-1}) + 4f(x_{j-1}+h) + f(x_{j-1}+2h)]
\end{aligned}$$

所以：

$$\begin{aligned}
S &= \int_{x_0}^{x_n} f(x)\mathrm{d}x = \sum_{j=1}^{n} S_j \\
&= (S_1+S_2)+(S_3+S_4)+\cdots+(S_j+S_{j+1})+\cdots+(S_{n-1}+S_n) \\
&= \frac{h}{3}[f(x_0)+4f(x_1)+f(x_2)] + \frac{h}{3}[f(x_2)+4f(x_3)+f(x_4)] + \cdots \\
&\quad + \frac{h}{3}[f(x_{j-1})+4f(x_j)+f(x_{j+1})] + \cdots + \frac{h}{3}[f(x_{n-2})+4f(x_{n-1})+f(x_n)] \\
&= \frac{h}{3}\{f(x_0) - f(x_n) + 4[f(x_1)+f(x_3)+\cdots+f(x_{2j-1})+\cdots+f(x_{n-1})] \\
&\quad + 2[f(x_2)+f(x_4)+\cdots+f(x_{2j})+\cdots+f(x_n)]\} \\
&= \frac{h}{3}\{f(a) - f(b) + 2\sum_{j=1}^{n/2}[2f(x_{2j-1})+f(x_{2j})]\}
\end{aligned}$$

将被积区间分为 n 个偶数小区间，按上式编程即可。

由于积分分段数越多，积分结果就越精确。而实际求解时，并不知道分多少段可以满足计算精度要求，故可改为变步长辛普森积分。

例 6-8 利用公式：$\pi = 4\int_0^1 \dfrac{\mathrm{d}x}{1+x^2}$ 求圆周率的程序。

解：圆周率的程序如下所述。

```
Private Sub CmdSimpson_Click()
M=11:XX=0.0:SX=1.0:Ep=1.0E-14
ReDim X(M):ReDim Y(M):Dim i As Integer,S As Double
```

6 Visual Basic 使用与介绍

```
    For i=1 To M
        X(i)=(i-1)/10:Y(i)=1/(1+X(i)*X(i))
    Next i
    S=CSI(XX,SX,Ep):Print "S=";4*S
End Sub
Function CSI(XXcsi As Double,SXcsi As Double, _
    Eps As Double)As Double
    '变步长积分          传递参数:下限,上限,误差
Dim Epx As Double,S0 As Double,Scsi As Double
Dim Ncsi As Long
S0=Eps/100:Ncsi=2:Epx=1#
Do While Epx>Eps
    Scsi=Simpson(XXcsi,SXcsi,Ncsi)
    Epx=Abs(Scsi-S0)
    If Epx<=Eps Or Ncsi>=4194304 Then
        If Ncsi>=4194304 Then
MsgBox"已经计算到4194304个区段,"+Chr(10)+Chr(13)+"仍不能达到要求,计算结束!",48, _
"提示"
        End If
        Exit Do
    End If
    Print "Ncsi=";Ncsi,"Scsi=";Scsi
    Ncsi=2*Ncsi:S0=Scsi
Loop
Print "Nend=";Ncsi
CSI=Scsi
End Function
Function Simpson(Asps As Double,Bsps As Double,Nsps As Long)As Double
    '基本辛普森积分        传递参数:下限,上限,分段数
Dim Hsps As Double,Ssps As Double,Jsps As Double
Hsps=(Bsps-Asps)/Nsps:Ssps=0
For Jsps=1 To Nsps/2
    Ssps=Ssps+2*Fx(Asps+(2*Jsps-1)*Hsps)
    Ssps=Ssps+Fx(Asps+2*Jsps*Hsps)
Next Jsps
Simpson=(2*Ssps+Fx(Asps)-Fx(Bsps))*Hsps/3
End Function
Function Fx(Sfx As Double)As Double
    'Fx=1/(1+Sfx*Sfx)        '被积函数:Sfx=F(x)
    Fx=Largere(Sfx,X(),Y(),1,M,M)'部分节点插值
End Function
Function Largere(XX As Double,XF() As Double,YF() As Double,Ns As Integer,Ne As Integer, _
Mjds As Integer)
    '待求点自变量x,已知量x数组,已知量y数组
```

```
'首节点号,尾节点号,使用节点数
Dim F As Integer,LL As Double,i As Integer,j As Integer
Dim N1 As Double,N2 As Double,MM As Integer,YY As Double
If Mjds>Ne-Ns+1 Then   Mjds=Ne-Ns+1
F=0
For N1=Ns To Ne
    If XX<=XF(N1)Then F=1:Exit For
Next
If F=1 Then
  If N1<>Ns Then
    If Abs(XX-XF(N1-1))<Abs(XX-XF(N1))Then
      MM=Mjds+1
    Else
      MM=Mjds
    End If
    N1=N1-Int(MM/2)
    If N1<Ns Then N1=Ns
  End If
  N2=N1+Mjds-1
  If N2>Ne Then N2=Ne:N1=Ne-Mjds+1
Else
    N2=Ne:N1=Ne-Mjds+1
End If
YY=0
For i=N1 To N2
LL=1#
For j=N1 To N2
  If i<>j Then LL=LL*(XX-XF(j))/(XF(i)-XF(j))
  Next
  YY=YY+LL*YF(i)
Next
Largere=YY
End Function
```

6.7.3 离散点下的辛普森法积分

实际工作中,常常只能得到一系列的离散数据点,而无具体被积函数。但不知道原函数具体形式,并不意味着无规律可循。其实,只要将被积函数计算模块用插值函数模块替换,即可完成离散点下被积函数的计算。上列程序实际就是一个离散点下的辛普森积分程序,只要将其中的自定义函数"Fx"中的有关被积函数值计算的语句"Sfx=1/(1+Sfx*Sfx)"注释起来,同时解出拉格朗日插值函数"Sfx=BFJDCZ(Sfx,X,Y,1,M,M)"的注释即可。

6.8 微分方程组的数值解

6.8.1 一般原理

设在(x,y)平面的某一指定区域内给定一个微分方程：

$$\frac{dy}{dx}=f(x,y)$$

这里的$f(x,y)$是已知函数，称为微分方程的右函数。

现欲求此方程满足初始条件（初值）：$y|_{x=x_0}=y_0$ 或 $y(x_0)=y_0$ 的解，则称此为常微分方程的初值问题。

按微分方程的定义，若某一函数：$y=F(x)$能满足原微分方程，即若以$F(x)$和dF/dx作为y和dy/dx代入微分方程，能使该式成为等式，则称$y=F(x)$为原微分方程的解。

如微分方程为$\frac{dy}{dx}=x$时，积分可得$y=\frac{1}{2}x^2+c$。因积分常数c是任意的，故表达式$y=\frac{1}{2}x^2+c$表示的是一组（而不是一条）抛物线，故此式称为原微分方程的通解。

若再有$y|_{x=0}=0$，可得$c=0$，而方程$y=\frac{1}{2}x^2$即为原微分方程组的特解。

由于许多函数不能经简单的方法积分得到其数学分析解，人们不得不借助数值分析法求其近似的数值解。常用的求微分方程组数值解的方法有：欧拉（尤拉）法和龙格-库塔法。

6.8.2 欧拉法（又译尤拉法）

设待求微分方程为：$\frac{dy}{dx}=f(x,y)$，

边界条件为：$y|_{x=x_0}=y_0$ 或 $y(x_0)=y_0$

在图6-9中，用A_0代表初始条件所对应的点(x_0,y_0)，图中曲线$(A_0A_1A_2\cdots)$表示满足初始条件的特解曲线。在x轴上标出x_0，x_0+h，$x_0+2h\cdots$（即B_0，B_1，$B_2\cdots\cdots$各点），由于初始条件(x_0,y_0)是给定的，在A_0处解曲线的斜率可得$\left(\frac{dy}{dx}\right)_{x_0,y_0}=f(x_0,y_0)$。

若从A_0出发引一斜率为$f(x_0,y_0)$的直线，与x_0+h处垂线交于C_1，当h足够小时，C_1即与特解曲线上的点A_1足够接近，乃至于可将C_1的纵坐标视作A_1点纵坐标的一次近似值，用y^*表示，则：$y^*=\overline{B_1C_1}=y_0+h\times\left(\frac{dy}{dx}\right)_{x_0,y_0}=y_0+h\times f(x_0,y_0)$。

如此求出y^*后，又可自(x_0+h,y^*)点（即C_1点）出发，用上法求出$x=x_0+2h$处的y的一次近似值C_2点，依此类推可不断求出x_0+3h，$x_0+4h\cdots$各处y的一次近似点，得到特解曲线上的近似折线$(A_0C_1C_2\cdots)$。但如此求出的一次近似值可能会越来越偏离特解曲线，造成越来越大的误差。为此，欧拉采用了以下校正方法。

自A_0作一平行于$\overline{C_1C_2}$的直线，与$\overline{B_1C_1}$相交于E_1。由于C_1和E_1分别位于特解曲线的两侧，不难想象，以C_1和E_1的中点作为A_1点的近似值将会得到更好的结果。由此

所得值称为 $x=x_0+h$ 处 y 的二次近似值,即:
$$y=\frac{1}{2}(\overline{B_1C_1}+\overline{B_1E_1})=y_0+\frac{h}{2}[f(x_0,y_0)+f(x_0+h,y^*)]$$

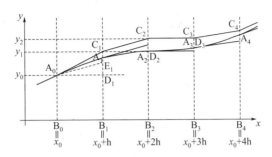

图 6-9 欧拉法

该式与 $y^*=y_0+h\times f(x_0,y_0)$ 一起,即可用来自 $x=x_0$ 时的函数值 y_0 (即 A_0 点),计算 $x=x_0+h$ 时的函数值 y 的近似值(即 A_1 的近似值)。如此类推,可求出特解曲线 $A_1A_2A_3\cdots$ 各点的近似值。从而得到整条特解曲线,就是微分方程的数值解。

上述方法可以直接推广用于一阶微分方程组。

设有如下一阶微分方程组:

$$\left.\begin{aligned}\frac{\mathrm{d}y_1}{\mathrm{d}x}&=f_1(x,y_1,y_2,\cdots,y_n)\\\frac{\mathrm{d}y_2}{\mathrm{d}x}&=f_2(x,y_1,y_2,\cdots,y_n)\\\cdots&\\\frac{\mathrm{d}y_n}{\mathrm{d}x}&=f_n(x,y_1,y_2,\cdots,y_n)\end{aligned}\right\} \text{初始条件为:} \left.\begin{aligned}y_1(x_0)&=y_{10}\\y_2(x_0)&=y_{20}\\\cdots&\\y_n(x_0)&=y_{n0}\end{aligned}\right\}$$

按前述方法解此方程组得:

$$\left.\begin{aligned}y_1&=y_{10}+\frac{h}{2}[f_1(x_0,y_{10},\cdots,y_{n0})+f_1(x_0+h,y_1^*,\cdots,y_n^*)]\\y_2&=y_{20}+\frac{h}{2}[f_2(x_0,y_{10},\cdots,y_{n0})+f_2(x_0+h,y_1^*,\cdots,y_n^*)]\\&\cdots\\y_n&=y_{n0}+\frac{h}{2}[f_n(x_0,y_{10},\cdots,y_{n0})+f_n(x_0+h,y_1^*,\cdots,y_n^*)]\end{aligned}\right\}$$

该式可简写为:

$$y_j=y_{j0}+\frac{h}{2}[f_j(x_0,y_{10},\cdots,y_{n0})+f_j(x_0+h,y_1^*,\cdots,y_n^*)]$$
$$(j=1,2,3,\cdots,n)$$

这里的 x_0+h 是邻近点上的自变量值(可用 x 表示),而 y_j^* 是邻近点上第 j 个因变量 y_j 的一次近似值,按下式计算:

$$y_j^*=y_{j0}+h\times f_j(x_0,y_{10},y_{20},\cdots,y_{n0})$$

先按初始条件计算出 y_j^*,再算出 y_j,如此类推,所求出微分方程组的二次近似值,即为欧拉法求出的值。

例 6-9 设在 A、B、C、D、E 间按下列方式反应：

$$A \xrightarrow{k_1} B \xrightarrow{k_2} C \xrightarrow{k_3} D \xrightarrow{k_4} E$$
$$y(1) \quad y(2) \quad y(3) \quad y(4) \quad y(5)$$

$y(j)$ 分别是 A、B、C、D 和 E 在任一时刻 t 的浓度，则各物质的微分速率方程为：

$$\frac{\mathrm{d}y(1)}{\mathrm{d}t} = -k_1 y(1)$$

$$\frac{\mathrm{d}y(2)}{\mathrm{d}t} = k_1 y(1) - k_2 y(2)$$

$$\frac{\mathrm{d}y(3)}{\mathrm{d}t} = k_2 y(2) - k_3 y(3)$$

$$\frac{\mathrm{d}y(4)}{\mathrm{d}t} = k_3 y(3) - k_4 y(4)$$

$$\frac{\mathrm{d}y(5)}{\mathrm{d}t} = k_4 y(4)$$

解：依据前面所述原理，可编程如下所述。

```
Private Sub Command6_Click()
N=5            '因变量 y 的个数
Dim h As Double
Dim k As Integer,j As Integer,Md As Integer
Md=2           'Md=1:欧拉法,M=2:龙格-库塔法
k1=0.01        '反应 1 的速率常数
k2=0.2         '反应 2 的速率常数
k3=0.1         '反应 3 的速率常数
k4=0.05        '反应 4 的速率常数
Dim Xj As Double
ReDim Y(N):ReDim YY(N)
Xj=0#          '反应时间起点
Xe=25#
h=0.5          '步长
M=(Xe-Xj)/h           '被积函数分段(步)数
Y(1)=1#        '反应物初始量
Y(2)=0#        '产物 1 初始量
Y(3)=0#        '产物 2 初始量
Y(4)=0#        '产物 3 初始量
Y(5)=0#        '产物 4 初始量
For j=1 To N
    YY(j)=0
Next j
For j=1 To M
    Select Case Md
Case 1
Call Euler(h)           '欧拉法(Euler)
Xj=Xj+h
```

```
        Case 2
            Call RungKutta(h,Xj)    '龙格-库塔法(Runge-Kutta)
    End Select
        If j=10 * Fix(j/10) Then
            Print "X=";Xj
            For k=1 To N
        Print "Y(";k;")=";Format(Y(k),"0.000E-##");"   ";
            Next k
            Print
            End If
    Next j
End Sub
Sub Euler(hj As Double)
    Dim i As Integer
    For i=1 To N
        YY(i)=Y(i)+hj * FxWF(i)/2     'y0+0.5hf(x0,y0)
        Y(i)=YY(i)+hj * FxWF(i)/2     'y* =y0+hf(x0,y0)
    Next I
    For i=1 To N
        Y(i)=YY(i)+hj * FxWF(i)/2
        'y=y0+0.5h * f(x0,y0)+0.5h * f[(x0+h),y* ]
    Next i
    End Sub
Sub RungKutta(hj As Double,Xj As Double)
    Dim Y0() As Double
    ReDim Y0(N)
    Dim HH(5) As Double,X0 As Double
    Dim ii As Integer,jj As Integer
X0=Xj
For ii=1 To N
    Y0(ii)=Y(ii):YY(ii)=Y(ii)
Next ii
HH(1)=hj/2:HH(2)=HH(1)
HH(3)=hj:HH(4)=HH(3):HH(5)=HH(1)
For jj=1 To 4
    Xj=X0+HH(jj)
        For ii=1 To N
            YY(ii)=YY(ii)+FxWF(ii) * HH(jj+1)/3
            Y(ii)=Y0(ii)+FxWF(ii) * HH(jj)
    Next ii
Next jj
For ii=1 To N
    Y(ii)=YY(ii)
Next ii
```

```
        End Sub

Function FxWF(k As Integer) As Double
  Select Case k
  Case 1
    FxWF=-k1 * Y(1)
  Case 2
    FxWF=k1 * Y(1)-k2 * Y(2)
  Case 3
    FxWF=k2 * Y(2)-k3 * Y(3)
  Case 4
    FxWF=k3 * Y(3)-k4 * Y(4)
  Case 5
    FxWF=k4 * Y(4)
  End Select
End Function
```

6.8.3 龙格-库塔法（RungKutta）

与欧拉法类似，龙格-库塔法也是根据变量在 $x=x_0$ 处的值，计算在 $x=x_0+h$ 处的近似值。

对于微分方程组：$\dfrac{\mathrm{d}y_j}{\mathrm{d}x}=f_j(x,y_1,y_2,\cdots,y_n)$

其边界条件：$y_j(x_0)=y_{j0}$

按照龙格-库塔法，当取四阶算法时，其在 $x=x_0+h$ 处各因变量的近似值 y_j 为：

$$y_j=y_{j0}+\frac{h}{6}(k_{j1}+2k_{j2}+2k_{j3}+k_{j4})$$

其中：

$$k_{j1}=f_j(x_0,y_{10},y_{20},\cdots,y_{n0})$$

$$k_{j2}=f_j\left(x_0+\frac{h}{2},y_{10}+\frac{h}{2}k_{11},y_{20}+\frac{h}{2}k_{21},\cdots,y_{n0}+\frac{h}{2}k_{n1}\right)$$

$$k_{j3}=f_j\left(x_0+\frac{h}{2},y_{10}+\frac{h}{2}k_{12},y_{20}+\frac{h}{2}k_{22},\cdots,y_{n0}+\frac{h}{2}k_{n2}\right)$$

$$k_{j4}=f_j(x_0+h,y_{10}+hk_{13},y_{20}+hk_{23},\cdots,y_{n0}+hk_{n3})$$

据此编程如例 6-9 中所示。

7 化学信息学习题与上机练习题

7.1 Origin 软件和 ChemDraw 软件应用

目的：(1) 掌握 Origin 软件的画图操作和数据拟合方法；
(2) 掌握 ChemDraw 绘制分子结构的方法。
内容：完成以下习题。

1. 某催化剂活性 Y 与工作持续时间 t 的关系为 $Y=Ae^{(Bt+Ct^2)}$，将表 7-1 所列的实验数据通过曲线拟合求 A、B 和 C 的值。

表 7-1 某催化剂活性 Y 与工作持续时间 t 的关系

t/h	0	27	40	52	70	89	106
Y/%	100	82.2	76.3	71.8	66.4	63.3	61.3

2. 在温度为 40℃时，活性炭吸收氯气量 A 与压强 p 的关系如表 7-2，求经验公式。

表 7-2 40℃时活性炭吸收氯气量 A 与压强 p 的关系

p/mmHg	0.06	0.16	0.56	1.65	5.14	12.88	20.93	35.91	47.58
A/mg	33.91	50.87	70.31	99.87	122.13	140.87	152.42	166.41	173.66

3. 下列反应的预选反应速率方程和实验数据如表 7-3 所示，试确定参数 k，α，β。
$B_2H_6 + 4Me_2CO \xrightarrow{114℃} 2[(Me_2CHO)2BH]$，$r = k p_{B_2H_6}^{\alpha} p_{Me_2CO}^{\beta}$，其中 Me 代表甲基。

表 7-3 实验数据

$p_{B_2H_6}$/mmHg	6.0	8.0	10.0	16.0	10.0	10.0	10.0	10.0	10.0
p_{Me_2CO}/mmHg	20.0	20.0	20.0	20.0	10.0	20.0	40.0	60.0	100.0
$r \times 10^3$/mol·L^{-1}·s^{-1}	0.5	0.63	1.00	1.28	0.33	0.80	1.50	2.21	3.33

4. 物质的饱和蒸气压 p 与温度 T 满足安托因方程 $\ln p = A - B/(T+C)$，实验测得不同温度下纯水的饱和蒸气压值，如表 7-4 所示，求安托因方程的拟合系数 A、B 和 C 的值。并

将 p-T 作图（单对数坐标：p 采用自然对数坐标），用 "●" 号标出实验数据点。最后用 "Copy Page" 命令粘贴到 Word 文本中。

表 7-4　纯水饱和蒸气压 p 与温度 T 数据

p/MPa	0.1	0.2	0.5	1.0	2.0	3.04	4.05	5.06	6.07
t/℃	100.0	120.1	152.4	180.5	213.1	234.6	251.1	264.7	276.5

提示：可使用 Nonlinear Curve Fitting:xponential:xp3P1MD y＝ea+b/(x+c) 函数，或 Nonlinear Curve Fitting:ational:ational4 y＝c+b/(x+a)。

[注意单位转换，参考答案 $A=18.4057$　$B=3903.662$　$C=-41.3374$]

5. 在化工生产中获得的氯气的摩尔分数 y 随生产时间 t 下降，现收集了 9 组实验数据，如表 7-5 所示，试求回归方程 $y=\dfrac{1}{1+e^{a+bt}}$ 中的待定参数 a 和 b。

表 7-5　氯气的摩尔分数 y 随时间 t 变化实验数据

t/min	8	10	12	14	16	20	28	34	40
y	0.49	0.47	0.45	0.44	0.43	0.42	0.41	0.40	0.39

6. 化工原理多效蒸发系统优化设计中，要用到不同温度下饱和水蒸气的焓值，且认为焓 H 与温度 T 可用多项式 $H=c_0+c_1T+c_2T^2$ 来表示。已知 0～100℃ 下焓与温度的关系如表 7-6 所示，求多项式的拟合系数，并在 H-T 图上绘出拟合曲线，用 "★" 号标出实验数据点。同时练习以下内容：利用样条（Spline）、指数上升、高斯法拟合（Fit）或平滑（Smooth）成曲线，双击图形区任何对象（坐标轴风格、标度、轴名、曲线形状、实验点形状、颜色）可做修改，单击选取，按 "Del" 可删除对象。

表 7-6　0～100℃ 下焓与温度的关系数据

T/K	273.15	278.15	283.15	288.15	293.15	298.15	303.15
H/(kJ/kg)	2491.3	2500.9	2510.5	2520.6	2530.1	2538.6	2549.5
T/K	308.15	313.15	318.15	323.15	328.15	333.15	338.15
H/(kJ/kg)	2559.1	2568.7	2577.9	2587.6	2596.8	2606.3	2615.6
T/K	343.15	348.15	353.15	358.15	363.15	368.15	373.15
H/(kJ/kg)	2624.4	2629.7	2642.4	2651.2	2660.0	2668.8	2677.2

[参考答案 $H=1845.964+2.724765T-1.332938T^2$]

7. 某化工厂在甲醛生产流程中，为了降低甲醛溶液的温度，装置了溴化锂制冷机，通过实验找出了制冷机的制冷量 y 与冷却水温度 x_1、蒸气压力 x_2 之间的关系数据如表 7-7 所示。设 y 与 x_1 和 x_2 之间存在线性关系，求 y 对 x_1 和 x_2 的线性回归方程。

表 7-7　y 对 x_1 和 x_2 的关系数据

序号	1	2	3	4	5	6	7	8	9
x_1/℃	6.5	6.5	6.7	16	16	17	19	19	20
x_2/Pa	146.7	231.7	308.9	154.4	231.7	308.9	146.7	231.7	347.5
y/[kJ/h]	45.2	54.0	60.3	66.3	74.3	90.4	96.3	105.5	120.6

[参考答案 $y=0.86769+3.71676\,x_1+0.11108\,x_2$]

8. 已知一组实验数据如表 7-8 所示。

表 7-8 $t\sim y$ 实验数据

t	1	2	3	4	5	6	7	8
y	4.00	6.40	8.00	8.80	9.22	9.50	9.70	9.86

已知 t 与 y 之间有经验公式 $y=t/(a*t+b)$，试用拟合函数来确定参数 a 和 b。

9. 用 Origin 软件画出某电池的放电电压和极化电流随时间的变化曲线，实验数据如表 7-9 所示。

表 7-9 实验数据

t/min	0	30	60	80	100	120	140	150
i/mA	10	9.51	9.11	8.45	7.80	6.00	4.50	3.00
U/V	1.711	1.290	1.256	1.201	1.141	1.101	1.030	1.000

提示：时间作为 x 轴，输入 3 列数据，然后用鼠标拖动定义（涂黑）3 列数据，执行 "Plot/Double Y"（双 Y 轴）命令即可。最后用 "Copy Page" 命令粘贴到 Word 文本中。

10. 采用用户自定义函数作图，三个函数是 F1(x)＝5*EXP(−x/3)；F2(x)＝F1(x)*sin(2*x)；F3(x)＝−F1(x)，请作图。参照样图 7-1。

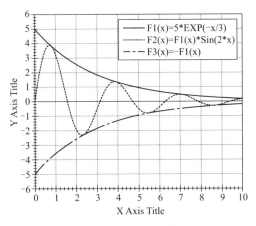

图 7-1 自定义函数作图

11. 对离心泵性能进行测试的实验中，得到流量 Q_V、压头 H、轴功率 N 和效率 η 的数据如表 7-10 所示，绘制离心泵特性曲线。将扬程曲线、轴功率曲线和效率曲线均拟合成二次多项式。注意：本题要使用 3 个 Y 轴。

表 7-10 流量 Q_V、压头 H 和效率 η 的关系数据

序号	1	2	3	4	5	6	7	8	9	10	11	12
Q_V/(L/h)	0.000	0.738	1.316	2.483	3.181	3.531	4.232	4.841	5.421	5.769	6.299	6.523
H/m	17.26	16.96	16.85	16.30	15.57	14.85	13.89	12.73	11.54	10.77	9.213	8.785
N/kW	0.60	0.70	0.85	1.050	1.15	1.2	1.28	1.35	1.40	1.420	1.450	1.460
η	0.000	0.164	0.257	0.378	0.395	0.428	0.45	0.447	0.438	0.429	0.392	0.385

12. 流体在圆形直管内作强制湍流的对流传热关联式：$Nu=BRe^m Pr^n$，常数 B、m、n 的值通过回归求得。实验数据如表 7-11 所示，求回归常数。[参考答案 $Nu=0.024Re^{0.79}Pr^{0.44}$]

表 7-11　Nu、Re、Pr 关系数据

序号	1	2	3	4	5	6
$Nu\times 10^{-2}$	1.8016	1.6850	1.5069	1.2769	1.0783	0.8350
$Re\times 10^{-4}$	2.4465	2.3816	2.0519	1.7143	1.3785	1.0352
Pr	7.76	7.74	7.70	7.67	7.63	7.62
序号	7	8	9	10	11	12
$Nu\times 10^{-2}$	0.4027	0.5672	0.7206	0.8457	0.9353	0.9579
$Re\times 10^{-4}$	1.4202	2.2224	3.0208	3.7772	4.4459	4.5472
Pr	0.71	0.71	0.71	0.71	0.71	0.71

13. 某科研中，观察水分的渗透速度，测得时间 t 与水的质量 m 的数据如表 7-12 所示。

表 7-12　时间 t 与水的质量 m 的实验数据

t/s	1	2	4	8	16	32	64
m/g	4.22	4.02	3.85	3.59	3.44	3.02	2.59

已知 t 与 m 之间有经验公式 $m=c*t^d$，试用非线性拟合函数来确定参数 c 和 d。c 和 d 的初值分别为 3.5 和 −0.1。

14. 利用表 7-13 所示数据画一散点图，将误差明显偏大的数据屏蔽掉，再用余下的数据按照模型 "y=A1*exp(−x/t1)+A2*exp(−(x−x0)^2/w1)" 进行非线性拟合，参数为 A1、t1、A2、x0、w1，初值分别约为 50、24、19、30、10，要求进行曲线模拟，寻找合适的初值后再按照上述模型进行非线性拟合，并生成一个含有各种拟合结果数据的工作表，同时需要在拟合完成后将模拟曲线删除。将所有的窗口保存在一个名为"非线性拟合"的 Project 文件内。

表 7-13　Pos ～Gassian_Amp1 数据

Pos	1	4	7	10	13	16	19	22	25
Gassian_Amp1	51	42	39	32	30	25	21	19	20
Pos	28	31	34	37	40	43	46	19	52
Gassian_Amp1	28	62	16	12	8	10	10	5	7

注意：(1) 屏蔽曲线中的数据点，可以打开 View→Toolbars→Mask，Mask 工具栏默认不显示，可以用它设置屏蔽区间或者点的颜色等。

(2) 也可以用 Data（数据）菜单→Remove Bad Data Points（移除差的数据点）菜单项将误差明显偏大的数据移去。

15. 应用 Harlalher 方程 $\ln p = A + \dfrac{B}{T} + C\ln T + D\dfrac{p}{T^2}$（$p$ 单位 mmHg，T 单位 K）及 Origin 的工作表计算下列物质在不同温度（300～400K，间隔 5K）的饱和蒸气压，并用 Or-

igin 软件将四套数据绘制在一张图上,加上图例和有关标注。其中,Harlalher 方程参数如表 7-14 所示。

表 7-14 Harlalher 方程参数

物质	分子式	A	B	C	D
氟苯	C_6H_5F	55.141	−5819.21	−5.489	3.88
氯苯	C_6H_5Cl	57.251	−6684.47	−5.686	4.98
溴苯	C_6H_5Br	56.566	−7005.23	−5.548	5.59
碘苯	C_6H_5I	57.691	−7589.50	−5.646	6.46

16. 用表 7-15 数据画出某二元系统在 $p=100$ kPa 时的温度~组成图(T~x~y 图)。

表 7-15 T~x~y 数据

T/K	472.2	461.8	453.5	439.2	420.4	404.7	374.2	350.7	341.2	338.7	337.3
x甲醇	0	0.010	0.015	0.032	0.075	0.100	0.185	0.360	0.590	0.754	1
y甲醇	0	0.152	0.368	0.610	0.845	0.922	0.985	0.995	0.998	0.999	1

17. 用 Origin 软件画出某电池的放电电压和极化电流随时间的变化曲线,数据如表 7-16 所示。参照样图 7-2。

表 7-16 放电电压和极化电流随时间的变化数据

t/min	0	30	60	80	100	120	140	150
I/mA	10	9.51	9.11	8.45	7.80	6.00	4.50	3.00
U/V	1.711	1.290	1.256	1.201	1.141	1.101	1.030	1.000

提示:时间作为 x 轴,输入 3 列数据,然后用鼠标拖动定义(涂黑)3 列数据,执行"Plot/Double Y"(双 Y 轴)命令即可。最后用"Copy Page"命令粘贴到 Word 文本中。

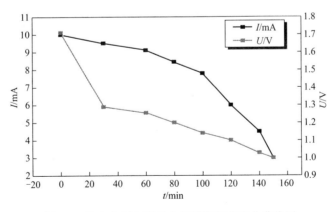

图 7-2 放电电压和极化电流随时间的变化曲线图

18. 绘制如图 7-3 分子结构并确定它们的化学名称。
19. 用 ChemDraw 绘出如图 7-4 所示反应方程式。
20. 求丁烷分子键长、键角、二面角及两个原子的距离。

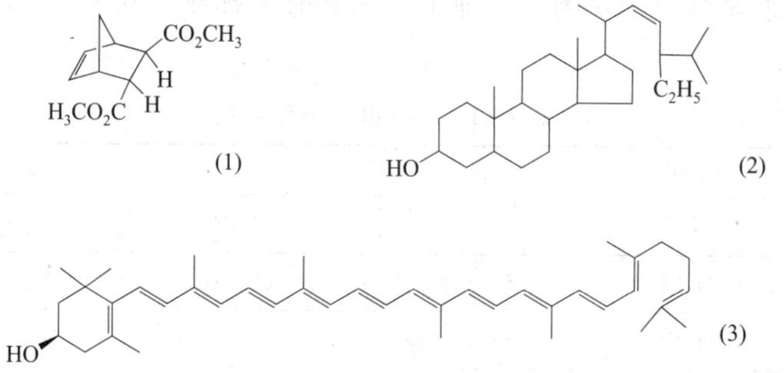

图 7-3 化学分子式

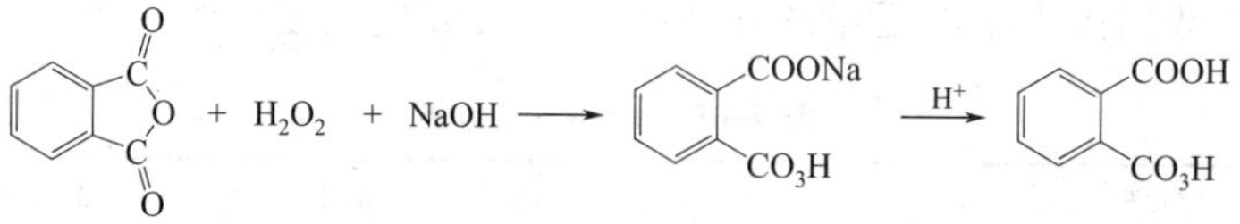

图 7-4 反应方程式

(1) 先用 Chem 3D 作出丁烷球棒图并显示原子类型与编号如图 7-5 所示。
(2) 试求：C(1)—C(2)键长，C(1)—C(2)—C(3)键角，C(1)—C(2)—C(3)—C(4)二面角，C(1)—C(4)的距离。

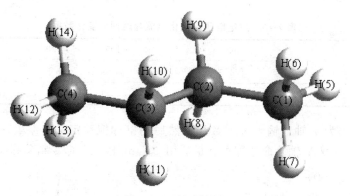

图 7-5 丁烷球棒图

7.2 Visual Basic 程序练习

目的：(1) 掌握建立、编辑、运行一个简单 VB 应用程序的全过程；掌握常用控件对象（窗体、文本框、标签和命令按钮）的作用、常用属性、事件和方法，并应用它们编写简单应用程序；

(2) 掌握选择结构、循环结构的语法格式和执行过程。

内容：编写程序。

1. 输入系数 a、b 和 c，求二次方程 $ax^2+bx+c=0$ 的实根。

2. 编写程序，找到一个正整数 N，要求 N 的阶乘最接近 3000 但又不大于 3000。

7.3 Newton 迭代法解方程

目的：(1) 理解牛顿迭代法的原理并能用 VB 语言实现编程；
(2) 掌握 Sub 过程和 Function 过程，进一步熟悉选择结构和循环结构。

内容：编写程序。

根据难熔盐的活度积 K_s，求其在水中的溶解度 m 的方程式为：

$$\ln m - 0.59\sqrt{m} - 0.5\ln K_s = 0$$

对于每一个 K_s 值该方程都有两个根。若某一难熔盐的活度积为 0.047，第一个根的初值范围是 0~1.0，第二个根的初值范围是 1.0~2.0，试用牛顿迭代法编程求解该方程的两个根。

可参考如图 7-6 所示界面设计。

图 7-6 界面

7.4 拉格朗日一元全节点插值

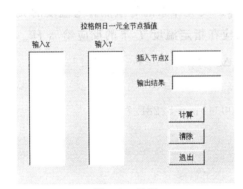

图 7-7 界面

目的：(1) 理解拉格朗日一元全节点插值的原理并能用 VB 语言实现编程；
(2) 掌握数组的使用，进一步熟悉 Sub 过程和 Function 过程。

内容：编写程序。

从手册查到水在不同温度 t 下的导热系数 λ 数据如表 7-17 所示，分别计算水在 7℃、32℃、55℃、64℃时的导热系数。

可参考如图 7-7 所示界面设计。

表 7-17 水在不同温度 t 下的导热系数 λ 数据

$t/℃$	0	10	20	30	40	50	60	70	80	90
$\lambda/[\text{W}/(\text{m}\cdot\text{K})]^{-1}$	0.553	0.575	0.599	0.618	0.634	0.648	0.659	0.668	0.675	0.680

7.5 一元线性拟合

目的：(1) 理解一元线性拟合的原理并能用 VB 语言实现编程；
(2) 掌握数组的使用，进一步熟悉 Sub 过程和 Function 过程。

内容：编写程序。

将表 7-17 中数据作一元线性拟合,求拟合方程的斜率、截距和相关系数。
可参考如图 7-8 所示界面设计。

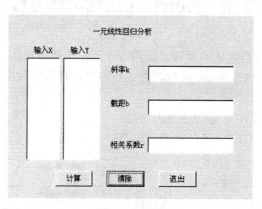

图 7-8　界面

7.6　定步长辛普森积分

目的:理解定步长辛普森积分的原理并能用 VB 语言实现编程。
内容:编写程序。

已知某化学反应在温度 T_0 下的反应焓为 $\Delta_r H_{m,0}$。反应体系的等压热容与温度的关系为 $\Delta C_p = a + bT + cT^2$。试用辛普森法编制计算该反应在指定温度 T 下的反应焓 $\Delta_r H_{m,T}$。
提示:用基希霍夫公式求解 $\Delta_r H_{m,T} = \Delta_r H_{m,0} + \int_{T_0}^{T} \Delta C_p \mathrm{d}T$

答案参考
$$\Delta H_0 = 2.782\mathrm{E}5; a = 27.5; b = 0.00342; c = 5.28\mathrm{E}{-7}$$

可参考如图 7-9 界面设计。

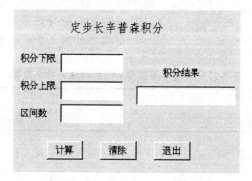

图 7-9　界面

附 录
国内外关于化学化工文献杂志的数据库

1. 网址及杂志名称

ScienceDirect（SD）

网址：http://www.sciencedirect.com/

（1）Catalysis Communications（催化通讯）

（2）Journal of Molecular Catalysis A：Chemical（分子催化 A：化学）

（3）Tetrahedron（T）（四面体）

（4）Tetrahedron：Asymmetry（TA）（四面体：不对称）

（5）Tetrahedron Letters（TL）（四面体快报）

（6）Applied Catalysis A：General（应用催化 A）

2. BSCOhost 数据库

网址：http://search.china.epnet.com/

（1）Synthetic Communcations（合成通讯）

（2）Letters in Organic Chemistry（LOC）

（3）Current Organic Synthesis

（4）Current Organic Chemistry

3. Springer 数据库

网址：http://link.Springer.com/

（1）Molecules（分子）

（2）Monatshefte für Chemie/Chemical Monthly（化学月报）

（3）Science in China Series B：Chemistry（中国科学 B）

（4）Catalysis Letts（催化快报）

4. ACS Publications（美国化学会）

网址：http://pubs.acs.org/

（1）Journal of the American Chemical Society（JACS）（美国化学会志）

（2）Organic Letters（OL）（有机快报）

（3）The Journal of Organic Chemistry（JOC）（美国有机化学）

（4）Journal of Medicinal Chemistry（JMC）（美国药物化学）

（5）Chemical Reiew（化学评论）

5. Royal Society of Chemistry（RSC）（英国皇家化学会）

网址：http://pubs.rsc.org/en/journals? key=title value=current

(1) Green Chemistry（绿色化学）

(2) Chemical Communications（CC）（化学通讯）

(3) Chemical Society Reviews（化学会评论）

(4) Journal of the Chemical Society（化学会志）

Journal of the Chemical Society，Perkin Transactions 1（1972—2002）

Journal of the Chemical Society，Perkin Transactions 2（1972—2002）

Journal of the Chemical Society B：Physical Organic（1966—1971）

Journal of the Chemical Society C：Organic（1966—1971）

(5) Organic & Biomolecular Chemistry（OBC）（有机生物化学）

http://www.rsc.org/publishing/joptype=CurrentIssue

6. Wiley

网址：http://www3.interscience.wiley.com/

(1) Advanced Synthesis & Catalysis（ASC）（先进合成催化）

(2) Angewandte Chemie International Edition（德国应用化学）

(3) Chemistry-A European Journal（欧洲化学）

(4) Chinese Journal of Chemistry（中国化学）

(5) European Journal of Organic Chemistry（欧洲有机化学）

(6) Helvetica Chimica Acta（瑞士化学）

(7) Heteroatom Chemistry（杂原子化学）

7. Ingent

网址：http://www.ingentaconnect.com/

(1) Journal of Chemical Research（JCR）（化学研究杂志）

(2) Canadian Journal of Chemistry（加拿大化学）

(3) Current Organic Chemistry

(4) Mini-Reviews in Organic Chemistry

(5) Phosphorus，Sulfur，and Silicon and the Related Elements（磷、硫、硅和相关元素）

(6) Letters in Organic Chemistry

8. Taylor & Francis 数据库

网址：http://www.journalsonline.tandf.spreferrer=default

(1) Synthetic Communications

(2) Journal of Sulfur Chemistry（硫化学杂志）

(3) Phosphorus，Sulfur，and Silicon and the Related Elements

9. Thieme 数据库

网址：http://www.thieme-connect.com/

(1) Synlett（合成快报）

(2) Synthesis（合成）

参考文献

[1] 忻新泉.计算机在化学中的应用［M］.南京：南京大学出版社，1986.
[2] 杨晓慧.计算机在化学中的应用［J］.长春大学学报，2011，21（2）：44-47.
[3] 方奕文.计算机在化学中的应用［M］.广州：华南理工大学出版社，2003.
[4] 马江权，杨德明，龚方红.计算机在化学中的应用［M］.北京：高等教育出版社，2005.
[5] 王祚风，顾淑芳.计算机在化学中的应用［J］.南京邮电大学学报（自然科学版），1989，18（1）：132-137.
[6] 李彩琴，张冠华.计算机在化学中的应用［J］.信息记录材料，2017（5）.
[7] Wilson S，钱和生，夏健祥.计算机在化学中的应用［J］.世界科学，1983（12）：7-10.
[8] 张卫.计算机在化学中的应用［M］.上海：东华大学出版社，2002.
[9] 胡鑫尧，张良平.计算机在化学中应用的展望［J］.化学通报，1984（10）：000005-5.
[10] 韩正.计算机在化学工程中的应用［J］.化学工程与装备，2012（9）：154-156.
[11] 陈泓，曹庆文，李梦龙.化学信息学发展现状［J］.化学研究与应用，2004，16（4）：453-455.
[12] 解征.化学信息学的研究进展［J］.安徽化工，2008，34（1）：21-23.
[13] 杨珊.计算机技术在化学中的应用［J］.渭南师范学院学报，2013，28（9）.
[14] 李梦龙，文志宁，熊庆.化学信息学［M］.北京：化学工业出版社，2011.
[15] 陈明旦.化学信息学［M］.北京：化学工业出版社，2005.
[16] 邵学广，蔡文生.化学信息学［M］.北京：科学出版社，2001.
[17] 杨桂荣，刘胜群，蔡福瑞.情报检索与计算机信息检索［M］.武汉：华中科技大学出版社，2004.
[18] 刘忠恩.化学化工文献检索［M］.北京：化学工业出版社，1995.
[19] 王春明.Endnote X7 基础教程［J］.管理部门，2013.
[20] 曾炜，孙延辉，李红霞.ChemOffice 2008 实用教程［M］.北京：化学工业出版社，2009.
[21] 王秀峰，江红涛，程冰.数据分析与科学绘图软件 ORIGIN 详解［M］.北京：化学工业出版社，2008.
[22] 张翔，李婉宁，孙威.基于计算机的绘图软件 Origin 在化工基础实验中的应用［J］.广东化工，2018，v.45；No.373（11）：272-273.
[23] 沈纪新.Visual Basic 使用速成［M］.北京：清华大学出版社，1995.